Klaus Behling/Jan Eik

Vertuschte Verbrechen
Kriminalität in der Stasi

Klaus Behling / Jan Eik

Vertuschte Verbrechen

Kriminalität in der Stasi

MILITZKE

Obwohl die geltende Gesetzeslage die Nennung von Täter-Namen im Zusammenhang mit den Aktivitäten des ehemaligen Ministeriums für Staatssicherheit der DDR erlaubt, hat sich der Verlag auch in diesen Fällen für eine Abkürzung der Namen entschieden. Der Grund dafür liegt darin, dass die gegenwärtige Rechtspraxis eine eventuelle Behinderung der verlegerischen Tätigkeit in dieser Frage nicht völlig ausschließt.

Bibliografische Informationen der Deutschen Nationalbibliothek
Die Deutsche Nationalbibliothek verzeichnet diese Publikation in der Deutschen Nationalbibliografie; detaillierte bibliografische Angaben sind im Internet über http://dnb.ddb.de abrufbar.

Der Text folgt der neuen Rechtschreibung (Stand August 2006). Zitate aus älteren Texten sind in der damals gültigen Rechtschreibung belassen.

Lektorat: Oliver Tekolf
Umschlaggestaltung: Ralf Thielicke unter Verwendung eines Fotos von photocase.de
Satz und Layout: Claudia Hofmann
Gesetzt aus der Stone Serif und der Stone Sans
Druck und buchbinderische Verarbeitung: Jütte Messedruck GmbH

Printed in Germany
ISBN 378-3-86189-769-9

Besuchen Sie den Militzke Verlag im Internet unter:
http://www.militzke.de

Inhaltsverzeichnis

Prolog **7**
Tatort DDR 7
Kriminelle bei der Stasi 10
Spurensuche 14
Macht verdrängt das Gesetz 18

Der Millionenmann **23**
Treu ergebene Genossen 26
Der Glanz des Geldes 32
1020 Berlin, Rathausstraße 7 39
Konspirative Geldquellen 43
Das Sicherheitsnetz 49
Das Verbrechen wird vertuscht 56
Außer Kontrolle 62
Die Stasi fürchtet den Prozess 67
Alles wieder im Griff 72

Missbraucht und fallengelassen **77**
Ideal und Wirklichkeit 77
Liebesdienste gegen blaue Fliesen 79
Ein Einzelschicksal? 81
Eine Selbstanzeige 82
»Vaterliebe« und Jugendwerkhof 85
Der Weg nach unten 88
In den Fängen der Stasi 93
Rehabilitiert 97
Die Krone der operativen Arbeit 99
Das Mata-Hari-Modell 101
Die Stasi und die Homosexuellen 103
Der Fall des Grenzoffiziers Mario Heinze 105

Mordwaffe »Makarow« **110**
Zwei Leichen im Wald 114
Ermittlungsansatz »E 067« 118
»Primel« und »Vergissmeinnicht« 121
Hans Hellmut, José und Julio 125
Tickets in den Tod 128
Das Geständnis 132
So geschah der Doppelmord 134
Nachspiel 137
Tod in Wandlitz 138
Die Verhöre 143
Der Prozess 151
Das Urteil 156
Hintergründe 162

Kunsträuber **167**
Ein Stückchen Kapitalismus 169
Der Tellerwäscher legt sich ein Hobby zu 172
Der erfolgreiche Geschäftsmann 177
Ein steiler Aufstieg 179
Dunkle Wolken 182
Die Organe sind wachsam 186
Der Absturz 190
Erstens kommt es anders 192
Ein Untersuchungsausschuss und seine Berichte 195

Epilog: Untergang im Chaos **203**

Editorische Notiz zur Anonymisierung **214**

Quellen und Anmerkungen **215**

Prolog

Erpresser im Staatsauftrag, Schieber mit Diplomatenpass, geheime Waffenhändler oder Urkundenfälscher und Bigamisten – Kriminalität gehört zum Alltagsgeschäft im Ministerium für Staatssicherheit der DDR.

In diesem Milieu gedeiht neben dem stattlich sanktionierten, auch das ganz private Verbrechen, vom brutalen Mord über zwielichtige Zuhälter bis hin zum Millionen-Betrug. Es sind Ausnahmeerscheinungen, aber es sind Taten, die in der von gegenseitigem Misstrauen und konspirativer Arbeitsmethoden geprägten Geheimdienstatmosphäre überhaupt erst möglich werden.

Sie sollen niemals herauskommen. »Heiße Herzen und saubere Hände« sind angesagt. Um dieses Trugbild zu erhalten wird geltendes Recht gebrochen, den Tätern Vertuschung gegen Schweigen angeboten und Willkür praktiziert. Eine Spurensuche.

Tatort DDR

Irgendwie läuft irgendwann und irgendwo stets irgendetwas dumm. Pechvögel, Hasenfüße, Geldgeier, Unglücksraben, Frauenhelden, Pleitegeier, Glücksritter, Schatzsucher, Schwarzbauer oder Schnapsdrosseln – Kriminelle in der DDR sind immer auch ganz arme Würstchen.

Jedenfalls scheint es so, wenn Inspektor Wernicke mit »Blaulicht« oder später dann Hauptmann Fuchs über den »Polizeiruf 110« an ihre Fernseh-Tatorte gerufen werden und besorgt die von Folge zu Folge grauer werdende Häupter schütteln: Eigentlich dürfte es doch Kriminelle in der Deutschen Demokratischen Republik gar nicht geben!

Für gute Marxisten ist Kriminalität ohne gesellschaftliche Ursachen nicht vorstellbar. Diese Ursachen sehen sie in der kapitalistischen Ausbeutung. Verschwindet sie durch den Sozialismus, hat auch die Kriminalität keinen Raum mehr. Es sei denn, sie betrifft Relikte aus vor-sozialistischen Zeiten. Anders gesagt: Kriminalität kann in dieser Sichtweise nur der Widerstand der zum Teufel gejagten Ausbeuter oder ein Zeichen für ein noch nicht genügend ausgeprägtes Klassenbewusstsein sein.[1]

Die Geschichte des Strafrechts der DDR ist deshalb sowohl durch Kontinuität zur Vergangenheit, als auch durch Neuorientierungen geprägt.

Bis 1968 galt in der DDR – mit einigen Einschränkungen und Ergänzungen – das Strafgesetzbuch von 1871. Die zusätzlichen Regelungen betreffen dabei vor allem den verstärkten strafrechtlichen Schutz der politischen und wirtschaftlichen Verhältnisse. Dafür stehen zum Beispiel die Wirtschaftsstrafverordnung von 1948 und das Gesetz zum Schutze des Volkseigentums von 1952. Die darin enthaltenen hohen Strafandrohungen von mindestens einem Jahr Zuchthaus spiegeln die von Stalin getragene Auffassung wieder, nach der jeder Angriff gegen das Volkseigentum auch ein Angriff gegen die Grundlagen des Sozialismus sei. Überdies führt seine unsinnige These von der ständigen Verschärfung des Klassenkampfes beim Aufbau des Sozialismus zu einer sich verstärkenden Repression und zur künstlichen Unterscheidung zwischen Klassenfeinden und anderen.

Diese simple Sicht funktioniert schon bald nicht mehr. Bereits in den fünfziger Jahren beginnen die Rechtstheoretiker der DDR Verbrechen nicht mehr nur als Ausdruck des Klassenkampfes zu sehen. Das laue Lüftchen der Entstalinisierung aus Moskau trägt zu den neuen Überlegungen bei.

Nun steht die Unterscheidung zwischen »Freunden und Feinden der DDR« im Mittelpunkt der Betrachtungen. Straftaten werden nicht mehr ausschließlich als Ausdruck des Klassenkampfes gesehen. Man geht nun davon aus, dass selbst loyale DDR-Bürger, also »Freunde«, mit dem Gesetz in Konflikt geraten können. Kriminalität wäre nun also auch das einmalige Straucheln eines ansonsten ehrlichen Bürgers.

Die SED bekämpft zunächst dieses neue Denken, weil sie dahinter die Theorie vom allmählichen Erlöschen des Klassenkampfes vermutet. Und auf den will und kann sie als Macht- und Disziplinierungsmittel nicht verzichten. Auf dem 30. Plenum des Zentralkomitees der Partei wird aus genau diesem Grund die »Freund-Feind-Theorie« als »revisionistisch« gegeißelt – dennoch setzt sie sich durch. Der Grund dafür liegt darin, dass sie den Weg zur integrativen anstelle der repressiven Konfliktlösung eröffnet.

In den folgenden Jahren wird deshalb nun differenziert. Die DDR-Juristen unterscheiden künftig zwischen »solchen Straftaten, die eine schwere Missachtung der Gesetze der DDR darstellten«[2] und »Verletzungen der Gesetzlichkeit, die als einzelne Entgleisung im Verhalten eines Bürgers anzusehen ist«.[3]

Niemand soll aus der Gesellschaft wegen seiner Verfehlung ausgestoßen werden. Walter Ulbricht verkündet am 17. Juni 1962 in milder Väterlichkeit: »Das ökonomische und politisch-moralische Fundament unseres Arbeiter- und Bauernstaates steht fest. Deshalb sind auch die Möglichkeiten, Menschen, die unsere Gesetze verletzen, zu erziehen, anstatt zu strafen, heute bei weitem größer als – sagen wir einmal – vor zehn Jahren.«[4]

Bereits am 24. Mai 1962 hatte der Staatsrat der DDR festgestellt, dass die Mehrzahl der in der DDR begangenen Straftaten nicht auf einer feindlichen Einstellung gegenüber dem »Arbeiter- und Bauernstaat« beruhe.[5]

In der Praxis scheint diese Betrachtung zögerlicher als erhofft zu greifen. Als Defa-Regisseur Kurt Maetzig vor dem Hintergrund des neuen Denkens im DDR-Recht den Film »Das Kaninchen bin ich« dreht – die Geschichte eines übereifrigen Richters, der sich in die Schwester eines von ihm als »Feind« verurteilten Bagatelltäters verliebt – wird sein Werk 1963 einfach verboten.

Trotzdem setzt sich die Betrachtung der kriminellen Täter als Menschen mit Anspruch auf Hilfe durch. Das mag dazu beigetragen haben, dass sich die Kriminalität in der DDR immer in Grenzen hielt.

Umgerechnet auf 100 000 Menschen sinkt die Zahl der Straftäter von 878 im Schnitt der fünfziger Jahre über 776 und 739 zwischen 1960 bis 1969 und 1970 bis 1979. In den achtziger Jahren gibt es nur noch durchschnittlich 703 Täter pro Jahr. In absoluten Zahlen heißt das, dass die echten Kollegen von Hauptmann Fuchs in den Kinderjahren der DDR durchschnittlich 157 466 Mal an den Tatort mussten, in der DDR-Pubertät der sechziger bis siebziger Jahre 132 741 Delikte verfolgten, dann 124 802 Mal Ganoven jagten und in den achtziger Jahren nur noch 117 159 Fälle zu verfolgen hatten.[6] Die jährliche Mordstatistik schwankte dabei zwischen 110 und 180 Verbrechen in den siebziger und achtziger Jahren.[7]

Mit der sozialistischen Kriminalität findet sich die DDR-Gesellschaft ab, schließlich lebt man in einer Übergangsperiode und wenn erst die Verheißungen des Kommunismus Alltag sind, wird sie schon ganz von selbst verschwinden. Und immerhin zeigt ja die Kriminalstatistik schon mal in der Tendenz nach unten.

Kriminelle bei der Stasi

Damit niemand den Weg in diese lichte Zukunft stört, leistet sich die DDR ein Ministerium für Staatssicherheit.

Wie viele Menschen dort beschäftigt sind, weiß angeblich nicht einmal Partei- und Landesvater Erich Honecker. Nirgendwo wurde »jemals die personelle Stärke des Ministeriums für Staatssicherheit festgelegt«, mault er nach seinem Sturz.[8] Das hat für den ersten Mann der DDR die bittere Folge, »dass ich die Anzahl der hauptamtlichen Mitarbeiter, einschließlich des Wachregimentes ›Feliks Dzierzynski‹ so ungefähr auf 35 000 Mitarbeiter schätzte. Über die Anzahl 85 000 hauptamtlicher und 100 000 ehrenamtlicher Mitarbeiter war ich sehr überrascht.«[9]

Die Überraschung teilt er mit seinen abtrünnigen Untertanen, die schließlich annähernd 100 000 haupt- und noch einmal weit über 100 000 – nun ja – »ehrenamtliche« Stasi-Mitarbeiter ausmachen.

Allein die Zahl der ständig beschäftigen Soldaten, Unteroffiziere, Offiziere und Generäle des Ministeriums für Staatssicherheit entsprach 1989 damit nahezu exakt der Einwohnerzahl solcher Städte wie Görlitz mit 100 147 Frauen, Männern und Kindern, Dessau mit 101 262 gemeldeten Bewohnern oder Jena mit 105 825 Menschen.

Hunderttausend Leute jeweils, die Größenordnung also, in der auch die Kriminalstatistik die Zahl der Delikte ausweist – vom Karnickeldiebstahl bis zum Mord.

Das legt die Vermutung nahe, dass eine gewisse, relativ stabile Anzahl krimineller Delikte auch innerhalb der geheimen Armee des Armeegenerals Erich Mielke durchaus an der Tagesordnung gewesen sein müsste.

Die Öffentlichkeit hat darüber zu Lebzeiten der DDR nichts erfahren, Statistiken, die sie ausweisen könnten, gibt es nicht.

Ein vager Hinweis auf den Umfang krimineller Delikte im MfS lässt sich jedoch in der Zahl der im Hause durchgeführten Parteiverfahren und der dabei verhängten Strafen finden.

Die Stasi besaß den Charakter einer weltanschaulichen Eliteformation. Im Jahr 1987 waren 81,1 Prozent aller MfS-Angehörigen Mitglieder der SED. Im DDR-Durchschnitt besaß dagegen nur jeder fünfte Berufstätige das rote Parteibuch mit dem Händedruck im Emblem.[10]

Wie überall in der DDR hatte die SED auch im Ministerium für Staatssicherheit gegenüber ihren Mitgliedern eine umfassende Disziplinierungskompetenz. Ideologische Abweichungen von der Parteilinie wurden ebenso geahndet wie dienstliche oder rein private Verfehlungen. Deshalb bestrafte »die Partei« auch Kriminalität von MfS-Mitarbeitern zusätzlich zu den staatlichen Sanktionen.[11]

Wurde ein Stasi-Angehöriger kriminell, setzte die SED gegebenenfalls ihre im eigenen Statut postulierte »innerparteiliche

Demokratie« außer Kraft, um die Tat auch innerhalb des MfS geheim zu halten. Die Parteistrafe erfolgte per Beschluss der »Kreis-Partei-Kontroll-Kommission« (KPKK) in Abstimmung mit der staatlichen Leitung und dem Zentralkomitee der SED, ohne Hinzuziehung der Mitglieder der entsprechenden SED-Grundorganisation.

Die Strafe bewegte sich im Rahmen der vom SED-Statut vorgegebenen Möglichkeiten bis hin zum Ausschluss aus der Partei. Allerdings wurde sie in der Regel nicht mit parteilichen Verfehlungen, sondern einfach mit dem kriminellen Delikt begründet.

So muss zum Beispiel Millionen-Betrüger Günter W. (siehe »Erstes Kapitel: Der Millionenmann«) laut Beschluss der KPKK vom 10. November 1981 sein SED-Mitgliedsbuch mit der Nummer 1 099 293 wegen »Diebstahl sozialistischen Eigentums« abgeben.[12] Anderen Straftätern ergeht es ähnlich.

Vor diesem Verfahrenshintergrund erlaubt die Zahl der durchgeführten Parteiverfahren die Vermutung, dass sie indirekt auch Auskunft über die Kriminalität innerhalb der Stasi geben.

Insgesamt fanden zwischen 1959 und 1989 mehr als 5 000 Parteiverfahren statt. Dabei wurden 743 Genossen aus der SED ausgeschlossen und weitere 307 gestrichen (beide Zahlen ohne das Jahr 1986, für das keinen Angaben vorliegen). Nach relativ wenigen Strafen Ende der sechziger Jahre ist ab Mitte der siebziger Jahre ein stetiges Anwachsen der Zahl der Parteistrafen festzustellen, Anfang der achtziger Jahre erreicht sie ihren Höhepunkt und stabilisiert sich dann auf jeweils über 300 Fälle pro Jahr.[13]

Wie viel echte Kriminalität verbirgt sich hinter diesen Zahlen? Das ist allenfalls zu vermuten.

Zum einen gibt es seit Anfang der fünfziger Jahre die Tendenz, die Disziplinierungsaktivitäten der SED innerhalb des MfS dort einzuschränken, wo sie dessen geheimpolizeiliche Tätigkeit – und damit das bevorzugte Feld kriminellen Handelns – direkt berühren. Das wird mit dem konspirativen Charakter der Stasi-Tätigkeit und dem im Ministerium herrschendem Prinzip der militärischen Einzelleitung begründet. Damit können kriminelle Delikte von Stasi-Mitarbeitern gezielt dem

Zugriff der SED entzogen und ohne großes Aufsehen unter den Tisch gekehrt werden.

Mit der Direktive 1/56 legt der damalige Stasi-Minister Ernst Wollweber bereits im Februar 1956 Grenzen für Kritik und Selbstkritik innerhalb der Parteiorganisation des MfS fest. Das ist ein einmaliger Vorgang in der DDR-Administration. Alle ihre außerhalb des MfS existierenden Strukturen bleiben von der Allmacht der SED und deren Direktionsrechten durchdrungen. Nur bei der Stasi wird der Vorrang dienstlicher (»operativer«) Belange vor den Disziplinierungskompetenzen der SED festgeschrieben.

Danach gibt es dort nun schriftliche Festlegungen über erlaubte und verbotene Diskussionsgegenstände, die den Eifer der SED bei der »Erziehung der Genossen« drastisch einschränken. Dennoch bleibt die Sanktion von Straftaten stets auch von einer strengen »Parteistrafe« – meist Ausschluss oder zumindest Streichung – begleitet, die ihrerseits wiederum zur Entfernung des Delinquenten aus dem MfS führt.[14]

Beim Heranziehen der Parteistrafen für die Bewertung des Umfangs von Kriminalität im MfS ist weiterhin zu berücksichtigen, dass natürlich ein Teil der Disziplinarmaßnahmen auch durch rein parteiinterne Verfehlungen verursacht gewesen sein dürfte. Überdies gab es einen Anteil von knapp 20 Prozent Nicht-SED-Mitgliedern, der damit auch nicht von Parteistrafen berührt werden konnte.

Doch selbst unterstellt, dass die Stasi kein repräsentatives Abbild der sozialen Struktur der ostdeutschen Bevölkerung war, spricht allein ihre Größe als relativ homogene Gruppe für ein messbares kriminelles Potential.

Im Vergleich zur Deliktdichte unter der »normalen« Bevölkerung mit gut 700 Taten pro 100 000 Einwohnern ab dem Mauerbau 1961 dürfte die Kriminalität von Stasi-Mitarbeitern im jährlichen Durchschnitt eher im unteren dreistelligen Bereich, geschätzt bei etwa 200 bis 300 jährlicher Taten, gelegen haben.

Das mag als geringfügiges Randproblem erscheinen. Es gewinnt aber an Brisanz, wenn man bedenkt, dass es gerade die Stasi war, die sich als Elite der DDR fühlte. Im MfS trafen Tausende von

Leuten auf ein System eingespielter illegalen Praktiken, die oftmals auch DDR-Gesetzen widersprachen. Das ließ manche straucheln.

Spurensuche

Wenn im Gesamtrahmen der Kriminalität bei der Stasi durch deren militärische Strukturen die strikte Überwachung und die Durchsetzung eines rigiden Kadavergehorsams im Vergleich zur normalen Bevölkerung auch einige Deliktgruppen ausscheiden, werden gerade dadurch andererseits manche andere Verbrechen erst möglich. Dürften sich also kaum viele MfS-Genossen des »Rowdytums« oder »asozialen Verhaltens« schuldig gemacht haben, spielen bei ihnen immer wieder Taten wie »unerlaubter Waffenbesitz« oder »Befehlsverweigerung« eine Rolle. In den letzten Jahren führt der wachsende Druck auch zu zunehmend mehr Delikten, die im Zusammenhang mit Trunksucht und Eheproblemen stehen.

Nicht berücksichtigt sind bei dieser Betrachtung die vielen kleinen Vorteile, die sich die MfS-Mitarbeiter ganz einfach durch den Gebrauch ihrer Macht sicherten. Niemand wäre auf die Idee gekommen, an Erpressung oder Nötigung auch nur zu denken, wenn der Stasi-Ausweis z. B. bei der Beschaffung von rarem Baumaterial oder begehrten Wochenendgrundstücken »half« oder das Haus eines Ausreisewilligen zum günstigen Einheitswert von 1936 an einen Stasi-Offizier verkauft wurde.

Damit hatten die Stasi-Angehörigen in der DDR-typischen Grauzone der gängigen Lebenshaltung des »privat geht vor Katastrophe« durchaus ihren Platz. Wie in ganz normalen DDR-Betrieben auch, ist dabei das Abrutschen in kriminelle Verhaltensweisen oft nur noch ein kleiner Schritt.

In der Gesamttendenz dürfte die Kriminalität im MfS in ihren Schwerpunkten jedoch der der übrigen Bevölkerung entsprochen haben. An erster Stelle stehen dabei dann Straftaten gegen das sozialistische Eigentum, gefolgt von Straftaten gegen die Persönlichkeit, Straftaten gegen das persönliche und private Eigentum und schließlich Straftaten gegen die allgemeine Sicherheit. Die bei der übrigen Bevölkerung umfangreich repräsentierte Deliktgruppe der Straftaten gegen die staatliche Ordnung nach den Paragraphen 210 bis 250 Strafgesetzbuch hat hingegen im MfS kaum eine Rolle gespielt.

Durch die konspirative – sprich unkontrollierte und unkontrollierbare – Arbeitsweise der Stasi einerseits und deren umfängliche Ausstattung mit »Volkseigentum« andererseits, bestanden für »Straftaten gegen das sozialistische Eigentum« im MfS beste Voraussetzungen. Nur dort, sowie in höheren Partei- und NVA-Strukturen, gab es einen umfangreichen Zugriff vieler Mitarbeiter z. B. auf Wohnungen und deren Ausstattung, Autos und Konsumgüter einschließlich solcher aus dem Westen.

Aus ihrem elitären Selbstverständnis heraus, betrachteten viele Stasi-Mitarbeiter die private Nutzung dieser Möglichkeiten als »ihr gutes Recht«. Delikte wie Vorteilsnahme, Diebstahl, Betrug oder Untreue wurden ohne jegliches Unrechtsbewusstsein praktiziert. Kamen sie ans Licht, zog die Stasi-Führung in der Regel ihre Nutzung für die interne Disziplinierung einer Bestrafung vor. Dieses Milieu machte viele kleine Taten nicht nur möglich, sondern ließ sie auch als durchaus akzeptiert und tolerierbar erscheinen.

Anders bei Straftaten gegen die Persönlichkeit wie u. a. vorsätzliche Tötung oder Körperverletzung, Vergewaltigung, Nötigung, Missbrauch zu sexuellen Handlungen, Raub und Erpressung. Für 1989 verzeichnet hier die Kriminalstatistik DDR-weit 13.071 Taten.[15] Hier zählen schwere Fälle im Dunstkreis der Geheimdienste, wie auch insgesamt auf dem »Tatort DDR«, zu den absoluten Ausnahmen. Sie sind immer individuellen Taten, die in der Persönlichkeit der Täter begründet liegen.

Allerdings werden sie sowohl vor der Öffentlichkeit, als auch intern, strikt geheim gehalten. Die abschreckende Wirkung von Urteilen bis hin zur Todesstrafe wird nicht genutzt. Im Gegensatz zu vollstreckten Todesurteilen gegen Geheimdienstangehörige wegen Spionage, wie z. B. in den Fällen Silvester M. (16. Mai 1956), Gert T. (10. Dezember 1979), Winfried B. (18. Juli 1980) und Werner T. (26. Juni 1981), finden sich in den nach 1989 bekannt gewordenen Listen über erfolgte Hinrichtungen keine Hinweise auf die Vollstreckung der Todesstrafe an den verurteilten Mördern Helmut Sch. (NVA-Nachrichtendienst) und Wolfgang M. (MfS).

Bei geringfügigeren Taten aus diesem Bereich – z. B. im Zusammenhang mit Eifersuchtsauseinandersetzungen oder aufgrund abnormer persönlicher Dispositionen – steht stets das Interesse der Stasi im Mittelpunkt, keine »Schädigung des Ansehens des Organs in der Öffentlichkeit« zuzulassen. Das führt zwar ebenfalls zum Verbergen solcher Delikte, nicht jedoch zum Verzicht auf strafrechtliche Sanktionen. Sie gehen in aller Regel mit einer fristlosen Entlassung der Täter aus dem MfS und deren nachfolgenden, langfristigen Überwachung einher.

Straftaten gegen das persönliche und private Eigentum liegen im Gesamtspektrum der DDR-Kriminalität mit 11 659 Delikten im Jahr 1989 weit unter den 18 079 Taten gegen das sozialistische Eigentum.[16] Auch im MfS könnten in diesem Bereich Diebstahl, Betrug, Untreue und Sachbeschädigung eine eher untergeordnete Rolle gespielt haben. Die Gründe dafür liegen in der starken sozialen Isolation der Stasi-Mitarbeiter bis in den persönlichen Bereich hinein, ihrer im Vergleich zur übrigen DDR überdurchschnittlichen Bezahlung und materiellen Ausstattung und in den anderen Bürgern nicht zugänglichen Zugriffsmöglichkeiten auf begehrte Waren und Dienstleistungen.

Dennoch berichten Zeitzeugen ohne jegliches Unrechtsbewusstsein von Übergriffen auf privates Eigentum, wie z. B. den Diebstahl aus privaten Fischreusen oder Einbrüche auf Wochenendgrundstücken, um dort »zu feiern«, und stellen sie völlig unbefangen als Beweis für ihre »Unverletzlichkeit« in ihrem damaligen sozialen Status dar. Gelegentlich werden solche Übergriffe, wie z. B. die unter Nutzung des Stasi-Status erfolgte private Wegnahme zuvor vom Opfer gestohlener, rarer Baumaterialien, auch als »unbürokratisches Wiederherstellen der Ordnung« oder

Rückgängigmachen von Verfehlungen des nachmaligen Opfers interpretiert. Das Prinzip, dabei bereits geschehenes Unrecht durch erneutes Unrecht »wieder gutzumachen« wird von den Protagonisten nicht als problematisch gesehen.

Ein geradezu typisches Deliktfeld, auf dem mit der Macht der Stasi das Vertuschen von Taten aus den eigenen Reihen erfolgte, sind Straftaten gegen die allgemeine Sicherheit. In der Kriminalstatistik der DDR schlagen sie 1989 mit insgesamt 8 894 Fällen zu Buche, wobei der Schwerpunkt auf Verkehrsdelikten liegt. Insbesondere die »Herbeiführung eines schweren Verkehrsunfalls« (2 936 Fälle) und die »Verkehrsgefährdung durch Trunkenheit« (2 222 Fälle)[17] durch MfS-Angehörige werden der öffentlichen Strafverfolgung nahezu vollständig entzogen. Dazu dienen nicht nur Sonderregelungen bei der Aufnahme derartiger Delikte, die das Agieren der Polizei bei Beteiligung von »Angehörigen der bewaffneten Organe« reglementieren, sondern auch »Gewohnheitsrechte«. So wagt es kaum ein Volkspolizist, einen Verkehrsgefährder anzuzeigen, der sich mit seinem Stasi-Ausweis legitimiert oder gar einen personengebundenen Sonderausweis, bei Pkw‹s »Freifahrtschein« genannt, vorweisen kann.

Aus Zeitzeugenberichten ist überdies bekannt, dass andere Delikte dieses Bereichs, wie z. B. unbefugter Waffen- und Sprengmittelbesitz unter MfS-Angehörigen verbreitet sind, jedoch so gut wie nie zu strafrechtlichen Sanktionen führen. Entsprechende Angaben scheinen glaubhaft.

Durch privilegierte Reisemöglichkeiten ins Ausland, u. a. auch als Besatzung von Sonderflugzeugen der Regierungsstaffel und getarnte Regierungsexperten auf verschiedenen Fachgebieten, intensive Kontakte zu sowjetischen Militärs und Geheimdienstangehörigen und – in weit begrenzterem Umfang – auf interne West-Importe z. B. bei Jagdwaffen, ist der Zugriff auf solche Dinge wesentlich einfacher möglich als für die übrigen DDR-Bürger. Als »elitäres Hobby« wird er innerhalb des MfS allgemein toleriert und spielt nur dann eine Rolle, wenn er im Zusammenhang mit anderen kriminellen Delikten steht. Auch hierbei steht der »Schutz des guten Rufes des MfS« stets im Mittelpunkt.

Macht verdrängt das Gesetz

In seinem Selbstverständnis sieht sich das Ministerium für Staatssicherheit, im internen Sprachgebrauch »das Organ« genannt, als übergesetzlicher Wahrer der sozialistischen Gesetzlichkeit.

In der Grauzone zwischen »offiziellem« gesetzwidrigen Handeln im Auftrag der Stasi und den im DDR-Recht definierten Straftatbeständen hat immer auch persönliche Kriminalität von MfS-Angehörigen ihren Platz. Wie ihr Arbeitgeber auch, fühlen sich viele von ihnen allein aufgrund ihres sozialen Status von den Gesetzen des »einfachen Volkes« ausgenommen. Das wird seitens der Stasi-Führung durch besonders hohe »politische, moralische und ethische Anforderungen« an die Kader kompensiert. Sie sind mit rigiden Überwachungsmaßnahmen bis hinein in den privaten Bereich verbunden.

Diese Handlungsweise ist es aber auch, die in den vorhandenen Ausnahmefällen den Boden für kriminelles Handeln bereitet. Kommt es dann dazu, ist internes Vertuschen stets wichtiger, als öffentliche Aufklärung.

Dieses Bestreben innerhalb der Stasi unterstützt die wachsende Rolle »Gesellschaftlicher Gerichte« in der DDR seit Ende der sechziger Jahre. Nach Erlass des entsprechenden Gesetzes über diese »Gesellschaftlichen Gerichte« vom 11. Juni 1968 entwickeln sie sich zu internen Regelungsmechanismen für Verfehlungen, deren Ahndung dadurch automatisch innerhalb der das Gericht tragenden Wirtschafts- oder Verwaltungseinheit erfolgt. Das Gesetz definiert die »Gesellschaftlichen Gerichte« als »gewählte Organe der Erziehung und Selbsterziehung der Bürger.«[18] Sie werden u. a. dann tätig, wenn die Schuld des Täters nicht erheblich gesellschaftswidrig und eine wirksame erzieherische Einwirkung zu erwarten ist. Damit sind sie durchaus ein positiver Reformansatz bei der Modernisierung der Rechtsprechung, der weit über die vordergründig feststellbare Entlastung der traditionellen Gerichte hinausgeht.

In einem totalitär organisierten Apparat wie dem der Stasi verkommt dieser positive Ansatz jedoch zu einem bloßen Instrument noch rigiderer Machtausübung. Die »Gesellschaftlichen Gerichte« geben ihrem Träger ganz offiziell ein Handlungsspielraum, dessen Dimension er weitgehend selbst bestimmen kann. Überdies werden nach Inkrafttreten des neuen Strafgesetzbuches am 1. Juli 1968 Bagatelldiebstähle und einige andere Verstöße gegen bisherige Strafbestimmungen wie Hausfriedensbruch, Beleidigung und Verleumdung nicht mehr als Straftaten, sondern nur noch als Verfehlungen gewertet. Auch dies erweitert das Spektrum der Stasi bei der »internen Lösung« ihrer hausinternen Kriminalität.

Um seinen Einfluss auf bereits öffentlich gewordene Taten zu sichern, bedient sich das MfS des umfangreichen Netzes von »inoffiziellen Mitarbeitern« unter den rund 1 200 Richtern und etwa 600 Rechtsanwälten der DDR. Sie sorgen nicht nur für die Durchführung der Verfahren nach Stasi-Vorgaben und die entsprechenden laufenden Informationen dazu, sondern analysieren auch die öffentliche Aufmerksamkeit und dienen als »Vorwarnsystem«, wenn sich irgendwo Komplikationen abzeichnen. Dieser Spitzelpool wird von einem ausgefeilten Melde- und Berichtssystem der Polizei und der Justiz ergänzt.

Durch ihre Untersuchungshaftanstalten in allen fünfzehn Bezirken der DDR mit 1 917 Haftplätzen in insgesamt 866 Zellen[19] kann die Stasi Prozesse dort stattfinden lassen, wo es ihr genehm ist. Das macht die im § 14 III der Strafprozessordnung (StPO) von 1952 festgelegte Zuständigkeitsregelung möglich: »Örtlich zuständig ist auch das Gericht, in dessen Bereich der Beschuldigte auf Anordnung eines staatlichen Organs untergebracht ist.« Diese Regelung war während des Dritten Reiches am 6. Mai 1940 durch die Nazis in die StPO eingeführt und in deren DDR-Neufassung übernommen worden. Sie macht durch die Verlegung von Häftlingen eine »legale« Umgehung des Prinzips des gesetzlichen Richters und dadurch überdies die Isolation des Beschuldigten von seinem privaten Umfeld möglich.[20]

Solcherart Regelungen dienen zwar vorwiegend der Einflussnahme auf politische Prozesse, sind aber auch beim Vertuschen von Kriminalität in den eigenen Reihen hilfreich.

Trotz vager gesetzlicher Grundlagen agiert das MfS neben der Polizei und der Zollverwaltung als strafprozessuales Untersuchungsorgan. Als solches erwähnt wird es erstmals im Rechtspflegeerlass des Staatsrates vom 4. April 1963. Da sich faktisch jede Tat auch mit dem Problem der »Staatssicherheit« verbinden lässt, kann das MfS bei Bedarf jedes Verfahren an sich ziehen. Entpuppt sich also z. B. ein Mitarbeiter als simpler Ladendieb, kann allein durch seine Stasi-Zugehörigkeit die Sicherheit der DDR als bedroht angesehen werden, weil er vor der Öffentlichkeit die Unfehlbarkeit der Stasi als Ganzes angetastet hat.

Die Tatsache, dass nach § 88 der DDR-Strafprozessordnung, nur die die Untersuchung führenden Abteilungen der Hauptabteilung IX und die Abteilungen IX der Stasi-Bezirksverwaltungen strafprozessuale Befugnisse hatten, wurde mit einem Trick umgangen. Waren andere MfS-Abteilungen tätig, besaßen »die eingesetzten operativen Mitarbeiter vorübergehend den rechtlichen Status von Angehörigen der Untersuchungsorgane«.[21]

Damit hat die Stasi die Möglichkeit, jegliches Abfließen von Informationen über Verfehlungen eigener Mitarbeiter zu verhindern und entsprechende Untersuchungen innerhalb der einzelnen Diensteinheiten konspirativ durchführen zu lassen. Bekannt gewordene Fälle von Kriminalität innerhalb des MfS belegen, dass diese Möglichkeiten auch umfänglich genutzt werden.

Kommt es schließlich zur Verurteilung, setzt sich bei Bedarf die komplette Isolierung des Delinquenten in der Strafhaft fort.

Obwohl es in der DDR keine gesetzliche Grundlage für den Strafvollzug durch die Stasi gibt – er obliegt dem Ministerium des Innern und bei Militärpersonen dem Ministerium für Nationale Verteidigung – schafft sie sich dazu entsprechende Möglichkeiten.

Zunächst gibt es in den von der Stasi verwalteten U-Haftanstalten nur einzelne Arbeitskommandos, in denen Strafgefangene den inneren Betrieb im Gefängnis besorgen.

Mit Befehl 17/86 von Erich Mielke vom 3. Oktober 1986 wird dann erstmals der Strafvollzug durch das MfS erwähnt. Absurderweise beruft sich dieser Befehl auf die »gesetzlichen Bestimmungen über den Strafvollzug«, obwohl diese einen solchen durch das MfS überhaupt nicht vorsehen. Dennoch gibt es keinen öffentlichen Aufschrei, z. B. von den Abgeordneten der Volkskammer, denn in der DDR hat man sich längst daran gewöhnt, dass die Macht über dem Gesetz steht. So widerspricht auch in diesem Fall niemand dieser Kompetenzanmaßung der Stasi.

Mit diesem Befehl verschafft sich Erich Mielke auf jeden Strafgefangenen, der die Stasi interessiert, Zugriff. Laut Befehl sind sie nämlich dann in die Stasi-Arbeitskommandos einzuweisen, »wenn dies aus Gründen der Gewährleistung der Konspiration und Geheimhaltung, der Wahrung der Sicherheitserfordernisse, des Schutzes der Person oder aus anderen politisch-operativen Gründen notwendig ist.«[22]

Dies betrifft insbesondere Strafgefangene, die »dem MfS oder anderen Schutz- und Sicherheitsorganen angehörten, in staatlichen Organen, Kombinaten, Betrieben und Einrichtungen sowie gesellschaftlichen Organisationen politisch-operativ zu beachtende Funktionen innehatten (oder) bedeutsame Geheimnisträger sind [...].«[23] Innerhalb dieses Personenkreises sind auch aktuelle oder frühere Familienangehörige betroffen, wenn sich diese in Haft befinden. Weiterhin sichert sich die Stasi den Zugriff auf Personen, die »bedeutsame IM sind oder waren (oder) aus anderen politisch-operativen Gründen nicht in Strafvollzugseinrichtungen des MdI einzuweisen sind.«[24] Überdies können jegliche andere Strafgefangene in die Untersuchungshaftanstalten der Stasi zur Verbüßung der Strafhaft eingewiesen werden, »wenn dies für den spezifischen Arbeitseinsatz in den Abteilungen XIV erforderlich« ist.[25]

Damit hat sich die Stasi unter Missachtung der geltenden Gesetze der DDR ein geschlossenes System geschaffen, das es ihr nicht nur ermöglicht, Untersuchungen von Kriminalität in den eigenen Reihen zu verbergen und darauf folgende Prozesse in ihrem Sinne zu steuern, sonder darüber hinaus Verurteilte dann auch noch auf Jahre oder Jahrzehnte unter eigener Zuständigkeit zu isolieren. Das gleiche Schicksal können Familienangehörige der Täter erleiden, die durch Mitwisserschaft oder aktive Tathilfe ebenfalls ins Stasi-Visier geraten. Praktizierter Willkür jeglicher Intensität gegenüber Opfern und Tätern ist damit ebenso Tür und Tor geöffnet, wie der Möglichkeit, Straftaten je nach Opportunität zu ahnden oder zu vertuschen.

Der Umgang mit Straftaten im MfS ist Teil eines perfektionierten politischen Unterdrückungssystems, das die SED zur Aufrechterhaltung ihrer Macht braucht, nutzt und initiiert hat. Der Stasi dient es dazu, den eigenen Dreck unter den Teppich zu kehren, um nach außen das selbstgeschneiderte Image einer Elite zu erhalten, in der es keinerlei kriminelle Entgleisungen gab.

Dieses Bild ist falsch und verlogen.

Der Millionenmann

Ein Routinejob, nichts weiter. Konspirative Wohnungsdurchsuchungen sind für die Ermittler der Stasi-Hauptabteilung IX Alltagsarbeit. Unter dem Befehl von Generalmajor Rolf Fister sind sie für MfS-interne Untersuchungen zuständig.

Diesmal geht es um die Inventur in einer der geheimen Stasi-Wohnungen. Sie trägt den einfallslosen Decknamen »NB«. Dieser deutet auf die Adresse hin, die Niederbarnimstraße im Ost-Berliner Stadtbezirk Friedrichshain. Knapp sechs Kilometer vom Dienstsitz in der Freienwalder Straße entfernt, eine viertel Stunde Fahrt. Da werden im feuchtkalten Januar 1981 nicht einmal die Autos richtig warm.

Die Aktion startet an einem Donnerstag. Es ist der 29. des Monats und wie immer in solchen Fällen verschaffen sich die Stasi-Offiziere unauffällig Zugang zu den Räumen. Auch die Nachbarn bemerken nichts von den fremden Besuchern.

Die Wohnung ist topmodern eingerichtet. Alles vom Feinsten, wie es hinter der grauen Fassade kaum zu vermuten gewesen wäre. Der alte Kachelofen ist zum Dekorationsstück geworden und gibt dem Wohnzimmer eine anheimelnde, gemütliche Atmosphäre.

Doch als die Ermittler in die Backröhre schauen, finden sie keine brutzelnden Bratäpfel, sondern eine verschlossene Stahlkassette.

Sie ist schwer wie ein Koffer und wird mit in die Freienwalder Straße genommen und dort ohne große Probleme geknackt.

Nun gehen den Männern doch noch die Augen über: In der Kassette befinden sich 160 000 West-Mark und 21,3 kg Feingold. Schlagartig wird aus dem Routinejob nun ein streng geheimer

Vorgang. Dass die Männer dem wohl größten Wirtschaftsverbrechen in der Geschichte der DDR auf die Spur gekommen sind, ahnen sie in diesem Moment noch nicht.

Schnell wird ermittelt, welcher Genosse die Wohnung für die Treffen mit seinen inoffiziellen Mitarbeitern belegt hat. Es ist Oberstleutnant Günter W. von der Hauptabteilung XVIII, verantwortlich für die Überwachung der DDR-Volkswirtschaft. Seit zehn Jahren geht er in der Niederbarnimstraße ein und aus. Verwaltet wird das geheime Quartier von seiner Mitarbeiterin, Oberleutnant Ursula Schmidt. [1]

Die Sache soll möglichst schnell geklärt werden. Deshalb werden die beiden Offiziere schon am nächsten Tag zur Klärung dieses Sachverhaltes« in eine andere konspirative Stasi-Wohnung »zugeführt« und dort verhört. Was die Ermittler dort erfahren, lässt sie aus dem Staunen nicht mehr herauskommen.

Nach knapp zwei Wochen, am 12. Februar 1981, schreiben sie ihren ersten »Bericht über Ergebnisse der Untersuchung zu festgestellten Manipulationen des Gen. Oberstleutnant W. und der Gen. Oberleutnant Schmidt«.[2] Er landet direkt auf dem Schreibtisch Erich Mielkes. Der hat zwar schon manches erlebt, doch in diesem Aktenstück geht es um Millionen von Ost- und West-Mark, Gold, Schmuck und Edelsteine, die offenbar einer seiner »Tschekisten« beiseite schaffen wollte. Was steckt dahinter? Verrat, Vorbereitung der Fahnenflucht gar, oder doch nur ein kriminelles Vergehen. Erich Mielke muss manches zwei- und dreimal halblaut vor sich hin brabbeln, bevor er überhaupt erahnt, in welches Wespennest seine hausinternen Ermittler da gestochen haben.

Voller Stauen liest der Minister: »An Wertgegenständen einschließlich Devisen wurden sichergestellt: 86 Kg 534 gr Feingold (davon 1,885 gr Dentalgold).« Allein das ist ein Vermögen wert: »Bei dem gegenwärtigen internationalen Goldpreis Kg = 34 000 DM stellt dieses Gold einen Wert von 2 852 156,- DM dar. Bei dem gegenwärtigen DDR-Goldaufkaufpreis wird für 1 Gramm Feingold 220,- Mark gezahlt. Danach hat dieses Gold gegenwärtig einen Wert von 19 037 480 Mark.«[3]

Knapp 20 Millionen DDR-Mark, wieviel ist das? Bei rund 800 Mark liegt der Monatslohn eines Arbeiters im »Arbeiter- und Bauernstaat« – für diese Summe müssten etwa 23 800 Leute einen Monat lang arbeiten, etwa das ganze Leunawerk »Walter Ulbricht«! Erich Mielke wiegt bedächtig den Kopf. Das ist viel. Natürlich könnte man im Sozialismus auch viel dafür kaufen. Zum Beispiel fast 272 Einfamilienhäuser, die damals in der DDR mit 70 000 Mark pro Stück kalkuliert werden. Der Minister klappt die Akte zu. Das kann nicht sein, das kann gar nicht alles ein einzelner Mensch zusammengerafft haben, wir sind doch nicht beim kapitalistischen Klassenfeind!

Doch dann gibt er sich einen Ruck und liest weiter. Das Gold ist nämlich längst nicht alles, was seine geheimen Ermittler entdeckt haben; 1 626 105 West-Mark und stolze 2 202 875 DDR-Mark in bar sind auch noch dabei. Und dann die vielen kleineren Summen: Zum Beispiel 24 187 US-Dollar, 4 520 Schweizer Franken, 2 161,10 englische Pfund, 4 350 belgische Frank oder gar die 3 807 Rubel und 81 050 Zloty – Erich Mielke schwant, dass seinen Leuten ein ganz dicker Fisch ins Netz gegangen ist.

Die Auflistung der Werte scheint endlos: »Brillanten, Schmuck wie Armbänder, Ketten, Armreife und Ringe zum durch Gutachter geschätzten Industrieabgabepreis von 2 379 430,- Mark und einem Endverbraucherpreis von 4 045 031,- Mark [...] Gold- und Silbermünzen im durch Gutachter geschätzten Gesamtwert von 646 504,- DM [...].«[4]

Dabei konnten die Ermittler den ganzen Kleinkram noch nicht einmal berücksichtigen: »Die in Wohnungen, Garagen und anderen Objekten sichergestellten elektronischen Geräte, Teppiche sowie Spirituosen werden gegenwärtig listenmäßig erfaßt und es können dazu noch keine Wertangaben getroffen werden.«[5]

Ein Vermögen von gut sechseinhalb Millionen West-Mark und mehr als zwei Millionen Ost-Mark also, das die Genossen vorsorglich auch schon einmal auf die DDR-Werte bei Gold, den Pretiosen und Münzen umgerechnet haben. Da käme dann ungefähr ein Batzen von insgesamt knapp 30 Millionen Mark heraus, denn auch bei der Stasi weiß man, dass der offizielle Umrechnungskurs von 1:1 zwischen Ost- und West-Mark in der Praxis eine Lachnummer ist.

Und das alles gehört angeblich einem Offizier und seiner Mitarbeiterin, die jahrelang für die Stasi »eigenverantwortlich Sonderaufgaben gelöst« haben?

Erich Mielke befiehlt nicht nur strengste Geheimhaltung der ganzen Sache, sondern auch umfänglich Aufklärung.

Zuerst muss natürlich geklärt werden, was das für Genossen sind, die solch eine unvorstellbare Geldmenge zusammenraffen konnten. Schließlich hat die Stasi doch alles im Griff, noch dazu im eigenen Hause. So ist als erstes die Kader-Abteilung gefragt, denn immerhin gibt es ja Personalakten. Und dann natürlich die Stellungnahmen der Genossen selbst.

Was Erich Mielke daraus erfährt, ist typisch für Karrieren in seinem Ministerium, die er lieber »Werdegang« nennt.

Treu ergebene Genossen

»Ich habe den Beruf eines Tschekisten auf der Linie Abwehr erlernt. Des weiteren bin ich Staatsdiplomwirtschaftler und Finanzökonom«, schreibt Günter W. in seinen Angaben zum Tathergang. [6]

Wichtig ist ihm dabei offenbar nur sein »erlernter« Beruf, denn die exakte Bezeichnung seiner akademischen Ausbildung scheint der »Sonderoffizier« selbst nicht so richtig zu kennen.

Einen Hochschulabschluss »Staatsdiplomwirtschaftler«, gelegentlich schreibt er auch »Staatsdiplomwissenschaftler«, gibt es in der DDR nicht.

Laut Kaderakte hat der damalige Hauptmann 1965 bis 1969 jedoch ein Fernstudium an der Akademie für Staats- und Rechtswissenschaft Potsdam-Babelsberg absolviert und als »Diplom-

Staatswissenschaftler«, dem üblichen Titel für DDR-Funktionäre jeglicher Couleur, abgeschlossen.

Die fachliche Ausbildung ist bei der Stasi wohl ohnehin eher für die Statistik und die Akten wichtig. Die Hochschulreife kann der am 12. Juni 1935 geborene Günter W. nicht nachweisen. Seine Schulbildung war lückenhaft. 1941 bis 1953 drückte er mit kriegsbedingten Unterbrechungen die Schulbank, das Abitur schaffte er nicht.

Trotzdem will sich auch Günter W. mit akademischen Würden schmücken. Deshalb legt er sich die klangvollen Decknamen »Dr. Peter Berger« und »Dr. Fred Burkert« zu. Damit folgt er dem Vorbild vieler seiner Stasi-Genossen bis in die höchsten Führungsspitzen, die ebenfalls gern den selbst verliehenen Doktortitel vor ihre Alias-Namen setzen. Nur Erich Mielke selbst verzichtet darauf. Er bevorzugt den Proletarier-Kult und lässt seine untergebenen »Doktoren« von der Sekretärin gern schon einmal zum »Arbeiter Mielke« bestellen und dann stramm stehen.

Doch zurück zu Günter W. Weil es mit dem Studieren nicht klappt, wird er erst einmal Hilfssachbearbeiter bei der Deutschen Notenbank in Berlin. Doch bald naht die Erlösung: Am 15. August 1955 stellt ihn »das Organ« als »operativen Mitarbeiter« ein. Die Stasi hat ihn zum Mitarbeiter erwählt, bewerben kann man sich dort nicht.

Nun hat der junge Mann endlich eine Tätigkeit gefunden, bei der nicht mehr Bildung und Fachkenntnis, sondern politisches Wohlverhalten zählt.

Stolz berichtet Günter W.: »Seit 1955 bin ich Mitarbeiter des MfS. Ich wurde Mitarbeiter des MfS aus Überzeugung für die Sache des Sozialismus, für die DDR und für den Aufbau des Kommunismus im soz. Lager und darüber hinaus. Im Laufe der Jahre meiner Tätigkeit habe ich viele verantwortliche, geheime, vertrauliche Aufgaben und spezielle Aufträge gelöst und mit Erfolg. Ich habe Agenten liquidiert und Feinde enttarnt.«[7]

Bevor das jedoch richtig losgehen kann, muss doch noch ein Zeugnis her, denn immerhin ist der neue Mann ja für die Offizierslaufbahn vorgesehen.

Ab Oktober 1955 schickt die Stasi deshalb ihren gerade geworbenen Mitarbeiter auf einen zweijährigen Lehrgang an der hauseigenen »Juristischen Hochschule« in Potsdam-Eiche. Studienerfolg garantiert. Pünktlich zum »Tag der Republik« 1957 wird Günter W. Unterleutnant und 1960 bis 1965 folgt ein Fernstudium als Finanzökonom an der Hochschule für Ökonomie, Berlin-Karlshorst.

Die Stasi-Chefs vertrauen ihrem Genossen Günter W., lassen ihn stetig Karriere machen und setzen nun »den qualifizierten Kader« auch für streng geheime Operationen ein.

Wie die Ermittler später feststellen, geht es dabei von Anfang an oft um viel Geld: »Im Rahmen dieser Tätigkeit wurde ihm, entsprechend den Befehlen und Weisungen im MfS, die Befugnis eingeräumt, im Interesse des sozialistischen Staates, mit erheblichen finanziellen Mitteln zu arbeiten, diese für die Lösung der ihm übertragenen Aufgaben effektiv einzusetzen. Gemäß erteilter Befehle und Weisungen war er darüber hinaus, im Interesse des sozialistischen Staates, mit einer spezifischen Aufgabe zur Abwicklung von Geschäftsbeziehungen mit ausländischen Einrichtungen und Unternehmen beauftragt.«[8]

Dieses Vertrauen scheint der Entwicklung der Persönlichkeit Günter W.s nicht gut zu bekommen. Das bleibt den Genossen zunächst wohl verborgen, aber später berichtet sein früherer Mitarbeiter, Major Karl S., davon. Er sagt am 20. Oktober 1981 in einer Stasi-internen Vernehmung aus: »Charakterlich ist mein ehemaliger Leiter in der Arbeit skrupellos und machtsüchtig gewesen. [...] Abschließend möchte ich zur Charakteristik des Günter W. sagen, dass er Freundschaften zu anderen Personen nur solange aufrechterhielt, wie diese ihm selbst genutzt haben.«[9]

Solcherart Eigenschaften mögen auch anderen Untergebenen auffallen, doch die kommandierenden Generäle meinen, ihren Mann mit der bewährten Mischung von Zuckerbrot und Peitsche disziplinieren zu können. Am 8. Februar 1977 gibt es die Verdienstmedaille der NVA in Gold, im Oktober des gleichen Jahres einen Verweis wegen »ernsthafter Verletzung der Kontroll- und Aufsichtspflicht«. Auf den Vaterländischen Verdienstorden in

Bronze am 28. Juni 1978 folgt am 12. November ein strenger Verweis wegen Verletzung der Konspiration.

Der Delinquent übt Selbstkritik und verspricht Besserung. Ein nicht nur bei der Stasi übliches Ritual. Damit sind die kleinen Karriere-Bremsen dann auch wieder vergessen und der »Werdegang« geht weiter.

Günter W. hat dieses Verhalten verinnerlicht. Er ist ein Geschöpf des MfS und solcherart Wechselbad zwischen Lobhudelei und »Erziehungsmaßnahmen« gehören zum Alltag und bleiben in der Regel ohne Folgen.

Deshalb baut Günter W. auch noch auf die bewährten Verhaltensmuster, als sein Millionen-Betrug längst entdeckt ist.

Sein Gott heißt Erich Mielke und als das Diebesgut bereits auf dem Tisch der Genossen liegt, jammert er kleinlaut-kriecherisch in einem holprigen Satz-Monster: »Wird vom Gen. Min. entschieden, daß ich ausscheiden muß was ich bedauern würde, da ich im Prinzip vom 22. Lebensjahr durch seine Schule gegangen bin, er für mich immer mein Vorbild war, ich bemüht war durch Leistungen ihm aufzufallen, nun bin ich aufgefallen – aber negativ, dann werde ich an anderer Stelle voll meinen Mann stehen und alles tun für die DDR wie bisher (unter Beachtung der geltenden Normen).«[10] Günter W. kennt den Laden und kann durchaus damit rechnen, dass ihm die Genossen das Lippenbekenntnis noch einmal abkaufen.

Selbstkritik und »Einsicht« sind die Methoden, mit der sich auch Ursula Schmidt aus der peinlichen Situation winden will. Natürlich weiß auch sie, dass bei der Stasi leuchtende Augen gefragt sind, wenn der Name Erich Mielke nur erwähnt wird. Und sie meint es damit durchaus ernst. Denn ebenso wie Günter W. hat auch seine Mitarbeiterin »dem Organ« alles zu verdanken.

Die »treu ergebene Genossin« – so ihre sich stets wiederholende Einschätzung im MfS – wurde am 22. März 1942 in Schlesien, nicht weit von Breslau, geboren. Mit den Flüchtlingstrecks nach dem Krieg gelangt sie nach Berlin. Dort besucht sie die Schule und schließt diese 1958 mit der mittleren Reife erfolgreich ab.

Eine Lehrstelle bekommt Ursula Schmidt nicht und auch die Familie ist nicht so, dass eine Kader-Karriere vorprogrammiert wäre: »In meinem Elternhaus habe ich keine politische Erziehung im Sinne unserer Politik erhalten.«[11] Deshalb beginnt sie als Hilfskraft bei der Deutschen Post und kocht im Postscheckamt Berlin den Kaffee für die Kollegen. Das frustriert die junge Frau. 1959 wechselt sie zur Deutschen Notenbank. Dort geht es endlich aufwärts. An der Abendschule macht Ursula Schmidt 1962 ihren Abschluss als Bankkauffrau. Danach wird sie Sachbearbeiterin in der Überweisungsabteilung.

Ursula Schmidt arbeitet zuverlässig und verschwiegen. Diese Qualitäten bringen ihr 1963 die Leitung der Grenzwechselstelle an der Bornholmer Straße in Berlin ein, später wechselt sie an die Heinrich-Heine-Straße. Die Tätigkeit Auge in Auge mit dem Klassenfeind lässt die Frau ins Blickfeld der Stasi geraten. Ab 1. Januar 1965 dient sie der Hauptabteilung XVIII des Ministe riums als inoffizielle Mitarbeiterin.

Günter W., damals Hauptmann und Referatsleiter, kümmert sich persönlich um den vielversprechenden Nachwuchskader. Er verschafft Ursula Schmidt die Möglichkeit eines dreijährigen Direktstudiums an der Fachschule für Außenhandel »Josef Orlopp« in Berlin. Am 15. Dezember 1969 wird die junge Frau als »Offizier im besonderen Einsatz« (OibE) im Range eines Unterleutnants im MfS eingestellt.

Die Endzwanzigerin ist den Genossen dankbar. Natürlich betont Ursula Schmidt ihre Einsicht in die »Notwendigkeit des Dienstes in den bewaffneten Organen«, aber sie sagt auch: »Andererseits war ich auch im gewissen Sinne davon berührt, daß die Wahl gerade auf mich gefallen war. Ich sah für mich kaum eine andere Gelegenheit, wo ich mich beruflich und als Persönlichkeit in diesem Maße beweisen könnte. Diese ganze Sache war schon in meinem Leben recht außerordentlich.«[12]

Nach dem beruflichen Fehlstart hat die Außenhandelsökonomin nun endlich Boden unter den Füßen. Dafür ist sie den Genossen dankbar.

Für das weitere Fortkommen der Ursula Schmidt sorgt ihr

Vorgesetzter Günter W. Er macht sie ab 1970 nach und nach zu seiner Mitarbeiterin und Vertrauten.

Gezielt baut er von Anfang an eine persönliche Abhängigkeit der Frau von sich selbst auf.

Das fliegt erst 1981 auf, als die Ermittler feststellen: »Mit der Einstellung der Sch. in das MfS am 15.12.1969 veranlaßte W. über den Stellvertreter des Präsidenten der Staatsbank, Meier, daß die Sch. auch weiterhin als Mitarbeiterin der Staatsbank der DDR geführt wird und monatlich 599,- Mark auf ihr Gehaltskonto bei der Staatsbank eingezahlt werden. Diese Maßnahme wurde durch W. mit der Notwendigkeit der Legendierung der Tätigkeit der Sch. im MfS begründet.«[13] Bis die Sache auffliegt, sammeln sich so rund 80 000 Mark unberechtigt kassierte Lohngelder an, zusätzlich zum normalen Gehalt.

Doch das ist längst nicht alles. Ursula Schmidt bekommt von Günter W. einen Fiat 132 als Dienstwagen, darf unter ihren Decknamen »Erika Förster« und »Carola Schwarz« konspirative Wohnungen nutzen und wird von ihrem Chef mit Schmuck überhäuft. Später versäumt er es zwar niemals, bei der Begrüßung unauffällig nachzutasten, ob noch alle Ringe und Armreifen bei Ursula Schmidt vorhanden sind, dennoch genießt die Frau sein volles Vertrauen. Längst ist sie auch zu seiner Geliebten geworden. Günter W. weiß, dass ihm Ursula Schmidt mit Haut und Haaren verfallen ist. Seine Frau und die beiden Kinder müssen sich damit abfinden.

Wohl ohne es so richtig zu merken, ist Ursula Schmidt in eine doppelte Abhängigkeit geraten. Die ledige Frau lebt nicht nur von, sondern inzwischen auch für die Stasi: »Die mir im MfS übertragenen Aufgaben waren im Laufe der Jahre so umfangreich und vielseitig geworden, daß ich damit sowohl dienstlich als auch in meiner Freizeit voll ausgelastet war, da ich auch beides miteinander verbinden konnte.«[14] Und das MfS, das ist für sie Günter W. Unfehlbar wie Erich Mielke persönlich.

Am 7. Oktober 1972 befördert sie der Minister zum Leutnant, vier Jahre später, am 8. Februar 1976 wird Ursula Schmidt Oberleutnant. Zu dieser Zeit ist sie längst ein reibungslos laufendes

Rädchen in Günter W.s Geldmaschine. Der Weg dorthin hat für ihren Vorgesetzten bereits rund 15 Jahre früher begonnen.

Der Glanz des Geldes

Ost-Berlin, Anfang der sechziger Jahre. Die Mauer ist gebaut, nach zwölf Jahren DDR soll es nun endlich auch wirtschaftlich aufwärts gehen. Die glitzernde Warenwelt im Westen ist das Vorbild, ob das Walter Ulbricht nun gefällt oder nicht. »Überholen ohne einzuholen« heißt seine Parole. Trotz »Neuem ökonomischem System« will das nicht klappen, denn ohne den Westen läuft in der Wirtschaft gar nichts. Und dabei sind die DDR-Einkaufswünsche viel größer als die Menge dessen, was man dort verkaufen kann. Deshalb muss Geld her. »Devisennot kennt kein Gebot«, munkeln die Genossen. Wer Geldquellen anbohren kann, ist beim Parteichef wohlgelitten. Das sieht auch Stasi-Minister Erich Mielke als Chance.

Doch wo könnten sich Geld oder Wertsachen finden. Der wohlhabendere Teil der DDR-Bevölkerung ist vor dem Mauerbau in den Westen geflüchtet, oft bei Nacht und Nebel.

Das bringt die Genossen in der Berliner Normannenstraße auf eine Idee: Es gibt doch noch Tresore und Bankschließfächer, die seit fast zwanzig Jahren nicht mehr geöffnet wurden. Sofort wird der Bestand erfasst: Rund 105 130 solcher Blockschließfächer existieren in der DDR, 83 770 davon stehen leer, aber in den anderen könnte sich durchaus noch etwas finden lassen. Die ehemaligen Besitzer leben längst im Westen und haben die Sachen sowieso abgeschrieben. Sicher, einiges gehört auch Bürgern jüdischer Abstammung, die von den Nazis außer Landes getrieben wurden. Aber auch sie oder ihre Erben haben sich inzwischen irgendwo beim »Klassenfeind« niedergelassen – warum also zögern?

So wird unter strengster Geheimhaltung die Aktion »Licht«

geplant. Es geht im Grunde um staatlich organisierten Diebstahl, doch das soll sogar im MfS verborgen werden.

Also heißt es in den entsprechenden Befehlen, dass vor allem Dokumente zur weiteren Entlarvung der Nazi- und Kriegsverbrecher gesucht und gleichzeitig die Sicherheitsstandards der Banken überprüft würden.

Als dabei »rein zufällig« dann auch zahlreiche kostbare Depositen als »herrenloses Gut« gefunden werden, konzentriert sich die weitere Suche besonders in diese Richtung.

Diesen Hintergrund der Aktion »Licht« verrät Stasi-Major Dieter Skiba im November 1980 in seiner Diplomarbeit an der Juristischen Hochschule des MfS[15] in einer Fußnote über den Beutezug: »Neben der Feststellung einer Reihe von Mißständen und Unzulänglichkeiten seien insbesondere politisch-operativ auswertbare Dokumente und darüber hinaus auch eine Vielzahl von Wertgegenständen sichergestellt worden, so daß es notwendig sei, in einer Reihe weiterer Objekte ebenfalls derartige Prüfungshandlungen vorzunehmen. Solche in Frage kommende Objekte waren beispielsweise ehemalige Konzerne und Großbetriebe, Gutshöfe, alte Schlösser, Burgen und Museen sowie frühere Wohnsitze ehemaliger aktiver Faschisten und Kriegsverbrecher. Abgesucht wurden auch ehemalige Bergwerke, verschüttete unterirdische Anlagen der faschistischen Wehrmacht und Bunker sowie auch zerstörte Gebäude nach möglichen Verstecken.«[16] Natürlich ist auch diese Arbeit Jahre später noch als »Vertrauliche Verschlusssache« eingestuft, denn irgendwie peinlich ist der Staatsklau ja wohl doch …

Für Günter W. ist er der Einstieg in den Umgang mit dem großen Geld. Das stellen die Stasi-Ermittler im Februar 1981 fest: »Die durch die Genossen W. und Sch. durchgeführten Manipulationen erstreckten sich über einen längeren Zeitraum. Als Ausgangspunkt muß die Ende 1961/Anfang 1962 durchgeführte Aktion ›Licht‹ angesehen werden, die unter der Leitung des Genossen Oberstleutnant Strauch stand und in der auch Gen. W. aktiv beteiligt war.«[17]

Der Raubzug bringt fette Beute. Am 11. Juli 1962 berichten die geheimen Schatzsucher ihrem Minister Erich Mielke im üblichen sperrigen Stasi-Deutsch: »Im Verlauf mehrerer Monate wurden durch das MfS Tresore und Safes sowie Blockschließfächer in den Einrichtungen des sozialistischen Finanzwesens, den Gebäuden und Einrichtungen ehemaliger kapitalistischer Bankunternehmen, die anderweitig genutzt werden, und in beschädigten oder teilweise zerstörten Gebäuden, die nicht mehr nutzungsfähig sind, überprüft.« Das hat sich gelohnt: »Durch die Überprüfungsmaßnahmen wurden umfangreiche Mengen nicht erfaßter Wertgegenstände sichergestellt, deren Gesamtwert – nach vorläufigen Schätzungen – auf 4,1 Mio DM beziffert wird. Darunter befinden sich: Gold- und Schmuckwaren sowie Edelsteine mit einem Wertumfang von ca. 1,5 Mio DM, Silberwaren mit einem Wertumfang von ca. 300 TDM, Briefmarken mit einem Wertumfang von ca. 1,1 Mio DM/West, Gold- und Silbermünzen, Medaillen, Ölgemälde, Kupferstiche, Porzellane und Glaswaren, historische Handschriften u. a. m. [...]«[18]

Vieles davon ließe sich auf dem internationalen Antiquitätenmarkt verscherbeln. Natürlich konspirativ. Zur Beute gehören mehr als 250 Gemälde, Kupferstiche und Radierungen u. a. von Lucas Cranach, Canaletto, Albrecht Dürer oder Rembrandt. Dann gibt es eine Menge Schmuckstücke und viele seltene Handschriften: Ob Busch, Fontane, Goethe, Hauptmann oder Heine, Schiller, Zola, Herder und die Komponisten Paganini, Reger, Strauss, Schumann und Wagner – alles dürften gut absetzbare Waren sein, besonders, wenn die Sammler nicht allzu pingelig nach der Herkunft der wertvollen Stücke fragen.

Deshalb gehen sie nicht in den normalen Außenhandel, sondern werden von der Stasi selbst an den Mann gebracht. Die Voraussetzungen dafür sind günstig. Zufrieden konstatieren die Genossen 1962 nach ihrem Raubzug: »Dabei wurde festgestellt, daß bei allen Finanzorganen fast ausnahmslos kein konkreter Überblick über die vorhandenen Safes und Blockschließfächer und über ihre Nutzung besteht. Bis zu den Maßnahmen des MfS hatte keine Finanzinstitution der DDR einen Überblick über Inhalt und Mieter dieser überprüften Schließfächer.«[19]

Keine Spuren bei den DDR-Banken also und so schien dem geheimen Verkauf des Diebesgutes nichts mehr im Wege zu stehen.

Mit Verfügung 43/62 vom 14. September 1962 verlangt der Finanzminister darüber Auskunft, was daraus werden soll: »Aus dem Bericht muß zu erkennen sein, in welchem Umfang und bei welchen Komplexen der übergebenen Wertgegenstände diese a) unmittelbar dem Export, b) durch modisch bedingte Umarbeitung dem Export bzw. durch Neuanfertigung von Schmuckstücken aus vorhandenem Material dem Export, c) welche Wertgegenstände und welches Wertvolumen dem Binnenhandel, d) welche Gegenstände dem Edelmetallfonds der Republik zugeführt werden können.«[20]

Beim Verschieben der Waren im Westen, im Stasi-Jargon »Operationsgebiet« genannt, sind Leute wie Günter W. gefragt.

Die Ermittler dazu: »In diesem Zusammenhang entstand die Aktion »Konto«, [...] in der [...] Gen. W. eine exponierte Rolle einnahm [...]. Die sichergestellten Werte wurden im Verlauf von 2 bis 3 Jahren im Operationsgebiet verkauft [...]. In dieser Zeit, etwa 1967, begann Gen. W. mit ersten nicht kontrollierten sogenannten Rücklagen, deren Höhe nicht mehr feststellbar ist.«[21] Der Diebstahl bleibt unentdeckt und Günter W. erfährt zum ersten Mal in der Praxis, wie er sich die konspirative Geheimnistuerei zunutze machen kann.

Ungewollt hilft ihm dabei die Stasi, denn sie selbst hatte ja strikt darauf geachtet, dass alle Spuren gründlich verwischt wurden: »Der Ursprung der einzelnen in Rahmen der Aktion eingelieferten Gegenstände ist nicht mehr nachweisbar und bekannt. Selbst in Fällen, wo frühere Eigentümer bei Einlieferung der Masse bekannt waren, ist durch Zusammenfassung der einzelnen Gegenstände nach Verwendungszweck und Verwertungsmöglichkeit (z. B. wurden Briefmarken neu geordnet und zu kompletten Sammlungen zusammengefaßt etc.) dieser Nachweis nicht mehr zu führen.«[22] Mit einem gut 100-seitigen Protokoll war die Beute kurz zuvor an das Finanzministerium übergeben worden.

Die ausgeplünderten Banken durften keinerlei Hinweise auf die Aktion dokumentieren. Als dies in einem Fall, bei der

Deutschen Notenbank in Schwerin, später doch noch festgestellt wird, startet die Stasi im Februar 1971 eine Kontrollaktion und stellt fest: »Bisherige Überprüfungen in den IHB-Bezirksdirektionen [IHB, d. i. Industrie- und Handelsbank, K. B.] Neubrandenburg, Rostock, Berlin ergaben, daß dort keine derartigen Dokumente oder Quittungen vorliegen, die das MfS in irgendeiner Form belasten. Das MfS ist als durchführendes Organ der Aktion ›Licht‹ rechtlich entlastet durch das Übergabeprotokoll an die verantwortlichen Mitarbeiter des Ministeriums der Finanzen.«[23] Dennoch wird noch einmal gründlich nachgesehen. Dazu müssen die inoffiziellen Mitarbeiter heran: »Durch zuverlässige Kräfte in allen Finanzinstitutionen der DDR wird z. Z. überprüft, ob dort noch Unterlagen über die Aktion ›Licht‹ vorliegen. Es handelt sich um ca. 3–4 000 entsprechende Einrichtungen.«[24]

Den Arbeitsprinzipien der Stasi entsprechend, weiß Günter W. wohl von diesen Nachkontrollen nichts. Dass jedoch von solcherart Geheimaktionen sämtliche Spuren gründlich verwischt werden, ist ihm längst aus eigener Erfahrung bekannt. Auch »Sonderoffizier« W. unterliegt nämlich im Dschungel von Konspiration und Geheimhaltung schon jahrelang keinerlei Kontrolle mehr. Er steigt immer weiter auf. Günter W. ist dabei, als die später von ihm geleitete Arbeitsgruppe »Konto« Mitte der sechziger Jahre beginnt, »eigenverantwortlich« im Westen Gold für die Staatsreserve der DDR einzukaufen. Dabei gibt es zunächst keinerlei Unregelmäßigkeiten, denn schließlich muss Günter W. erst einmal das Terrain sondieren, um die Schliche und Tricks des Klassenfeindes auf diesem Geschäftsfeld kennen zu lernen.

Derweil beginnt langsam das Zeitalter der Computer. Natürlich möchte auch die Stasi die moderne »Datenverarbeitungstechnik« nebst »peripheren Maschinen und Kopiertechnik« nutzen. Die gibt es nur im Westen und so wird Günter W. mit seiner »Konto«-Truppe beauftragt, sie über konspirative Kontakte zu Geschäftspartnern aus vorangegangenen Deals zu besorgen.

Dabei kassiert er die ersten Provisionen in Höhe von fünf bis zehn Prozent der Umsätze in bar. Später stellt er auch seinen DDR-Partnern solche Provisionen in Rechnung, so dass die Ermittler

1981 feststellen müssen: »Dadurch hatte Gen. W. erhebliche Deviseneinnahmen.«[25] Ab wann genau sie fließen, ist später »aufgrund fehlender Unterlagen nicht mehr zu rekonstruieren.«[26]

Mit diesem Geld beginnt Günter W. nun massiv, seine »Rücklagen« zu bilden. Er nennt sie »Reptilienfonds«.

Angeblich sollen sie eingesetzt werden, wenn mal ein Geschäft platzt oder die Ware fehlerhaft ist. Vielleicht glaubt er damals sogar selbst noch an diese Variante, die er später immer wieder zu seiner Verteidigung vorbringt.

Doch der Glanz des Geldes hat ihn längst geblendet. Fast manisch rafft er die braunen »Riesen« aus dem Westen zusammen, packt sie in eine Stahlkassette in seiner Wohnung. Das wachsende Vermögen bereitet ihm schlaflose Nächte. Deshalb tauscht er später das Papiergeld in wertbeständiges Gold um.

Aber auch schon lange vorher lässt ihm die Kassette keine Ruhe. Werden ihm die Genossen glauben, dass er alles nur für »das Organ« tut?

Um sich für alle Fälle abzusichern, legt er einen Brief an seinen Vorgesetzten obendrauf, flüchtig auf einen karierten Bogen geschrieben: »Diese Kassette gehört dem MfS, auch ihr Inhalt. Es sind Mittel, die dem Feind abgerungen wurden aus den Aktionen ›Konto‹ u. a. kommerziellen Maßnahmen, die ich durchgeführt habe. Ich habe diese Mittel als Reserve betrachtet für besondere Fälle die eintreten können. Niemand weiß etwas von diesen Mitteln! Ich hoffe, daß niemand auf die Idee kommt, daß ich mir dieses Zeug unter den Nagel reißen wollte. Zu Hause habe ich es aufbewahrt, weil es hier am sichersten ist. Sollte mir irgendetwas passieren, wird meine Frau, die keine Kenntnis hat, Ihnen die Aktentasche mit Inhalt zustellen bzw. von Ihnen holen lassen. Ich hoffe, daß Sie meine Familie nicht vergessen u. ihr materielles Wohl u. die Entwicklung meiner Kinder garantieren, als Äquivalent für meine Arbeit. In diesem Sinne verbleibe ich als Ihr Freund Günter W., 1. 1. 1968«[27]

Als entlastendes Indiz überzeugt dieser krude Mix aus Bekenner- und Erpresserbrief die Ermittler gut 13 Jahre später nicht: »Ob dieser Brief bereits 1968 angefertigt wurde, kann durch die Abteilung 32 nicht mehr festgestellt werden.«[28] Sie haben derweil nämlich herausgefunden, dass sich die Tätigkeit der Arbeitsgruppe »Konto« Mitte der sechziger Jahre erheblich ausgeweitet hatte. Das nutzte Günter W. für seine privaten Geschäfte nebenbei, denn dafür gab es damals beste Voraussetzungen: »Mit Zunahme der Geschäftstätigkeit über die Arbeitsgruppe ›Konto‹ machte sich, auch um in den Verträgen als juristischer Vertragspartner auftreten zu können, die Gründung einer Scheinfirma notwendig. Gen. W. schuf deshalb etwa 1966 die Scheinfirma ›Industrievertretung‹, allerdings ohne sie in das Handelsregister eintragen zu lassen, mit einem Büro in Berlin 102, Rathausstraße 7. Die Gründung dieser Scheinfirma erfolgte im echten operativen Interesse und mit Zustimmung leitender Genossen des MfS.«[29]

Mit dem Segen der Genossen war Günter W. am Ziel seiner Wünsche: Alleinherrscher über eine streng geheime, völlig unkontrollierte Firma. Immer wieder redet er sich selbst ein, alles nur zum Vorteil des »Organs« zu managen. Er spürt nicht, wie die Gier nach Geld in ihm wuchert, ihn wie eine Droge abhängig macht.

Und noch läuft ja auch alles im Interesse des MfS. Günter W. importiert High-Tech für die Stasi aus dem Westen und gibt einmal jährlich, bis etwa 1970, seine Gewinne aus den Geschäften in bar beim Finanzminister ab. Es sind jeweils 400 000 bis 600 000 DM, anfangs etwas weniger. Natürlich lebt auch Günter W. dabei nicht schlecht. Über die kargen Devisen-Dienstreisesätze für DDR-Reisekader kann er nur lachen. Ein paar tausend Dollar hat er immer dabei, schon, um die umfangreichen privaten Wunschlisten abzuarbeiten. Steht nicht schon in der Bibel der Satz von dem Ochsen, dem man beim Dreschen nicht das Maul verbinden soll? Den kennt man sogar bei der Stasi! Günter W. fühlt sich nicht als Betrüger. Er macht Geld für den Staat und dabei ist es doch ganz normal, dass auch für ihn etwas abfällt – das ist alles.

Seine Geschäfte laufen wie geschmiert. Immer mehr Wünsche nach Nützlichem und Praktischem aus dem Westen hat er zu erfüllen. Die Umsätze der »Industrievertretung« scheinen regelrecht zu explodieren.

Günter W. wähnt sich als unentbehrlicher Diener seines Ministers und sieht sich im Kreise der Genossen unter den ganz besonders Erfolgreichen.

1020 Berlin, Rathausstraße 7

Das Rote Rathaus gleich um die Ecke, der Neptunbrunnen fast vor der Tür, den Fernsehturm in seinem Kontrast zur Marienkirche im Blick – die Ende der sechziger Jahre von Ost-Berlins Chef-Architekt Heinz Graffunder gebaute Rathausstraße ist eine der attraktivsten Lagen in der »Hauptstadt der DDR«. In den auf Stelzen errichteten Wohnhäusern dürfen sich bevorzugte Bürger einrichten, die Bowling-Bahn zieht Besucher aus der ganzen Republik an und ist schnell auf ein Jahr im Voraus ausgebucht und in den Büros scheinen seriöse Geschäftsleute aus Ost und West zu verkehren.

In der Nummer 7 ist der Eintritt erst nach Voranmeldung möglich. Zwei Herren im knitterfreien »Präsent 20«-Anzug und eine flotte Mittdreißigerin betreiben hier eine »Industrievertretung«. Was dort den lieben langen Tag lang geschieht, wissen weder die Mitbewohner im Haus, noch die Besucher und Gäste.

Auch die geheimen Chefs des Büros in der Normannenstraße sind ahnungslos. Das ist beabsichtigt, denn schließlich handelt es sich bei der »Industrievertretung« um ein konspiratives Objekt. Der Chef heißt Dr. Peter Berger, manchmal auch Dr. Fred Burkert. Oder ganz einfach Günter W. Nur er weiß, was sich in der Rathausstraße 7 tut und er sorgt dafür, dass es kein anderer erfährt.

Das klappt rund 15 Jahre ohne Probleme. Erst im Februar 1981 stellen die Ermittler über die Tätigkeit der »Industrievertretung« erstaunt fest: »Kenntnisse über Einzelheiten, wie

Geschäftsverbindungen und abgewickelte kommerzielle Geschäfte, hatten nur W., Sch. und IM ›Felix‹. Von diesen wiederum war W. in alle Einzelheiten, die Genn. Sch. in die meisten finanziellen und IM ›Felix‹ hauptsächlich in die kommerziellen meist ohne Hintergrundinformationen eingeweiht. Als offiziellen Leiter setzte W. den IM ›Felix‹ ein. Als tatsächlicher ›Chef‹ fühlte sich und fungierte Gen. W. Er gab die grundsätzlichen Weisungen, die IM ›Felix‹ aus vollem Vertrauen zum MfS und zur Person seines Führungsoffiziers bedingungslos und mit hohem Einsatz und Engagement befolgte.«[30] Von solch emsigen IM hört man gern, doch der aus dem Finanzministerium abkommandierte Klaus P. alias IM »Felix« hat durchaus auch noch ganz eigene Gründe. Er will sich seinen attraktiven Job erhalten, der ihm weit mehr als das normale Gehalt einbringt. Die Ermittler: »Außerdem erhielt ›Felix‹ von Gen. W. in Form eines Pkw und finanzieller Mittel Zuwendungen, die ihn von W. abhängig machten.«[31]

Der Laden in der Rathausstraße 7 brummt. Es werden Geldtransporter für die Staatsbank der DDR im Westen gekauft, die Staatliche Münze bekommt Kopier- und Rechentechnik, der VEB Deutsche Wertpapierdruckerei in Leipzig Spezialmaschinen. Auch für das Ministerium für Finanzen und das Ministerium für Staatssicherheit fallen ein paar moderne High-Tech-Geräte ab. Alle sind zufrieden, niemand fragt nach, wie die Segnungen aus dem Westen eigentlich finanziert und ob sie korrekt abgerechnet werden. Erst nach dem Ende der »Industrievertretung« vermerkt die Stasi: »Die Firma war nicht im Handelsregister eingetragen, dadurch rechtlich nicht abgesichert und mußte so zum Teil den Anschein nicht korrekter Geschäftsgebahren haben, die jedoch mit Vermutungen über MfS-Interessen hingenommen wurden.«[32] Wo in der DDR »das Organ« agierte, hatten alle anderen den Mund zu halten.

Und das galt für die »inoffiziellen Mitarbeiter« ganz besonders. Fast schon ein bißchen betroffen wird 1981 konstatiert: »Das Vertrauen, die Zuverlässigkeit und die Disziplin von IM im Finanzwesen wurde extensiv ausgenutzt. Die IM gingen immer davon aus, daß alle Anforderungen im Interesse des MfS lagen und der absoluten Geheimhaltung unterliegen.«[33]

So scheffeln Günter W. und seine zumindest teilweise unwissenden Komplizen immer mehr Geld. Im Februar 1981 stellen die Ermittler nüchtern fest: »In der folgenden Zeit weiteten sich die Geschäfte der Scheinfirma immer mehr aus [...]. Die aus diesen Geschäften erzielten Gewinne [...] führte W. nach übereinstimmenden Aussagen zumindest seit 1970 nicht mehr ab. Nachweislich richtete W. 1970 auf den Namen ›Industrievertretung‹ Mark- und Valutakonten ein, für die er allein, und zwar auf den fingierten Namen Dr. Berger, zeichnungsberechtigt war. Über diese Konten realisierte W. die regulären Kostenrechnungen; die erzielten Gewinne hob er in unterschiedlichen Abständen ab und deponierte sie in bar an verschiedenen Orten und Behältnissen in seiner Wohnung, in seinem Panzerschrank in der Dienststelle und im Mehrzweckobjekt ›Siehdichum‹.«[34]

Auf diese Art und Weise verschwinden Jahr für Jahr etwa eine halbe Million DM. Die Konspiration, und damit die Stasi selbst, machen es möglich: »Das Grundprinzip der Arbeit des MfS, die Wahrung der Konspiration wurde Deckmantel und Begründung für die Abdeckung der Geschäftsgebahren der Firma [...].«[35] Sie erlaubt sogar noch zusätzliche Tricks, wie zum Beispiel »die Eintreibung von Transportkosten für Aktionen, die das MfS für das Ministerium für Finanzen durchführte und durch Eigenleistung bereits finanziert hatte.«[36] Immerhin läppern sich so im Laufe der Zeit zusätzlich noch einmal rund 90 000 US-Dollar für Günter W. zusammen.

Der Stasi-Sonderoffizier schwimmt im Geld. Kriminelles Agieren ist ihm fast unbemerkt zur Gewohnheit geworden. Durch die dunklen Geschäfte der Stasi auf den Geschmack gekommen, wirtschaftet Günter W. längst in die eigene Tasche, ohne sich dabei auch nur im geringsten als Betrüger zu fühlen. In seinem Umfeld fallen zunehmende Arroganz, die Aura des Anscheins der Allwissenheit und ein machtbetontes Selbstbewusstsein auf. Doch das sind alles Dinge, die auch andere Stasi-Offiziere ausstrahlen. Und immerhin hat Günter W. ja tatsächlich einiges zu sagen.

Die größten Gewinne seiner »Industrievertretung« entstehen durch das Kassieren von Provisionen. Dabei bestimmt er ganz allein, wie hoch sie sind. Die Spanne liegt üblicherweise zwischen fünf und zehn Prozent, »je nachdem, wie erfolgreich die Vertragsverhandlungen geführt wurden«.[37]

Doch das viele Geld macht dem konspirativen Geschäftsmann auch Sorgen. Immerhin hat er im Parteilehrjahr gelernt, dass der Imperialismus langsam verfault und die Inflation ein erstes Zeichen dafür ist. Deshalb überlegt sich Günter W., wie er seine Beute sichern kann.

Da fällt ihm die klassische Geldanlage in Gold ein. Seit Jahren steigt der Goldpreis, vielleicht lassen sich so nicht nur entgangene Zinsen ausgleichen, sondern sogar noch Geschäfte machen.

Dabei soll ein West-Berliner Geschäftspartner helfen. Etwa seit 1967 übergibt ihm Günter W. größere Summen Bargeld, um dafür hauptsächlich in der Schweiz Goldbarren zu kaufen. Bei der Lieferung geht er auf Nummer sicher: Die heiße Ware wird im Koffer direkt in der Rathausstraße 7 in Ost-Berlin angeliefert – niemand darf davon erfahren.

Um den West-Berliner Kurier unbehelligt über die scharf bewachte Grenze zu bringen, greift Günter W. zu einem Trick. Im Rahmen eines anderen Geschäftes war der Mann Mitte der siebziger Jahre schon einmal mit einem »Sesam-öffne-dich«-Brief der Stasi-Hauptabteilung XVIII ausgestattet worden. Dieser sicherte die unkontrollierte Einreise in die DDR. Das macht sich Günter W. zunutze. Die Ermittler: »Diese Avisierung verlängerte W. in persönlichen Schreiben an das OLZ [Operative Lagezentrum, K. B.] der HA VI bis 1980 eigenmächtig, indem er sich jeweils auf die am 5.4.1976 erteilte Zustimmung des Leiters der HA XVIII berief. Dadurch wurde PAMIR [Name geändert, K.B.] bei der Grenzpassage bevorrechtigt behandelt und die illegale Goldeinfuhr nicht bemerkt.«[38] Die Stasi als Helfershelfer beim Goldschmuggel.

Während andere an der Grenze sterben oder für den Versuch ihrer Überwindung lange Zeit ins Gefängnis wandern, macht ein simples Schreiben eines schlichten Stasi-Oberstleutnants die Mauer durchlässig. Dass allein dieser Vorgang ein Schlaglicht auf die Unnormalität der DDR-Verhältnisse wirft, scheint den Ermittlern auch Jahre später nicht einmal aufzufallen.

Sie schätzen statt dessen die kriminellen Geschäfte Günter W.s recht nachsichtig so ein: »Er gewann Freude daran, über enorme Werte völlig selbständig entscheiden zu können, sich und vielen anderen Wünsche zu erfüllen, die für ihn sonst nicht im Bereich des Möglichen gelegen hätten. Mit der Erweiterung seines Umgangskreises, auch in Bezug auf leitende Funktionäre, erhöhten sich die Wünsche, die an ihn herangetragen wurden und die er aus einem falschen Ehrgeiz heraus und um diese Verbindungen ›zu pflegen‹ auch stets bestrebt war zu erfüllen. Gen. W. war deshalb bemüht, die ›Einnahmen‹ weiter zu erhöhen und neue Quellen zu erschließen.«[39]

Das gelingt ihm in beeindruckendem Ausmaß.

Konspirative Geldquellen

Die Stasi war ein Staat im Staate. Zückte einer ihrer Mitarbeiter den geheimnisvollen Dienstausweis am Lederband oder Metallkettchen funktionierten die Funktionäre der DDR. Das weiß auch Günter W. aus langer Erfahrung. Ende 1976 macht er sich das devote DDR-Verhalten gegenüber jeglichem Abgesandten des »Organs« nicht mehr nur im Rahmen seiner Geschäfte für die »Industrievertretung«, sondern auch ganz privat zum eigenen Vorteil zunutze.

Monatelang zuvor hat die Stasi eine delikate Aufgabe zu erledigen. Überall in der DDR tauchen beschmierte Exemplare der neuen grünen 20-Mark-Scheine auf. Der ehrwürdige Goethe-Kopf war mit ein paar Strichen zur Hitler-Fratze umgemalt worden.

Das darf es nicht geben, sieht sich doch die DDR in ihrem Selbstverständnis als ein Land, in dem der Faschismus mit Stumpf und Stiel ausgerottet ist! Dutzende von Stasi-Mitarbeitern schwärmen aus, um die verschandelten Geldscheine einzusammeln. Der »Operativvorgang Note« ist ein voller Erfolg. Bergeweise geht das Geld bei Günter W. ein. Er ist für die Vernichtung der inkriminierten Scheine zuständig.

Der Oberstleutnant bringt sie persönlich zur Staatsbank der DDR, Abteilung Emission. Dort legt er genau 581 960 Mark auf den Tisch. Dann braucht er nur noch die Augenbrauen fragend zu heben und prompt werden ihm für diese Summe druckfrische Scheine ausgehändigt. Günter W. ist »das Organ«, da schickt es sich für einen einfachen Bankmitarbeiter nicht, eventuell nachzufragen – so funktionieren Polizeistaaten überall auf der Welt.

Der schwarze Deal bleibt völlig unbemerkt und erst viereinhalb Jahre später stellen die Ermittler fest: »X [Name des Bankangestellten geschwärzt] handelte dabei gutgläubig und in vollem Vertrauen zum MfS.«[40]

Das Geld landet in Günter W.s Privat-Schatulle. Dorthin fließen schon seit längerer Zeit auch regelmäßige Einnahmen. Ursula Schmidt hilft, sie unauffällig zu kassieren.

Oberstleutnant M. in seinem Ermittlungsbericht vom 12. Februar 1981: »1971 wandte sich W. unter dem Vorwand, aus operativen Gründen eine Sonderwechselstelle errichten zu müssen, an den stellv. Minister für Finanzen, Gen. Sandig, der in vollem Vertrauen zum MfS handelnd, fünf Planstellen für eine solche Einrichtung genehmigte. Er wies den Stellvertreter des Präsidenten der Staatsbank, Bruno Meier, an, die Gehälter für diese Planstellen zur Verfügung zu stellen. Für die von W. fingierte Sonderwechselstelle erschlichenen Planstellen empfing die Sch. mittels Dauervollmacht monatlich 2 680,- Mark bei der Staatsbank der DDR. Dadurch wurden von W. bis November 1980 etwa 290 000,- Mark zusätzlich vereinnahmt.«[41]

Im DDR-Sprachgebrauch heißt diese Praxis »durchstellen«. Ein Anruf innerhalb des SED-Parteiapparates oder von dort bei der zuständigen staatlichen Verwaltung genügt und die Sache ist unbürokratisch und unkontrolliert geregelt. Kommt dieser Anruf gar noch »von der Sicherheit«, ist natürlich auch strengstes Stillschweigen darüber garantiert. So werden in diesem Fall fünf

Phantom-Arbeitskräfte geschaffen, die unbehelligt neun Jahre lang »ihr Geld« kassieren.

Natürlich brauchen solche Leute auch Wohnungen. Für Günter W. kein Problem. Er kennt den umtriebigen Oberstleutnant P. aus der Hauptverwaltung Aufklärung, Sektor Wissenschaft und Technik. Der wiederum hat einen inoffiziellen Mitarbeiter in der Wohnungsverwaltung des Ost-Berliner Magistrats sitzen, für den etwa 1965 ein einträgliches Geschäft beginnt.

Günter W. gibt 1981 zu: »Gen. OSL P. verlangte von mir bzw. gab mir anfangs zu verstehen, daß er seinem Mann ›etwas‹ zukommen lassen müßte. Dazu war ich bereit, stutzte zwar etwas, als er von mir pro Wohnung 1 000 DM-West verlangte, gab sie ihm aber ohne weitere Fragen zu stellen mit dem Hinweis, daß unter keinen Umständen etwas schief laufen darf. Es traten auch keinerlei Vorkommnisse auf.«[42]

Dieser Deal ist seines makabren Inhalts wegen wohl kaum zu übertreffen: Da verschieben zwei Genossen, die sich zur politischen DDR-Elite zählen, Wohnungen gegen West-Mark, die Währung des »Klassenfeindes«, und das auch noch zu einer Zeit, in der sich ihr Staat gerade in der Blüte seiner Entwicklung fühlt.

Der VIII. Parteitag der SED vom 15. bis 19. Juni 1971 verkündet die »Hauptaufgabe der Einheit von Wirtschafts- und Sozialpolitik«. Nicht mehr erst in einer fernen, goldenen Zukunft sollen die Leute etwas von ihrer Arbeit haben, wie unter Walter Ulbricht gepredigt. Nein, jetzt würde es aufwärts gehen. »Ich leiste was, ich leiste mir was« ist die neue Parole Erich Honeckers. Klar, mit den Wohnungen braucht es noch etwas Geduld. Zwischen vier und sechs Jahren als junge Familie mit Kind im 12-qm-Kinderzimmer sind keine Seltenheit, aber »die Partei« hat ja Abhilfe versprochen!

Dass just in jenen Jahren Stasi-Genossen Wohnungen gegen West-Mark untereinander verschieben, hätten damals wahrscheinlich sogar jene als völlig absurd von sich gewiesen, die mit der DDR nicht auf ganz gutem Fuße stehen, denn solch eine Verlogenheit des Systems ist sogar für Böswillige kaum vorstellbar. Dennoch gibt es sie, wie das Beispiel Günter W. beweist.

Bis 1980 erhält er gegen die Zahlung von insgesamt 45 000 West-Mark Bestechungsgeld mindestens 45 Wohnungen – ganz genau ist das später alles nicht einmal mehr feststellbar. Günter W. erweist sich mit diesen Wohnungen nicht nur als Wohltäter gegenüber seinen Genossen, die er großzügig »versorgt«, sondern denkt auch an sich. Die Ermittler konstatieren: »Von diesen Wohnungen richtete sich Gen. W. 4 illegale konspirative Wohnungen auf modern ein. Diese Wohnungen wurden sowohl ausstattungsmäßig als auch hinsichtlich der laufenden Kosten mit Geldern der ›Industrievertretung‹ bezahlt.«[43]

Die vier »abgezweigten« Quartiere scheint Günter W. als seinen ganz normalen Profit am schwarzen Geschäft zu betrachten, denn als bereits die Ermittlungen gegen ihn laufen, empfiehlt er seinen Genossen allen Ernstes: »Die Problematik mit den Wohnungen muß man gegenwärtig ebenfalls ruhen lassen, aber auf keinen Fall die Quelle aufgeben, da wir immer Wohnungen brauchen. Man muß alles beibehalten, um es später erneut zu nutzen.«[44]

Ebenso begehrt und rar wie Wohnungen sind Autos in der DDR. Und natürlich weiß Günter W. auch hier Rat. Einen gebrauchten Fiat 128 bekommt er 1979 von seinem West-Berliner Partner geschenkt. Über einen IM, den im Hauptgewerbe selbständigen Kfz-Meister H. mit eigener Werkstatt in Berlin, wird er für 12 000 Mark an einen Privatmann weiter verkauft.

Weitere Autos besorgt Fachmann H. persönlich vor Ort im Westen. Günter W. beschafft die Papiere mit denen er ungehindert reisen und die Fahrzeuge mitbringen kann. Manche werden dann als Dienstfahrzeuge registriert und privat gefahren, andere, wie ein 1980 importierter »Lada-Niva«-Geländewagen wandern gleich in W.s Besitz, in diesem Fall als »Jagdwagen«.

Natürlich weiß der Stasi-Offizier, dass er sich mit solchen Aktionen auf dünnes Eis begibt. Deshalb sichert er sich ab. Auf echte Ganovenart, durch Vorbereitung einer kleinen Erpressung für den Fall des Falles. Die Ermittler notieren dazu: »Da Gen. W. annahm, daß er bei der Benutzung eines solchen allradgetriebenen PKW für die Jagd, persönlichen Angriffen ausgesetzt sein könnte, beauftragte er H., den speziell umgebauten Jagdwagen des Staatssekretärs B. und einen weiteren in Westberlin umgebauten Jagdwagen, der nach Angabe des Gen. W. für den Arbeitsbereich Kommerzielle Koordinierung des Ministeriums für Außenhandel bestimmt war, zu fotografieren. Er nahm an, daß bei einer an ihm geübten Kritik ein Hinweis auf diese Bilder genügen würde, um zu beweisen, daß sein PKW bescheiden ausgefallen war.«[45] Das Wort »Erpressung« taucht natürlich nicht in den Akten auf.

Beziehungen sind in der DDR in vielen Bereichen ohnehin viel wichtiger als Geld. Das hat der gelernte DDR-Bürger W. verinnerlicht. Die Ermittler: »Eine besondere Genugtuung war ihm, daß er durch sein enges Verhältnis zu H. in die Rolle kam, daß er zum größten Teil bestimmte, wessen PKWs von der Firma H. repariert wurden.«[46] Das geht dann stets nach dem Motto von der einen Hand, die die andere wäscht.

Wer die raren Dienstleistungen haben will, muss zahlen, am besten in West-Mark oder in West-Waren. Da macht auch Alleskönner W. keine Ausnahme. Er besorgt einen Klempner für den Ausbau des Stasi-Objektes »Siehdichum« und verschafft ihm neben der Arbeit auch noch ein Auto aus dem Westen. Natürlich muss der Mann dafür die 15 000 DM bezahlen – aber zum Schnäppchen-Kurs von 1:1,75, wo sonst der fünffache Preis noch als Vorteil gilt.

Doch Geld ist für einen DDR-Handwerker ohnehin kein Problem. Und für Stasi-Offizier W. schon gar nicht, verfügt er doch neben den offiziellen Einnahmen »seiner« Industrievertretung noch über seine »konspirativen« Einnahmequellen, die munter sprudeln.

Völlig willkürlich legt er die Umrechnungskurse für die Bezahlung seiner West-Importe mit Ost-Mark fest. Geht es ums Private, gilt natürlich 1:1. Braucht man die Leute, wie z. B. den Klempner aus Frankfurt/Oder oder die Genossen vom Rat des Bezirkes, die ja Baugenehmigungen, Materialbestellungen und ähnliches ausfüllen müssen, wird 1:1,75 gerechnet. Werden nur Hilfsdienste benötigt, wie die Anlieferung von Baumaterialien oder Holzarbeiten durch den Staatlichen Forstwirtschaftsbetrieb

Müllrose, müssen die Kollegen für ihre von Günter W. im Westen besorgten Ersatzteile immerhin schon den Gegenwert im Verhältnis 1:3 auf den Tisch legen, Ursula Schmidt behauptet sogar 1:4.

Die strikte Konspiration all dieser Geschäfte garantiert, dass einer vom anderen nichts erfährt. Ursula Schmidt muss später zugeben: »Ich habe das Geld persönlich in bar im Verhältnis 1:1 umgetauscht. Der darüber hinausgehende Markbetrag wurde einbehalten.«[47] So fließen auch immer wieder große Ost-Mark-Beträge in Günter W.s schwarze Kassen.

Seine Raffgier hat inzwischen ein erhebliches Ausmaß angenommen, doch Mittäterin Ursula Schmidt sieht sie nachsichtig als »charakterliche Eigenart« als Folge eines »›Besitzkomplexes‹ […] nicht im entferntesten vergleichbar mit dem eines normalen Durchschnittbürgers«. Als Grund gibt sie in einer Vernehmung am 29. Oktober 1981 eine Erklärung, die an Naivität kaum zu überbieten sein dürfte: »Er hat viele Jahre mit Millionen selbst gearbeitet, selbst entschieden und darüber befunden, das war seine Welt.«[48] Und weil Günter W. eben so gern »mit Geld gearbeitet« hat, möge man ihm sein liebstes Spielzeug doch einfach lassen, damit er nicht noch böse wird. Dafür haben die Genossen Verständnis.

Für Günter W. gehört derweil längst auch die Geldbeschaffung nach echter Ganovenart zum Alltagsgeschäft. Er betrügt hin und wieder einfach seinen Komplizen. Da der aus West-Berlin kommt, hält er das dann auch noch für einen Sieg im »Klassenkampf«. Stolz berichtet er an seine Vorgesetzten, als die ganze Sache bereits aufgeflogen ist: »Bei einigen Geschäften der Industrievertretung, die durch die Fa. Pamir gemacht bzw. abgewickelt wurden konnte festgestellt werden, daß der Kontrahent die Industrievertretung in bedeutendem Maße übervorteilte. Es wurde dann von mir veranlaßt, daß Goldbestellungen erfolgten. Nach Eintreffen der Goldsendungen wurde von mir untersagt, die Sendungen zu bezahlen. Ich sprach dann persönlich mit dem Partner und erklärte ihm, daß er uns betrogen hatte und wir das übersandte Gold als unsere Provision betrachten. Da der Partner trotz dieser Maßnahmen immer wieder kam, fand ich meine

Annahme bestätigt und mußte annehmen, daß er uns trotzdem noch übervorteilt hatte.«[49]

Weil dieses Geschäft so gut läuft, wird es gleich noch mehrmals mit Schmuck und Brillanten wiederholt. Oberstleutnant W.: »Es traten keine Komplikationen auf und der Partner erschien wieder.«[50] Ganoven unter sich.

Und die sichern sich ab, denn man weiß ja nie. Obwohl von jeglichem Unrechtsgefühl beim illegalen Gelderwerb unberührt, sorgen Günter W. und seine Komplizin Ursula Schmidt von Anfang an dafür, dass sie im Falle der Entdeckung ihrer Manipulationen noch einige Trümpfe im Ärmel haben.

Das Sicherheitsnetz

Das hässliche Wort »Korruption« nehmen die Stasi-Ermittler nicht in den Mund. Statt dessen heißt es in ihrem Bericht vom 12. Februar 1981 verschämt: »Nicht mehr feststellbare Werte in Form von Devisen und Mark verwandte W. dazu, wertvolle Geschenke und finanzielle Zuwendungen an

- leitende Persönlichkeiten der DDR,
- langjährige IM,
- Personen aus seinem Umgangskreis, die ihm sympathisch waren,

zu machen.«[51]

Darüber führen Günter W. und seine Vertraute Buch. Die Ermittler: »Im Zusammenhang mit den von W. in den letzten Jahren an einen größeren Personenkreis übergebenen Bargeldbeträgen und Sachgeschenken nahmen W. und die Sch. in zwei [...] A 6-formatigen Notizheften in der Zeit vom 15.4.1965 bis 24.9.1979 nicht vollständige Eintragungen über ca. 1 500 Positionen als interne Nachweisführung vor. [...] In den vorliegenden Notizheften vermerkten sie namentlich ca. 130 Personen, hauptsächlich Mitarbeiter des MfS und des Staatsapparates [...].«[52]

Diese brisanten, zu jeder Art von Erpressung benutzbaren Unterlagen werden bei der Durchsuchung der Wohnung Günter W.s gefunden. Er hatte sie in einer Reisetasche versteckt.

Erstaunt konstatieren die Ermittler nach Durchsicht der Bücher: »Bei den übergebenen Waren und Gegenständen handelt es sich besonders um

- Edelmetall, auch als goldene Uhren und Halsketten sowie Münzen,
- Kfz- und Jagdausrüstungen,
- Heimelektronik wie Tonband-, Fernseh- und Radiogeräte,
- Teppiche, Textilien, Bekleidungsgegenstände, Haushaltsgeräte,
- hochwertige Nahrungs- und Genußmittel und Kosmetika.

Außerdem überließen beide dem namentlich verzeichneten Personenkreis ca. 43 000,- Mark, 31 000,- DM, (sowie) 5 000,- Zloty und 100,- Dollar.«[53]

Für all jene, über denen sich das unerschöpfliche Füllhorn Günter W.s regelmäßig leert, scheint der Kommunismus bereits ausgebrochen zu sein. Das belegen namentliche Auflistungen der Stasi-Ermittler über die Bestechungsgeschenke an führende DDR-Funktionäre. Nach heutiger Rechtssprechung dürfen deren Namen nicht mehr ohne Einverständnis der Betroffenen genannt werden – und die mögen sich inzwischen an die peinliche Vorteilsnahme nicht mehr erinnern. Welchen Umfang sie hatte, belegen eindeutig die Akten.

So erhält zum Beispiel ein Staatssekretär u. a.

»• 1 Fernseher Typ Sony,
- 1 Jagdgewehr Remington 8 x 57 mit 1.000 Schuß Munition,
- diverse Kleidungsgegenstände [geschwärzt] wie Pelze, Halbpelze bis Unterwäsche,
- Gartengeräte,
- Schmuck,
- Übernahme von Baukosten für Bootssteg in Höhe von 3 500,- Mark«

(alles in allem) im geschätzten Gesamtwert von »18 000,- bis 20 000,- DM«. Ein anderer Staatssekretär konnte sich u. a. über

»• 6 Standleuchter aus Silber,

- Uhren, Manschettenknöpfe aus Gold und Silber,
- 2 IBM-Schreibmaschinen [...]« für insgesamt rund 8 000 DM freuen. Ein Minister ist mit der

»• Finanzierung von Einrichtungsgegenständen, Couchgarnitur, für den Bungalow und
- Übernahme der Kosten für Handwerkerarbeiten« für »2 500,- DM (und) 6 000,- Mark« dabei.

Eine stellvertretende Ministerin kann sogar eine von Günter W. spendierte und durch ihn persönlich verliehene Prämie einstreichen: »Beim Bau ihres Bungalows geriet Genn. [...] in finanzielle Schwierigkeiten. Als W. davon erfuhr, übergab er ihr ein von ihm unterzeichnetes Schreiben, in dem ihre bisherige Zusammenarbeit gewürdigt wurde, mit einer ›Prämie‹ in Höhe von 20 000,- Mark.« Die Leiterin einer Arbeitsgruppe im gleichen Ministerium und der Verwaltungsleiter eines Rates des Bezirkes sind mit je einer ›Prämie‹ von 10 000 Mark dabei und sogar der Chef eines für Günter W. nützlichen Betriebes kann zum 50. Geburtstag immerhin noch 5 000 Mark einsacken.54

Offenbar ist es den Nutznießern von Günter W.s schwarzen Kassen auch nicht einmal unangenehm, mit Ost-Geld oder West-Waren zu befriedigende Wünsche zu äußern. Darüber berichtet der »Sonderoffizier« selbst am 4. Februar 1981, zu jener Zeit bereits als Beschuldigter: »Über Interessen der Industrievertretung hat Genosse [...] keine Kenntnis. Er wollte auch gar nichts wissen, da er meint, er belaste sich damit nur unnötig. Gen. [...] sprach aber wiederholt persönliche Wünsche aus, die er gern befriedigt gesehen hätte.«[55]

Die ermittelnden Genossen der Stasi-Hauptabteilung IX scheinen stillschweigend davon auszugehen, dass solcherart Korruption mit Ost- und West-Mark für die Nutznießer unter den führenden Funktionären zum ganz normalen DDR-Alltag gehört. Lapidar halten sie fest: »Gegen die [von Günter W.] im Zusammenhang mit den Manipulationen genannten Personen, z. B. [hier sind einigen Namen genannt, K. B.] u. a., wurden bisher keinerlei Maßnahmen eingeleitet.«[56] Das ist auch später nicht der Fall, denn bis zum Ende ihres Staates bleiben alle unbehelligt in Amt und Würden. Bei den nach der Einheit betriebenen Ermittlungen wegen DDR-Regierungskriminalität spielen solcherart Kleinigkeiten keine große Rolle, denn dabei geht es um Millionen- und Milliarden-Beträge. Und inzwischen ist ohnehin alles verjährt.

Damals könnte Günter W. mit seiner gezielten Bestechung durchaus dem einen oder anderen das Genick brechen, wenn er es wollte. Und das weiß er auch ganz genau. Deshalb versichert er eilfertig, dass dies niemals seine Absicht gewesen sei: »Die in meiner Wohnung vorhandenen Akten über [im Original mehrere Namen, K.B.] und meine Kladde habe ich am 1. Januar [1981] als ich in Urlaub ging mit nach Hause genommen, damit nicht Personen, die gegen diese Genossen einen Groll hegen, in den Besitz derselben kommen.«[57]

Günter W. scheint zu spüren, dass ihm diese Dinge gefährlicher als die unterschlagenen Millionen werden könnten und schwört »auf meinen geleisteten Fahneneid«: »Es gibt keinerlei andere Gründe! Ich habe keinerlei böse Absichten damit gehabt.«[58]

Das ist zu bezweifeln, denn trotz des bereits mit Beginn der Ermittlungen erteilten strikten Befehls, ab sofort künftig keinerlei Kontakte mehr zu den »führenden Genossen« zu pflegen, versucht Günter W. sehr bald wieder, einige von ihnen zu kontaktieren. Natürlich konspirativ, das hat er ja gelernt. Er scheint sich sehr sicher zu sein, nicht brüsk abgewiesen zu werden und reagiert enttäuscht, als er dann doch einfach abgewimmelt wird.

Ebenso fühlt er sich keineswegs gehindert, das Verschwinden der belastenden Unterlagen gegenüber den Ermittlern mit einer Denunziation seines Vorgesetzten in der Hauptabteilung XVIII, Generalleutnant Alfred K., zu verbinden: »Bei Übergabe der Akten wurde von K. eine voll unmotivierte von Unkenntnis geprägte Einschätzung zu den einzelnen Ministern, Stellvertretenden Ministern, Staatssekretären, Politbüro-Mitgliedern gegeben. Da war eben der […] ein Trottel, der […] ein verkommenes Element, der […] ein ›Jünger von W.‹, der […] ein Segelflieger usw.«[59] Und: »Es ging mir darum, daß mein jetziger Vorgesetzter u. damit auch Dr. K. keinen Einblick in die Unterlagen bekommt.«[60]

Bei der Absicherung seiner schwarzen Geschäfte verlässt sich Günter W. jedoch nicht nur auf das ganz privat geknüpfte Beziehungsnetz.

Hin und wieder wollen sich die Genossen preiswert vom anstrengenden Dienst an der »unsichtbaren Front« erholen. Dazu steht ihnen das »Mehrzweckobjekt« »Siehdichum« im Bezirk Frankfurt/Oder mit dazugehörigem »Fischerhaus« zur Verfügung. Ein weiblicher Stasi-Leutnant und neun hauptamtliche inoffizielle Mitarbeiter kümmern sich als stets dienstbare Geister ums leibliche Wohl. Rund 40 Plätze stehen zur Verfügung. Dafür sind pro Tag 12 Mark für Verpflegung und acht Mark für die Übernachtung zu entrichten. Im Laufe der Jahre hat die Hauptabteilung XVIII rund 1 325 000 Mark in das staatlich finanzierte Freizeitvergnügen investiert, schließlich steht im Sozialismus ja der Mensch im Mittelpunkt.

Doch dem genügt der DDR-Schick nicht, besonders wenn er bei der Stasi dient. Günter W. weiß Rat und Hilfe. Die Ermittler müssen sich bei der Aufklärung dieser schwarzen Geschäfte ganz auf ihn und seine Komplizin verlassen: »Da nur noch lückenhafte Unterlagen vorhanden sind, muß auf die Aussagen von W. und Sch. zurückgegriffen werden und danach sind aus dem Gewinn der ›Industrievertretung‹ mindestens 560 000,- Mark in die Rekonstruktion des Mehrzweckobjektes und weitere 273 000,- Mark in das Fischerhaus geflossen (außer den offiziellen Haushaltsmitteln).«[61] Doch das ist noch nicht alles: »Eine nicht mehr feststellbare Summe an finanziellen Mitteln aus der ›Industrievertretung‹ wurde auf Veranlassung des Gen. W. darüber hinaus zum Ausbau der Mehrzweckobjekte Walkemühle (Kreis Eisenhüttenstadt) und Thurm, Kreis Bergen (Rügen), verwandt.«[62]

Dafür fühlt sich Günter W. in »Siehdichum« als unumschränkter Hausherr. Er bestimmt, wer dort Urlaub machen darf und mit Schnaps und Zigaretten aus dem Westen verwöhnt wird. Alles ist reichlich vorhanden: Später finden sich etwa 1 100 Schnapsflaschen, bei der Stasi »hochwertige Spirituosen« genannt, und rund 1,5 Millionen Glimmstengel, sorgfältig in einer nahen Garage versteckt. Ganz nebenbei sind in »Siehdichum« auch noch 4 500 l Sprit, unverbucht aus MfS-Tankgutscheinen abgezweigt, gebunkert.

Als Liebesnest für die Schäferstündchen mit der Genossin und Kampfgefährtin scheint das Günter W. wohl aber doch nicht sicher genug. Schließlich weiß er aus Erfahrung, dass ein guter Tschekist immer im Dienst ist und seine Augen und Ohren überall hat. Da er für den gleichen amourösen Zweck eine seiner konspirativen Wohnungen auf der Berliner Fischerinsel bereits einem Staatssekretär nebst Sekretärin zur Verfügung gestellt hat, muss für ihn selbst noch ein Häuschen her.

Als die Ermittler es finden, gilt das Anwesen bereits als Privateigentum von Ursula Schmidt. Ursprünglich war anderes geplant: »Ein weiteres zunächst für Ferienzwecke gedachtes Objekt (Finnhütte) wurde durch W. und Sch. in Schnarrtanne, Kreis Auerbach/Vogtland, errichtet. Den Grund und Boden pachtete die Sch. auf ihren Namen und mit Mitteln der ›Industrievertretung‹ wurde das Objekt gebaut und eingerichtet. Sein Wert wird gegenwärtig auf ca. 100 000,- Mark geschätzt.«[63]

Trotz solcher Millionen-Deals vergisst Günter W. auch nicht das kleine, aber regelmäßige Geld. Der Ermittlungsbericht: »Als Verantwortlichen für den Auf- und Ausbau sowie für die weitere Betreuung des Objektes Schnarrtanne setzte W. 1979 einen von ihm zuvor aufgeklärten Einwohner von Schnarrtanne ein. Zur Bezahlung dieses Bürgers ließ sich W. 1979 vom VEB Münze eine Planstelle mit einer monatlichen Vergütung von 602,- Mark geben. Von diesem jeweils auf das Konto der ›Industrievertretung‹ überwiesenen Betrag erhielt der betreffende Bürger monatlich 200,- Mark, während der restliche Betrag auf dem Konto der ›Industrievertretung‹ verblieb.«[64]

Noch wichtiger als Geld ist in der DDR aber Macht. Besonders dann, wenn es um die Sicherheit dunkler Geschäfte geht. Günter W. weiß genau, dass diese Macht von ganz oben kommen muss und er sie sich selbst nur nutzbar machen kann, wenn er sich unentbehrlich macht. Deshalb beobachtet er ganz genau, wie ein Kandidat des Politbüros der SED im Range eines Ministers das »Objekt Chossewitz/Klingenmühle« im Kreis Beeskow ausbauen lässt.

Günter W.: »Im Laufe der Jahre wurden [...] gewaltige Investitionsmaßnahmen durchgeführt, die weit über die ursprünglich geplanten Absichten hinausgingen. Dieser gewaltige Ausbau und der Aufbau von neuen Häusern, Bungalows, elektrischen Anlagen und das Anstauen des Klingesees mit Überläufen sowie der Bau einer neuen Straße mitten durch den Wald führten zu einer Reihe von Diskussionen unter der Bevölkerung in der Umgebung, zu Schwierigkeiten und Komplikationen mit den örtlichen Organen und mit dem Rat des Bezirkes.«[65]

Dass das Geld für die Schwarzbauten – allein die Straße »band gewaltige Mengen an Zement, Bitumen, Schlacke, Bindemittel, Technik und Arbeitskräften«[66] – illegal über Konten des Berliner »Palastes der Republik« verbucht wird, stört niemanden. Doch das Murren unter der Bevölkerung beunruhigt die Stasi-Genossen. Das kommt nämlich auch der »Arbeiter- und Bauern-Inspektion« (ABI) zu Ohren, die daraufhin unverzüglich eine Kontrolle veranlasst.

Nun scheint Gefahr im Verzuge zu sein, doch Günter W. weiß Abhilfe. Er notiert in seiner später bei ihm zu Hause gefundenen Kladde im Telegrammstil: »22.06.1979 – Problem Klingenmühle – [Name des SED-Funktionärs, K. B.] – Schwarzinvestition von 3–4 Mio, ABI war in der Mühle – stellen fest, daß es sich um Schwarzinvestitionen handelt. Wollen Bericht machen [...], Material einsehen.«[67] Damit beauftragt er seinen Untergebenen, Hauptmann Werner L., der an höchster Stelle in der Arbeiter- und Bauern-Inspektion dafür sorgt, dass die Erkenntnisse der Kontrolleure im Panzerschrank verschwinden.

Bemerkenswert an diesem Vorgang ist nicht nur, dass ein einfacher Stasi-Hauptmann einem DDR-Staatssekretär offenbar Weisungen – diskret verpackt als »Wunsch des MfS« – geben kann, sondern auch, wie die Schwarzbauer selbst die Sache »regeln«. Das beschreibt ein Stasi-Bericht vom 21. Oktober 1981 ohne jeden Kommentar so: »Am 05.01.1980 hatte der Minister für Preise in diesem Ferienobjekt zur Jagd geladen und er zeigte den geladenen, meist leitenden Mitarbeitern des Staatsapparates, [hier sind eine Reihe von Namen genannt, K. B.] das Objekt. W.

sagt aus, daß Minister [...] ihm gegenüber erklärt habe, daß er diese leitenden Mitarbeiter mit dem Objekt vertraut machen wollte, damit sie es offiziell kennen und dann dulden.«[68]

Damit ist die idyllische Klingemühle gerettet und Günter W. hat wieder jemanden mehr, der ihm zu Dank verpflichtet ist.

So hat er aus dem schier unüberschaubaren Wust von privater Bestechung über den Einsatz »seines« Schwarzgeldes für das Wohl der Genossen bis hin zur Hilfe bei der Regelung delikater Probleme schließlich ein stabiles Sicherheitsnetz geknüpft. Er baut darauf, sollte doch einmal etwas über seine dunklen Geschäfte ans Tageslicht kommen. Zunächst scheint seine Rechnung aufzugehen.

Das Verbrechen wird vertuscht

Mitte des Jahres 1980 gerät die seit rund fünfzehn Jahren konspirativ arbeitende »Industrievertretung« ins Blickfeld der Stasi-Führung. Dazu mag der legendäre Ruf Günter W.s, nahezu alles besorgen zu können, nicht unnötig nachzufragen und großzügig Geschenke zu verteilen, beitragen. Das ruft Neid und Missgunst hervor, deshalb scheint es angeraten, die Scheinfirma still und heimlich zu liquidieren.

Offiziell gab es jedoch eine andere Erklärung: »Der ihnen [W. und Schmidt, K. B.] erteilte Befehl zur Auflösung der Firma ›Industrievertretung‹ und der Abführung der vorhandenen Werte an den Staatshaushalt ergab sich aus der Tatsache, daß inzwischen andere weitreichendere staatliche Möglichkeiten geschaffen wurden, um die von der Firma ›Industrievertretung‹ wahrgenommenen Aufgaben zu realisieren.«[69]

Das besorgt nämlich inzwischen die »Kommerzielle Koordinierung« (KoKo), das weitverzweigte Imperium Alexander Schalck-Golodkowskis. Da der Außenhandels-Staatssekretär gleichzeitig auch der Stasi als Oberst dient und neben den KoKo-Firmen überdies noch ein Netz direkt für das MfS arbeitender Firmen besteht, scheint die »Industrievertretung« nun verzichtbar. Stasiinterne Rivalitäten mögen ihre Auflösung lediglich befördern.

Noch bevor der entsprechende Mielke-Befehl Anfang August 1980 in der Rathausstraße 7 eintrifft, spüren Günter W. und Ursula Schmidt trotz aller Konspiration, dass sich über ihnen dunkle Wolken zusammenziehen. Dennoch tritt der Oberstleutnant unbeeindruckt eine seiner zahlreichen Reisen mit dem roten DDR-Diplomatenpass nach Afrika an. Als sich die Anzeichen drohenden Unheils verdichten, ergreift seine Vertraute die Initiative. Ursula Schmidt: »Bereits im Juni 1980 bemerkte ich, daß Vorgesetzten bekannt geworden sein mußte, daß es in der Tätigkeit meines Vorgesetzten im Zusammenhang mit der ›Industrievertretung‹ Unebenheiten gab. Zu diesem Zeitpunkt befand sich Günter W. [geschwärzt], so daß ich allein entschied, um mögliche Gefahren von ihm abzuwenden, die Unterlagen der Firma zu vernichten. Zu diesem Zweck wurden die Geschäftsräume kontrolliert und von mir sämtliche Unterlagen zusammengetragen. Einen Teil derselben wurde durch den Reißwolf vernichtet, während ich den Rest in Säcke verpackt nach Siehdichum – einem unserer Ferienobjekte – brachte und dort verbrannte.«[70]

Günter W. ist mit diesen aufopferungsvollen Aktivitäten seiner Geliebten nach seiner Rückkehr durchaus zufrieden. Aber sie reichen ihm nicht aus, denn mit dem Auflösungsbefehl war ja auch die Abführung des Vermögens der »Industrievertretung« an den DDR-Staatshaushalt verfügt worden. Doch wie groß ist das eigentlich? Die Stasi hat sich im Netz ihrer eigenen Konspiration gefangen: »Beide Beschuldigte sagten aus, daß dem Charakter der spezifischen Aufgaben entsprechend und des ihnen dabei entgegengebrachten Vertrauens nur sie die bei der Liquidierung dieser Firma vorhandenen Werte kannten.«[71]

Das ist der Punkt des Übergangs von Günter W. und Ursula Schmidt aus der staatlich sanktionierten in die ganz private Kriminalität: »Um den Anschein einer regulären Geschäftsauflösung zu wahren, verfügten sie weisungsgemäß die auch anderen Personen und Institutionen bekannten Konten der Firma bei der

Staatsbank der DDR an den Staatshaushalt ab und übergaben dem Ministerium der Finanzen 11 kg Feingold und Münzen.«[72]

Dann brechen für die beiden hektische Zeiten an, denn nun muss ein nahezu unübersehbarer Schatz aus unterschlagenem Geld und Wertgegenständen sicher versteckt werden. So wird nicht nur der Kachelofen in der konspirativen Wohnung »NB« gefüllt. Die Ermittler rekonstruieren später die Aktivitäten so: »Der Beschuldigte W. hatte [...] in einem Panzerschrank seiner privaten Garage seines Wochenendgrundstückes in Siehdichum mehrere 100 000,- DM Bargeld aufbewahrt. Diesem Betrag fügten beide weitere Bargeldbeträge zu, so daß sie eine Gesamtsumme von 1 017 000,- DM im September/Oktober 1980 dort versteckt hielten.«[73] Dann scheint der Panzerschrank nicht mehr sicher genug: »Im September/Oktober begab sich W. zu dieser Garage und füllte insgesamt 5 Diplomatenkoffer mit Zahlenkombinationsschlössern mit den im genannten Panzerschrank befindlichen Bargeldbeträgen, hauptsächlich Devisen. Diese 5 Koffer versteckte er in der Zwischenwand der Garage.«[74]

Nun ist schwere körperliche Arbeit angesagt: »Im gleichen Zeitraum vergrub der Beschuldigte W. als Alleintäter 43 kg Gold in Barren in unmittelbarer Nähe seiner Jagdhütte in Wirchensee/Krs. Eisenhüttenstadt.«[75] Sie sind in drei Teekesseln verpackt. Ursula Schmidt hat zuvor das aus Gold, Schmuck und Geld bestehende Diebesgut in ihrem Fiat aus Berlin antransportiert. Das ist eine Menge Zeug und so klagt sie später bei der Vernehmung: »Die Masse all dieser Dinge war so groß, daß ich nicht schneller als 80 km/h mit dem Pkw fahren konnte und er bei Unebenheiten in der Fahrbahn durchfederte.«[76]

Günter W. könnte die Straße durchaus auf eigene Kosten neu teeren lassen, Geld wäre ausreichend vorhanden, denn auch mit dem Gold im Wald ist noch längst nicht alles versteckt. Die Ermittler: »Der Beschuldigte W. schaffte Wertgegenstände in seine Wohnung in Berlin-Friedrichshain, [geschwärzt] und lagerte von dort auch drei Koffer mit Zahlungsmitteln sowie Edelsteinen und Schmuck bei [geschwärzt] mit dem Hinweis, sie für ihn aufzubewahren, aus.«[77] Auch Ursula Schmidt versteckt einiges in ihrer Wohnung, darunter 1000 g Zahngold. Für den umfänglichen Kleinkram, wie »Fernsehgeräte, Stereo-Anlagen, Heizgeräte, Zigaretten, Spirituosen und Kosmetika«[78] – selbstverständlich alles aus dem Westen – wird noch extra eine Garage in der Nähe von Eisenhüttenstadt angemietet.

Das später alles zu ermitteln ist gar nicht einmal besonders schwer, denn Günter W. packt bei den Verhören ohne großes Zögern aus. Er berichtet über alle Einzelheiten seiner Manipulationen so, als wäre es ein völlig normaler Geschäftsrapport. Wo noch Fragen offen sind, fertigt er »Ergänzungsberichte« an. Mit einem Tatgeständnis scheint das alles gar nichts zu tun zu haben.

Das ist kein Wunder, denn Günter W. zeigt sich von jeglichem Unrechtsbewusstsein völlig ungerührt. Das hängt mit dem ganz besonderen Mikrokosmos der Stasi zusammen, in dem er sich Zeit seines bewussten Lebens bewegt. Dieser »Staat im Staate« lässt den »Sonderoffizier« die DDR als surreales Gebilde erleben, ohne Grenzen und Mangelwirtschaft. Günter W. hat sich selbst und anderen anscheinend bewiesen, dass »der Sozialismus« allen anderen Gesellschaftsmodellen weit überlegen ist, garantiert er doch nicht nur das Alltagsleben ohne jegliche Existenzbedrohung, sondern macht auch jeden nur erdenklichen Luxus möglich. Das »organisieren« zu können, mit dem »Sozialismus« so umzugehen, dass Milch und Honig fließen, zählt er zu seinen Verdiensten. Er ist stolz auf sie und erwartet ganz selbstverständlich Anerkennung dafür.

Die Privilegien auch privat unumschränkt zu genießen, hält Günter W. für sein gutes Recht. Schließlich gehört er zur selbsternannten Elite des Landes. Im Mikrokosmos Stasi ist Recht längst als Machtfrage definiert. Wer die Macht hat, hat auch das Recht. Nachfragen dazu sind nicht opportun. Kommen sie trotzdem, werden sie vom »Apparat« mit dessen zwischen subtil und brutal breit gefächertem Instrumentarium unterdrückt.

Für Günter W. ist die Aussicht, seinen Platz im Machtgefüge der DDR zu verlieren, wesentlich bedrohlicher als eine Bestrafung. Er kennt nichts anderes, als die DDR-typische Missachtung persönlichen Eigentums, die er als »revolutionäre Notwendigkeit« verinnerlicht hat. Vor diesem Hintergrund ist es ihm intellektuell gar nicht möglich, die Dimension seiner kriminellen Handlungen zu erfassen. Der Stasi-Offizier hat niemals Grenzen zwischen eigenem und fremdem Besitz erfahren und vermag sie nicht zu erkennen. Deshalb fühlt er sich beileibe auch nicht etwa als erfolgreicher Geschäftsmann, sondern stets als Kämpfer, der den »Klassenfeind besiegt« hat, wenn er ihn »materiell schädigen« konnte. Seine Rechtssicht ist der »Klassenstandpunkt«: Was »der Sache dient« ist für Günter W. Recht.

Für diese »Sache« lebt er Zeit seines Lebens in einer psychischen Ausnahmesituation. Günter W. fühlt sich trotz des friedlichen DDR-Umfelds im Krieg. Er kennt weder Feierabend, noch Freizeit. Seine sozialen Kontakte beschränken sich – einschließlich der innerhalb seiner Familie, nebst Geliebter – auf die Stasi. Dort hat er sich seine eigenen Machtstrukturen aufgebaut, die ihn mit höchsten DDR-Funktionären auf scheinbar gleicher Augenhöhe verkehren lassen, dort hat er seinen eigenen Hofstaat organisiert, dem er wie ein Duodezfürst vorsteht. Dafür erwartet Günter W. Dank und Hochachtung, aber keinesfalls Kritik.

Sein Verhältnis zum »Organ« ist emotional bestimmt. Er liebt es so, wie man seine Familie liebt. Die militärische Hierarchie weist ihm seinen Platz in dieser Familie zu. Er hat etwas aus seiner Position gemacht. Ihm und seiner Komplizin Ursula Schmidt käme es niemals in den Sinn, diese Familie, das Umfeld, das ihnen den sozialen Aufstieg ermöglich hat, zu verraten.

Das scheinen unterschwellig auch »die Genossen« zu spüren; Ermittlungen wegen eventuell beabsichtigter Fahnenflucht werden sehr schnell ohne Ergebnis eingestellt. Sie stellen fest: »Die geführten Untersuchungen erbrachten keine Hinweise, daß W. und Sch. aus Feindschaft gegen die DDR handelten. [...] Auch die Version des möglichen Verrats der DDR wurde ebenfalls gründlich geprüft. Hierfür gab es bei beiden keine Hinweise.«[79]

Da mag Erich Mielke ein Stein vom Herzen fallen, denn neben allen unterschlagenem Geld und den Wertgegenständen liegt die wahre Brisanz des Falls W.s für ihn in dessen gesammelten

Informationen. Unumwunden gibt Günter W. zu, über »eine Vielzahl von geheimen Unterlagen sowohl aus dem Bereich der Volkswirtschaft als auch über interne Probleme aus der Regierung und Partei«[80] zu verfügen.

Besonders aufmerksam dürften die Genossen jedoch geworden sein, als er aussagt: »Darüber hinaus verfügte ich über eine spezielle geheime Ablage mit einer Registratur von A bis Z. In dieser Ablage befanden sich eine Reihe Informationen, Mitteilungen, Berichte offizieller und inoffizieller Quellen über Meinungen von leitenden Funktionären von Partei und Regierung über die vom Gen. Ho. und Gen. Mi. betriebene Wirtschaftspolitik. Über Verhaltensweisen der sowjetischen Parteispitze zur Wirtschaftspolitik der DDR, zu Verhaltensweisen zum Auftreten des Gen. Ho. in der internationalen Arena, des weiteren Einschätzungen zum Verhalten mehrerer Persönlichkeiten in der Regierung über Rivalitäten im PB [Politbüro, K.B.], in der Regierung und im Parteiapparat. Meinungen von Ministern zu Festlegungen der Wirtschaftskommission, in der Arbeitsgruppe Zahlungsbilanz und zu speziellen Festlegungen des Gen. Mi. Des weiteren befand sich in dieser Mappe der Briefwechsel zwischen der Regierung der DDR u. der UdSSR (Gen. Kossygin/Stoph) zu volkswirtschaftlichen Problemen, Fakten der DDR, Fragen der RGW-Arbeit [RGW, d i. Rat für Gegenseitige Wirtschaftshilfe, K.B.] und der bilateralen Zusammenarbeit mit den entsprechenden Kommentaren von inoffiziellen Quellen, die absolut sachkundig waren.«[81]

Hier tickt offenbar eine Zeitbombe, die dringend entschärft werden muss. Deshalb regen die Ermittler am 12. Februar 1981 an, die ganze Sache unauffällig zu bereinigen. Es wird vorgeschlagen: »Aus politisch-operativen Gründen und um dem Ansehen des MfS in der Öffentlichkeit keinen Schaden zuzufügen, auf die Einleitung von strafrechtlichen Maßnahmen gegen W. und Sch. zu verzichten. – Gegen W. und Sch. sollten Disziplinarmaßnahmen im Zusammenhang mit einer unbedingt erforderlichen Umsetzung durchgeführt und über deren weiteren Einsatz, eventuell als OibE [Offizier im besonderen Einsatz, K.B.]

entschieden werden. Dabei wäre zu berücksichtigen, ihn – nach Möglichkeit – weitgehend von seinen Verbindungen und Bekannten aus anderen Bereichen zu isolieren. [...] – Gegen W. und Sch. sowie gegen die anderen beteiligten Personen sind zielgerichtete, differenzierte politisch-operative Kontrollmaßnahmen zu organisieren.«[82]

Niemand soll etwas von den Verbrechen der beiden erfahren, alles unter der Decke der Stasi bleiben und von ein paar Spitzeln aus den eigenen Reihen »abgesichert« werden. Doch da haben die Genossen ihrer Rechnung ohne ihren Günter W. gemacht.

Außer Kontrolle

Das schöne Geld, das viele Gold und die Edelsteine, die Räucheraale an der Jagdhütte, die Grillfeste im »Siehdichum« und die Schäferstündchen in Schnarrtanne – Günter W. will sich das nicht alles so einfach wegnehmen lassen.

Noch zeigt sich die Stasi dem Millionen-Betrüger gegenüber ausgesprochen milde. Er soll lediglich degradiert und als »Offizier im besonderen Einsatz« ins Kombinat für Polstermöbel in Dresden versetzt werden, muss natürlich das komplette Diebesgut herausgeben und darf seine Kontakte zu den führenden SED-Genossen nicht mehr pflegen. Anfang März 1981 ist das alles noch in der Schwebe. Wie konsequent die vorgesehenen Maßnahmen schließlich durchgesetzt werden, hängt davon ab, wie sich Günter W. nun verhält. Der Stasi geht es nämlich vor allem darum, dass die ganze Sache möglichst schnell unter den Tisch gekehrt wird.

Am 19. März trifft Günter W. »im operativen Objekt« mit Ursula Schmidt zusammen. Das Haus ist verwanzt und die Lauscher notieren: »Zunächst tauschten beide Informationen über die erfolgten und verkündeten Sanktionen und Auflagen aus, ohne sie zu kommentieren.«[83] Dann werden sie hellhörig:

»W. erhob mehrfach die Frage, warum Sch. ihn verraten habe; er habe vieles nur bestätigen brauchen. [...] W. fragte vorwurfsvoll, warum sie das Gold in der Wohnung genannt habe; sie beide hätten doch wenigstens davon »ein paar Taler« behalten können. Sch. erwiderte erneut, daß sie einen Schlußstrich und damit nichts mehr zu tun haben wolle.«[84]

Das sieht Günter W. ganz anders. Er hält das alles für nicht so gefährlich: »W. meint, die mögliche rechtliche Konsequenz von 10 bis 15 Jahren Freiheitsentzug sei Unsinn.«[85] Und bei einem weiteren belauschten Gespräch, elf Tage später: »Ich habe das Gefühl, daß sie mich nicht abschreiben, aber erst einmal bin ich aus dem Verkehr.«[86]

Zu dieser Zeit ist er bereits mit Befehl 1979/81 vom 28. März 1981 von Erich Mielke zum Major degradiert worden und ab April nach Dresden versetzt.

Der Stress hat ihn mitgenommen und eine stationäre Untersuchung im Stasi-Krankenhaus Berlin-Buch steht an. Am 30. März besucht ihn dort seine Frau, nach 50 Minuten kommt auch die Geliebte hinzu. Natürlich wird auch dieses Gespräch abgehört. Aufmerksam notieren die Mithörer: »Einleitend sei bemerkt, daß W. – und das brachte er gegenüber seinen Gesprächspartnern auch offen zum Ausdruck – davon ausging, daß das Gespräch abgehört wird.«[87]

Das nutzt der Gedemütigte zu devoten Äußerungen zum Mitschreiben für die Genossen: »Er erklärte nochmals (offensichtlich an uns gerichtet) ›die Untersuchung war korrekt‹. [...] Er habe zum MfS aufgrund der langen Dienstjahre eine innere Bindung, er würde nicht zu denen gehören, die nur wegen des höheren Gehalt beim MfS arbeiten.«[88]

Bevor die Lauscher dann enttäuscht konstatieren müssen: »Zum Schluß wird so leise gesprochen, daß der Inhalt der Gespräche nicht mehr feststellbar ist«[89], können sie dennoch wichtige Schlußfolgerungen erspitzeln: »Von den Auflagen traf W. offensichtlich am meisten

- seine Degradierung zum Major,
- daß er die Verbindungen zu leitenden Mitarbeitern abbrechen

muß [ohne Verbindungen ist man in der DDR ›so gut wie tot‹]

- Entzug der Jagderlaubnis.«[90]

Die Genossen hoffen, ihr schwarzes Schaf habe endlich die »richtigen Schlußfolgerungen« gezogen, doch sie täuschen sich gewaltig. Bei den Verhören von Ursula Schmidt im September 1981 erfahren sie, dass Günter W. damals nicht im Traum daran dachte, das gesamte Diebesgut zurückzugeben.

Die Komplizin erzählt über eine im März 1981 stattgefundene Autofahrt: »Unterwegs zog Günter W. einen verschmutzten 1 Kg-Goldbarren aus der Hosentasche und zeigte ihn seiner Frau und mir. Es kam aber zu keinem Wortwechsel darüber, weil ich den beiden durch Gesten zu verstehen gab, daß unsere Gespräche im Pkw eventuell abgehört werden könnten.«[91]

Günter W. hatte den Goldbarren – DDR-Wert immerhin 220 000 Mark – beim Ausgraben in dem Erdloch in Wirchensee von den Bewachern unbemerkt in der Erde verstecken können.

Ursula Schmidt: »Wir befanden uns nun wiederum in einer echten Zwickmühle und waren uns darüber im klaren, daß Günter W. inhaftiert werden könnte, wenn dieser Sachverhalt dem MfS bekannt würde. Andererseits befürchteten wir die gleichen Konsequenzen, wenn Günter W. das Gold freiwillig übergeben wird. Darüber war jedoch mit ihm überhaupt nicht zu reden, er brauste auf, betonte, daß er dieses Gold ›unter Einsatz seines Lebens‹ an sich genommen hätte und daß er es aufheben würde, wenn es mal gebraucht wird.«[92]

Immer wieder schimpft der einstige Millionenmann in jenen Tagen auf seine Komplizin. Das bestätigt sie später den Stasi-Ermittlern: »Er machte mir außerdem Vorwürfe, warum ich über die Sache gequatscht habe, warum ich alle Lagerstollen verraten hätte, wie es uns passieren konnte, daß wir die Kassette in der Niederbarnimstraße vergessen haben, daß ich wenigstens die kleinen ›gelben Kullerchen aus dem Wäschekorb‹ hätte behalten können, gemeint waren damit die Goldmünzen in meiner Wohnung.«[93]

Günter W. ersäuft seinen Frust im Alkohol. Er zwingt seine Geliebte, trotz Kontaktverbot die Beziehungen zu wichtigen

Staatsfunktionären wieder zu aktivieren, doch auch aus dieser Ecke kommt keine Hilfe. Die degradierte Stasi-Offizier hat seine Dienste geleistet, jetzt ist er nicht mehr wichtig.

Gesundheitliche Probleme quälen den Mitvierziger. Er begreift nicht so recht, was um ihn herum geschieht, lebt zwischen Weinerlichkeit, Selbstmitleid und Aggressivität.

Am 18. Mai 1981 vertraut sich Günter W. dem Kader-Offizier, Oberstleutnant M., an. Der notiert: »Er kommt mit dem Leben in Dresden nicht zurecht. Als Abteilungsleiter im MfS habe er sich ›wie ein Minister gefühlt, mit 3 200,- M auf die Hand‹; aber die finanzielle Lage interessiert ihn nicht, ›ich kann mich einfach nicht mit Polstermöbeln beschäftigen‹. [...] Er habe die Kontrollmaßnahmen gegen ihn erkannt; er habe 12 Leute der HA VIII ›identifiziert‹, die ihn beschattet hatten. [...] Er versteht nicht, warum ihn das MfS so behandelt, warum seine Kumpels und Freunde ›bedroht‹ werden. Die Behandlung von ›Felix‹ sei diskriminierend; ›wer mir helfen will, wird bedroht. [...] Das alles kann nicht im Sinne der Auflagen des Genossen Minister sein – man nimmt mir meine Datschen weg, dies und das; zahlt nur zur Hälfte, das ist nicht in Ordnung, und ich habe die Schnauze zu halten, dafür, daß ich 20 Millionen für die Republik gemacht habe.‹«[94]

Das Gespräch bestätigt Günter W.s Stasi-Genossen ihre seit Wochen laufenden Beobachtungen. Immer weniger kann sich der einstige Sonderoffizier beherrschen, immer öfter geht er nun auch zu direkten Angriffen über: »K. [Generalleutnant Alfred K., Leiter der HA XVIII – Volkswirtschaft, K. B.] hat von mir gelebt, aber wo geschossen wurde, hat er sich hinter die Mauer gestellt. Er ist ein übelster Karrierist; er ordnet alles seinem persönlichen Vorteil unter, um seinem persönlichen Image zu dienen. [...] Neiber [Generalleutnant Gerhard Neiber, stellv. Minister, K. B.] hat mich reingelegt mit Valuta-Mark, was er jetzt nicht mehr zugibt; er (Günter W., K. B.) renne gegen Wände – soll ich zum Minister laufen und ihm sagen, daß er mich um [geschwärzt] VM angepumpt hat? Ich weiß, daß das nicht ausschließlich operativen Interessen diente. [...]«[95]

Günter W. reagiert wie ein waidwundes Tier und da die MfS-Oberen der aristokratischen Jagd ebenso zugeneigt sind, wie die SED-Führung, wissen sie, welche Gefahr droht. Langsam machen sie sich nicht mehr nur Sorgen, sondern begreifen auch, dass etwas geschehen muss, um den Querulanten zum Schweigen zu bringen.

Seit Wochen wird Günter W. überwacht, auch in seiner Wohnung. Spielt er bei den offiziellen Gesprächen hin und wieder noch den Einsichtigen, kommen von dort schon ab Mitte März 1981 ganz andere Töne: »Im Familienkreis bezeichnet [Name eines Familienmitglieds, K.B.] die mit der Untersuchung beauftragten Mitarbeiter des MfS als ›Vögel‹, ›Säcke‹, ›Idioten‹, ›Knastrologen‹. Die Untersuchungshandlungen des MfS bezeichnet er als ›Mafia‹-Methoden.«[96]

Am 11. April sollen Oberstleutnant V. und Major B. Günter W. noch einmal ins Gewissen reden. Pünktlich um 13 Uhr erscheinen sie in der Wohnung in Berlin-Friedrichshain. Ursula Schmidt ist auch schon dort. Der Hausherr gibt sich »beherrscht, ruhig und freundlich«, dennoch sind die beiden Offiziere pikiert: »Gen. W. bewegte sich so, als wenn das Gespräch nicht angekündigt worden wäre (Unterhemd, barfüßig).«[97]

Bei einem weiteren Gespräch, fünf Wochen später, zieht der zum Major degradierte einstige Oberstleutnant wieder richtig vom Leder. Die Genossen notieren wörtlich.: »Ich nehme jetzt zur Kenntnis, daß das MfS und wir das Handtuch geworfen haben, das ist für mich eine Perspektive. Tausende von Menschen haben von mir gelebt; selbst das Gold, was der Minister im Maul hat, stammt von mir. Ich habe es besorgt.«[98]

Solcherart Anwürfe hören die Chefs gar nicht gern. Günter W. muss aus dem Verkehr gezogen werden. Doch davor haben sie Angst, denn es könnte dadurch eine Menge MfS-interner Dreck aufgewirbelt werden.

Die Stasi fürchtet den Prozess

Wenn es ums »sozialistische Eigentum« geht ist das Strafgesetzbuch der DDR nicht zimperlich: »(1) Wer Sachen wegnimmt, die sozialistisches Eigentum sind, um sie sich oder anderen rechtswidrig zuzueignen, oder wer solche ihm übergebene oder auf andere Weise in seinen Besitz gelangte Sachen sich oder anderen rechtswidrig zueignet, wird wegen Diebstahls zum Nachteil sozialistischen Eigentums zur Verantwortung gezogen. (2) Der Versuch ist strafbar.«[99] Bis zu 10 Jahren Freiheitsentzug droht der § 162, »Bestrafung von Verbrechen zum Nachteil sozialistischen Eigentums«, für den von Günter W. zweifellos begangenen »schweren Fall« an.

Weil er gleich mehrere Straftaten auf dem Kerbholz hat, kann wegen »der Schwere des gesamten strafbaren Handelns« nach § 64 (3) StGB der Freiheitsentzug sogar bis zum anderthalbfachen des Höchstmaßes, also bis zu 15 Jahren, dauern.

Der Weg ins Gefängnis steht für Günter W. und seine Komplizin Ursula Schmidt also offen. Neben den Wirtschaftsverbrechen kämen sogar noch mehrfache Nichtausführung eines Befehls nach § 257 StGB dazu und Günter W. müsste sich überdies nach § 206 StGB für seine unerlaubt besorgten Waffen verantworten.

Doch die Genossen zögern. Akribisch werden deshalb erst einmal alle Fakten gesammelt, die *gegen* ein Ermittlungsverfahren sprechen. Und dabei kommt eine ganze Menge zusammen: »Trotz bestehender mehrerer rechtlicher Abschlußvarianten sind die einzelnen Komplexe so miteinander verflochten, daß einem größeren Personenkreis bekannt würde:

- die Existenz der Firma INDUSTRIEVERTRETUNG als Scheinfirma des MfS,
- in dieser Firma ca. 15 Jahre keinerlei Kontrolle stattgefunden hat, was wesentlich begünstigte, daß die Straftaten einen derartigen Umfang annehmen konnten,
- ca. 20 Millionen Mark über einen längeren Zeitraum aus der Verfügungsgewalt des MfS verschwinden können, ohne daß

das auffällt. […]«[100] Das ist ein Offenbarungseid der Stasi, wie er peinlicher kaum sein kann.

Dessen scheinen sich unausgesprochen auch die Ermittler bewusst zu sein, denn ihnen geht es offenbar weniger um das verschwundene Geld, sondern eher um Ruf ihres Hauses. Auf die letzte Feststellung bezugnehmend, konstatieren sie deshalb: »Allein dieser Fakt würde bei der Militärstaatsanwaltschaft [sie wäre zuständig] und beim Militärgericht völliges Unverständnis auslösen. Dem MfS nicht gut gesonnenen Zündstoff liefern.«[101]

Was immer nun wohl auch gut oder schlecht »gesonnener Zündstoff« sein mag: Als besondere Gefahr sehen die MfS-Juristen dadurch Eingriffe in das interne Intrigenspiel der SED-Elite, die offiziell nicht müde wird, ihre angebliche »Einheit und Geschlossenheit« zu predigen. Scharfsinnig stellen sie fest: »Zuständig für das Strafverfahren wären Militärstaatsanwalt/Militärgericht. Das bedeutet in der Praxis, daß auch Informationen zur Leitung des Ministeriums für Nationale Verteidigung fließen.«[102]

Damit würde Armeegeneral Heinz Hoffmann Munition gegen Armeegeneral Erich Mielke in die Hand bekommen. Das soll nicht sein, denn die beiden sind sich ohnehin nicht grün. Ein Blick ins Innenleben des Machtapparates des Rivalen soll verhindert werden. Hellsichtig analysieren die Ermittler mögliche unangenehme Folgen. Es könnte bekannt werden, dass:

»• für die genaue Schadenshöhe (beiseite geschaffte Gelder) in mehreren Millionen Höhe kein Nachweis vorliegt, weil alle Unterlagen vernichtet werden konnten,
• Bestehende Möglichkeiten des MfS genutzt werden, um sogar Bankunterlagen zu beschaffen und zu vernichten. […]«[103]

Dahinter verbergen sich nämlich Delikte, die auch in der DDR strafbar sind. Immerhin sprechen die skeptischen Warner ja z. B. vom Bruch des Bankgeheimnisses im Präsens, was auf die ständige Praxis dieser kriminellen Handlung durch die Stasi hindeutet.

Sie möchte in der Öffentlichkeit so gern als ganz normaler Teil der DDR-Verwaltung gelten. Doch gerade dieses Image erlitte schweren Schaden, käme doch ganz nebenbei auch »der Missbrauch des uneingeschränkten Vertrauens von zahlreichen

Funktionären des Staatsapparates (Ministerium der Finanzen, Münze etc.) zum MfS durch mehrere Mitarbeiter des MfS«[104] ans Tageslicht.

Mit den sonst üblichen Methoden ließe sich die ganze Sache kaum kontrollieren: Es stehe zu befürchten, dass: »Außenstehende Personen wie Haftrichter, Staatsanwalt, Verteidiger, Richter einschließlich Schöffen, Protokollantin, evtl. das Rechtsmittelgericht von den Straftaten in einem nur bedingt einzuengenden Umfang Kenntnis erhalten.«[105] Noch schlimmer: »Eine Garantie, daß W. nicht zu unangenehmen Komplexen Stellung nimmt, kann niemand geben.«[106]

Dem abtrünnigen Genossen ist alles zuzutrauen und das kann gefährlich werden: »Unabhängig vom Ermittlungsverfahren kann W. von seinem Recht Gebrauch machen, sich an leitende Funktionäre (Generalstaatsanwalt bis hin zum Generalsekretär) schriftlich zu wenden, z. B. in Form einer Eingabe.«[107] Die Vorstellung, Erich Honecker könnte vom Sumpf der schwarzen Geschäfte im MfS erfahren, scheint also besonders bedrohlich.

Am liebsten würde man die ganze Angelegenheit intern unter den Tisch kehren. Bei einem offiziellen Verfahren könnte sich Günter W. nämlich wehren. Das muss den Generälen, die es gewohnt sind, ohne jegliche Beachtung von Recht und Gesetz zu entscheiden, extra gesagt werden: »Im Ermittlungsverfahren ist W. nicht rechtlos.«[108]

Die Ermittler befürchten: »Zumindest wird er

- von seinem Recht der Verteidigung Gebrauch machen und das dann aus einer offenen Kontrastellung zum MfS,
- ihn entlastende Umstände vortragen, die untersucht werden müssen, Ursachen, Aufklärung begünstigender Umstände als Gesetzesauftrag an die Untersuchungen etc.,
- von seinem Recht Beweisanträge zu stellen Gebrauch machen. Jeder Antrag kann uns erneut in eine Zwickmühle führen und andere Genossen in unangenehme Situationen bringen.«[109]

Den permanenten Rechtsbruch der Stasi in solch einem Zusammenhang harmlos als »Zwickmühle« zu bezeichnen, entbehrt schon nicht mehr makabrer Komik.

Doch der Hintergrund ist ernst: »Die Entscheidung zum Ermittlungsverfahren beinhaltet auch, daß dann keine Randtatbestände, sondern die wesentlichen Delikte eine Rolle spielen müssen (alles andere würde für W. eine Bestätigung sein, daß wir uns vor schärferen Maßnahmen scheuen). Die Strafe müßte auch in etwa der bei diesem Fall angedrohten (also 8 bis 10 Jahre) betragen. In dieser Entscheidung liegt dann die kaum abzuwendende Konfrontationsstellung.«[110] Im Klartext: Straftäter W. könnte der Stasi böse sein, wenn sie ihn als solchen darstellt. Und noch dazu vor einem Gericht außerhalb des »Organs«. Das könnte schlimme Folgen haben: »Durch solche Strafmaßnahmen kann sich W., der heute noch zwar einen miesen Charakter hat, aber kein Feind ist, zum Feind entwickeln; und mit ihm Familienangehörige. Die Probleme können so größer statt kleiner werden.«[111]

Sie wären nicht einmal im Knast vollständig einzudämmen: »Im Strafvollzug kann er keinesfalls so isoliert werden, daß er nicht mit anderen Personen einschließlich Mitgefangenen zusammenkommt.«[112]

Verständnisvoll akzeptieren die Genossen Günter W.s merkwürdiges Rechtsverständnis, denn letztlich basiert es doch auf nichts anderem, als dem etwas zu eifrigen Ausführen der »Befehle und Weisungen des Gen. Min.«. Das MfS hat seinem einstigen »Sonderoffizier« die kriminelle Karriere erst ermöglicht und ihm dafür jahrelang den Rücken freigehalten. Lässt es ihn jetzt fallen, könnte das der arme Mann womöglich noch missverstehen und führende Genossen belästigen: »Bei näherer Betrachtung kann durch ein mögliches Ermittlungsverfahren gegen W., was ihm gegenüber eine Demonstration der Staatsmacht darstellen würde, durch die seine miesen Charakterzüge mit Brachialgewalt korrigiert werden sollen, unter Umständen eine Schockreaktion auslösen, die bei ihm oder seinen Angehörigen zu unüberlegten Handlungen führen können und die unter Umständen auch darin bestehen können, daß sie ständig ihre Verbindungen anlaufen, um diese in ihrem Sinne zu aktivieren.«[113] Die Stasi möchte also die führenden Genossen nicht nur vor

»unangenehmen Situationen« bewahren, sondern ihnen auch ersparen, dass ihnen ihr einstiger Freund W. lästig wird. Offenbar hat der plötzlich sämtliche Spielregeln vergessen. Dabei wollen die Genossen doch nur helfen.

Günter W. erkennt die ihm bei den verschiedensten Gesprächen immer wieder angebotene Kumpanei einfach nicht. Er soll den Kopf unter den Arm nehmen und den Mund halten, mehr will eigentlich niemand von ihm. Doch je mehr Zeit vergeht, um so uneinsichtiger und starrköpfiger wird der Delinquent.

Nach dem bereits erwähnten Vieraugengespräch am 18. Mai 1981 im Stasi-Dienstzimmer des Hauses der Ministerien in der Leipziger Straße notiert der Abgesandte der »Abteilung Disziplinar« aus der Hauptabteilung »Kader und Schulung«, Oberstleutnant M., nicht nur empört: »Sein primitiver Personenhaß konzentriert sich auf den Unterzeichner«, sondern trifft auch schwerwiegendere Aussagen: »Insgesamt ist einzuschätzen, daß der Inhalt dieses Gespräches erneut bestätigt, daß der Genosse Major W. mit fortschreitender Zeit immer weniger sich mit seinen begangenen Handlungen identifiziert und damit auch jegliches Schuldbekenntnis vermissen läßt.«[114]

Der einstige Geld-Jongleur ist endgültig aus dem Ruder gelaufen und wird nun richtig gefährlich: »Immer unverschämter werden seine Drohungen, Verleumdungen und Verdrehungen gegen leitende Mitarbeiter des MfS, wobei er weder den Minister noch seine Stellvertreter dabei ausläßt.«[115] Das geht – wenn auch ein bißchen verquast ausgedrückt – ans Eingemachte. An Günter W.s Rausschmiß aus dem MfS und einem Prozess gegen ihn geht nun kein Weg mehr vorbei. Dadurch muss auch Ursula Schmidt mit auf die Anklagebank, obwohl sie längst abgeschworen und sich demütig wieder der Stasi angedient hat.

Nun bleibt nur noch die Schadensbegrenzung übrig, wenn die für Ende 1981 geplante Hauptverhandlung stattfindet: »Mit der Verhandlung vor dem Obersten Gericht wird der Schwere der Verbrechen entsprochen, die erforderliche Konspiration durch die einzusetzenden Richter und den Wegfall von Rechtsmitteln gewährleistet.«[116]

Die Stasi bestimmt also nicht nur die Richter – was der DDR-Verfassung eklatant widerspricht – sondern legt auch gleich noch das Strafmaß fest: »für W.: 15 Jahre Freiheitsentzug, für SCHMIDT: 8 bis 10 Jahre Freiheitsentzug«.[117] Das wird auch mit den beiden Rechtsanwälten so besprochen. (Stasi-Notiz: »Bei beiden handelt es sich um zuverlässige und überprüfte Anwälte.«[118])

Ursula Schmidt nutzt ihre Chance auf Reue vor Gericht, das natürlich unter Ausschluss der Öffentlichkeit verhandelt. Dort läuft alles exakt nach dem Stasi-Drehbuch und am 3. Dezember 1981 verkünden die Militärrichter auftragsgemäß 15 Jahre Haft für Günter W. und acht Jahre für seine Komplizin. Natürlich »im Namen des Volkes«, das von alledem niemals etwas erfahren darf.

Für die Stasi-Genossen bleibt ein Wermutstropfen: »Während die SCHMIDT ihre Handlungen bereut und sich in ihrem Verhalten zunehmender von W. distanziert, verhält sich W. nach wie vor uneinsichtig und aufgrund der Strafhöhe, die seinen Erwartungen völlig widersprach, deprimiert.«[119]

Alles wieder im Griff

Ende Oktober 1983 erscheint im SED-Zentralorgan »Neues Deutschland« eine unscheinbare Todesanzeige: Günter W. ist »am 10. September 1983 nach schwerer Krankheit im Alter von 48 Jahren«[120] verstorben. Seine Angehörigen: »Wir werden sein Andenken und seine Arbeit in Ehren halten.«[121]

Beides wollen seine ehemaligen Genossen aus dem MfS viel lieber geheim, denn in Ehren halten. Sie haben unter Missachtung der ärztlichen Schweigepflicht akribisch seine Krankenakten verfolgt und sich regelmäßig nach seinem Zustand erkundigt. Wegen einer ernsthaften Erkrankung zog Günter W. bereits im September 1982 ins Haftkrankenhaus um. Am 2. Dezember 1982 stellen die dortigen Chefärzte fest: »Mit einer Gesundung des Strafgefangenen W. ist kaum zu rechnen.«[122]

Sein Tod mag manchem dann recht gelegen gekommen sein, denn Günter W. hatte bis zum Schluss nichts begriffen.

Noch gut drei Wochen vor seinem Prozess Anfang Dezember 1981 gibt er in seiner »persönlichen Stellungnahme« in einem endlosen Bandwurmsatz mit vergessenen Kommata als Beschuldigter an: »Da ich über die vorhandenen finanziellen und materiellen Mittel niemandem rechenschaftspflichtig war, kannte auch niemand die Höhe der vorhandenen Werte. Da ernsthafte Diskrepanzen seit kurzer Zeit zwischen mir und meinem Vorgesetzten bestanden und ich bzw. wir annehmen mußten, daß durch diesen bei Bekanntwerden der vorhandenen Werte im negativen Sinne Gebrauch davon gemacht wird und eine Übergabe an ihn, von ihm gegen mich genutzt wird, um mir Schwierigkeiten in meiner Funktion zu machen sowie um sich gegenüber dem Leiter des Organs zu rehabilitieren für die von anderen Genossen begangenen Verfehlungen kamen wir zu dem Schluß, die vorhandenen beweglichen Werte für einige Zeit auszulagern und ruhen zu lassen.«[123]

Die anderen sind also schuld. Das will sich »das Organ« nicht bieten lassen. Erwartungsgemäß bestätigen die Militärrichter am Obersten Gericht der DDR Günter W. dann auch: »Einst seine Funktion zu einem hohen Nutzen für die Deutsche Demokratische Republik einsetzend, glitt er ab in moralische Verkommenheit und dem Sozialismus entgegengesetztes Besitz- und Machtstreben.«[124] Und, besonders verwerflich: Die Tatschwere seiner gemeinsam mit Ursula Schmidt begangenen Verbrechen liegt u. a. in ihrer »objektiven Eignung zur Schädigung des Ansehens des Ministeriums für Staatssicherheit«.[125]

Im Nachgang zum Prozess werden möglichst alle kompromittierenden Materialien unter strengsten Verschluss genommen, so z. B. auch 412 Fotos, »da diese wegen ihrer Aussagefähigkeit eine dauernde erhebliche Gefahr für die Sicherheit bilden.«[126] Sie zeigen u. a. die bereits erwähnten Jagdwagen der »führenden Genossen«. Deren Luxus zu schützen ist demnach also eine Frage der Sicherheit des Staates DDR.

Nachdem sich der Fall Günter W. so von selbst erledigt hat, wird nun überlegt, wie mit seiner Komplizin Ursula Schmidt weiter zu verfahren ist. Obwohl bereits am 15. September 1981 unter Aberkennung ihres Dienstgrades aus dem MfS entlassen, kümmern sich die Genossen um die Strafgefangene. Unter Anrechnung der Untersuchungshaft würde ihre Strafe bis zum 13. September 1989 dauern. Doch bereits nach vier Jahren verbüßter Haft stellt der MfS-Kaderchef, Generalleutnant Günter Möller, mit Bestätigung seines Ministers Erich Mielke fest: »Durch die Abteilung XIV wird eingeschätzt, daß der Zweck der ausgesprochenen Freiheitsstrafe bei der Strafgefangenen Schmidt, Ursula als erreicht betrachtet werden kann.«[127]

Am 1. November 1985 findet im Berliner Stasi-Knast in der Regie der Hauptabteilung Kader und Schulung ein Gespräch mit ihr statt: »Der Strafgefangenen Schmidt wurde eröffnet, daß ausgehend von den gesetzlichen Möglichkeiten zur Zeit eine vorzeitige Haftentlassung geprüft wird. [...] Der Schmidt wurde erklärt, daß sich das MfS nach wie vor für sie verantwortlich fühlt und entsprechend ihrer Qualifikation Arbeitsangebote unterbreiten wird. [...] Wir erwarten von ihr, daß sie sich künftig gesellschaftsgemäß verhält und das in sie gesetzte Vertrauen rechtfertigt.«[128]

Wenig später ist Ursula Schmidt frei. Sie wird als Sachbearbeiterin in der Abteilung Kfz-Wesen eines Kombinates wieder in den DDR-Alltag entlassen. Dort behält sie die Stasi fest im Auge: »Die Wiedereingliederung und politisch-operative Sicherung erfolgt auf der Grundlage eines vorliegenden Maßnahmeplanes. [...]«[129]

Das von Günter W. und Ursula Schmidt zusammengeraffte Diebesgut wandert schon im Zuge der Ermittlungen ins MfS.

Zufrieden kann Erich Mielke am 18. Mai 1981 lesen: »Entsprechend Ihrer Weisung wurden von der HA XVIII Gold, Münzen, Edelsteine, Schmuck und Bargeld übernommen. Die Bewertung der Ware ergibt folgendes Ergebnis: 82,649,96 kg Gold (im Wert von) 2 946 140,47 DM. Dieses Gold bleibt bei uns im Bestand. Die Münzen haben einen Handelswert von 1 353 000,00 M und wurden in unseren Bestand aufgenommen und registriert. [...] Die Edelsteine und der Schmuck wurden lt. Protokoll von dem Taxator der VEB Zwickauer Edelschmiede auf

2 379 430,00 M geschätzt. Nach unserer Prüfung muß festgestellt werden, daß die Lupenreinheit bei keiner Position übereinstimmt. Der uns angebotene Preis entspricht nicht unseren Vorstellungen und deshalb wird vorgeschlagen, diese Ware in die vorhandenen Bestände aufzunehmen und einzeln zu verkaufen. An Bargeld wurden übernommen: DM 1 626 105,00, M 2 0 875,00, US-Dollar 24 189,00. Alle anderen kleinen Positionen wurden konvertiert und in DM dem Konto 528 gutgeschrieben. Die sozialistischen Währungen wurden in unsere Bestände eingeordnet. Gesamtbewertung: DM 4 625 460,17, M 5 935 305,00.«[130]

So wird aus dem größten Wirtschaftsverbrechen der DDR schließlich noch ein warmer Geldregen für das MfS.

Das erwähnte »Mielke-Konto« mit der Nummer 0528 bei der Deutschen Handelsbank AG in Ost-Berlin, auf dem Günter W.s zusammengerafftes Millionen-Vermögen schließlich landet, existierte seit Juli 1965. Alle Bewegungen auf diesem streng geheimen Konto mit seinen sechs Unterkonten durften nur auf direkte Anweisung des Stasi-Ministers erfolgen, deshalb auch der Name. Mit den Verfügungen des Vorsitzenden des Ministerrates 129/72 vom 14. September 1972 und 165/72 vom 23. November 1972 wurde das Konto 0528 der staatlichen Kontrolle der DDR entzogen.

Jahrzehntelang flossen Millionenbeträgen aus dem Verkauf von DDR-Häftlingen, Provisionen im West-Handel, Zahlungen von Bußgeldern und Wiedergutmachungsleistungen westlicher Staaten an die DDR, Sperrguthaben von DDR-Bürgern in der Bundesrepublik, sowie Gewinne aus dem Handel zwischen den Kirchen und Zinserträge in den streng geheimen Sparstrumpf. Günter W.s Millionen sind hier also in »guter Gesellschaft«.

Als Ausgaben schlugen Beschaffungen »spezieller Technik« für die Stasi, der Kauf von Luxusgütern für die SED-Elite und die Beteiligung an Importen zum Stopfen der Löcher in der DDR-Wirtschaft zu Buche.

Zum Stichtag 4. Dezember 1989 standen auf der Kontengruppe 0528 als Guthaben insgesamt 50,3 Millionen DM, zusammen mit den Festgeldanlagen zirka 141,8 Millionen DM.

Mit der Überweisung von Günter W.s ergaunerten Millionen in den außerhalb von Recht und Gesetz stehenden Schwarzgeld-Pool des MfS schloss sich der Kreis: Das Geld wird nicht etwa den Geschädigten zurückgegeben oder der DDR-Wirtschaft zugeführt, sondern wandert nur von der privaten in die staatlich sanktionierte Schwarzgeldkasse.

Das größte jemals im »ersten Arbeiter- und Bauernstaat auf deutschem Boden« stattgefundene Wirtschaftsverbrechen bleibt damit in der Grauzone zwischen unkontrollierter Macht und staatlicher Willkür.

Missbraucht und fallengelassen

Ideal und Wirklichkeit

Carolin Merzen wohnt im Osten bei Muttern, arbeitet in einer Bar in West-Berlin und schafft dort nebenbei für den Zuhälter Bubi ein bisschen an. Ein alter Kunde zahlt sogar in Schweizer Franken. Das ganze geht so lange gut, bis die Arbeiterklasse auch diesem schändlichen Tun am 13. August 1961 ein jähes Ende bereitet. Da nützt es Carolin wenig, dem braven Kampfgruppen-Mann Georg schöne Augen zu machen, um seine Wachsamkeit einzuschläfern – er bleibt standhaft und sie damit auf der richtigen Seite, und passender weise gleich an der von Georg. Als Bubi Carolin zu erpressen versucht und droht, Georg ihre Vergangenheit zu offenbaren, streckt der brave Kampfgruppenmann nach überwundenem Schock den fiesen Nebenbuhler mit einem Kinnhaken nieder und bringt ihn hinter Gitter. Dass er fortan mit seiner geläuterten Carolin glücklich und im Sozialismus leben wird, ist zu erwarten.

Man ahnt es schon: Es handelt sich um einen Film. Und ein Kinnhaken hat – so vermutet jedenfalls der Filmkritiker der Berliner Zeitung nach der Premiere – »bereits bei Beginn dieses Films voll getroffen. Es ist jener Schlag, den unser Staat am 13. August 1961 den Möchtegern-Kriegern in Westberlin und Bonn und ihrem Anhang versetzte.«[1]

Der DEFA-Film »Der Kinnhaken« (1962) dessen Drehbuch übrigens Manfred Krug (der den Georg spielte) unter der Mithilfe des IMS »Hartmut Möwe« geschrieben hatte, entsprach den schwarz-weißen, mit Krugs »sprichwörtlichem rauen Charme«

eingefärbten Wunschvorstellungen der Ideologen: Im Westen gingen junge Frauen auf dem Strich – im Osten herrschte und siegte die reine Moral der Arbeiterklasse.

Die Wirklichkeit sah, wie so oft, ein wenig prosaischer aus.

Auch im Osten gab es durchaus noch und bald wieder Damen, die ihr Geld im horizontalen Gewerbe verdienten. Im Hauptgesundheitsamt in der Fischerstraße hatte die Berliner »Dirnenkartei« mit rund 16 000 Einträgen den Krieg unbeschadet überstanden und bot den Behörden in den Nachkriegsjahren gute Ansatzpunkte im Kampf gegen die sich ausbreitenden Geschlechtskrankheiten. So mussten sich beispielsweise während des »1. Deutschlandtreffens der Jugend für Frieden und Völkerverständigung« im Mai 1950 alle registrierten Personen mit »häufig wechselndem Geschlechtsverkehr« (HWG) wöchentlich einmal mehr als sonst einer Kontrolluntersuchung unterziehen. Geschlechtskranke wurden in dem 50er Jahren auf eine geschlossene Station im Krankenhaus Nordmarkstraße eingewiesen[2] und gerieten anschließend häufig in Arbeitslager für »sozial gefährdete Frauen«, von denen sich eins in Klessin im Oderbruch befand.

Nach 1961 veränderte sich die einschlägige Berliner Szene allein schon durch den vorläufigen Ausfall der zahlungskräftigen Freier aus West-Berlin. Allmählich setzte auch bei den Prostituierten ein Generationswechsel ein: viele Damen aus der Linien- und der Mulackstraße genügten kaum noch den Ansprüchen der Kunden. Die Prostitution begann – sieht man einmal von der Leipziger Messe und der bescheidenen Szene um die dortige Nordstraße ab – aus dem Blickfeld der Öffentlichkeit zu verschwinden, zumal das neue Strafgesetzbuch den Behörden ab 1968 auch Handhabe dagegen bot: »[…] wer der Prostitution nachgeht oder in sonstiger Weise die öffentliche Ordnung und Sicherheit durch eine asoziale Lebensweise beeinträchtigt«, dem drohte der § 249 des Strafgesetzbuches eine Verurteilung auf Bewährung, Haftstrafe oder eine Freiheitsstrafe bis zu zwei Jahren an. »Zusätzlich kann auf Aufenthaltsbeschränkung und auf staatliche Kontroll- und Erziehungsaufsicht erkannt werden.«[3]

Liebesdienste gegen blaue Fliesen

Neben dem neuen Strafgesetz war in der DDR in den sechziger Jahren noch manches andere neu entstanden: *Exquisit* und *Delikat, Interhotels* und *Intershops*. Das teure oder unerreichbare Angebot weckte Begehrlichkeiten und konnte für die Prostitution nicht folgenlos bleiben.

In den Medien blieb der Vorzeige-Werktätige Georg das leuchtende Vorbild. Insgeheim aber hatte die Stasi längst Bubis Filmrolle übernommen.

»Was du willst, dass weiß ich«, sagt die attraktive Ost-Berlinerin zu ihrem West-Begleiter, »und was ich will, zeige ich dir im Intershop.« – Das war einer der müden Witze über die Huren-Szene in der Hauptstadt der DDR, die sich in den Interhotels im Zentrum etabliert hatte und in der nahezu ausschließlich »blaue (mitunter auch grüne) Fliesen« – bis zum Verbot des Begriffs DDR-Annoncendeutsch für Westgeld – als Zahlungsmittel akzeptiert wurden. Unter sozialistischen Verhältnissen brauchten sich die einschlägigen Damen nicht leicht bekleidet bei Nacht und Nebel auf zugigen Straßen anzubieten, nein, warm und trocken saßen sie in der Sinusbar des Palasthotels oder an ähnlich anheimelndem Ort und harrten der auswärtigen Freier. Zwar war die Prostitution als »Ausdruck parasitärer, dekadenter bürgerlicher Lebensauffassungen sowie der Missachtung staatlicher und gesellschaftlicher Normen des sozialistischen Zusammenlebens« – so die verbale Einschätzung von zwei MfS-Offizieren in ihrer Diplomarbeit[4] – offiziell geächtet, doch legten inzwischen die Genossen aus der Normannenstraße auf diesem horizontalen wie auf so manch anderem Gebiet aus nahe liegenden Gründen lieber die eigene, tschekistische Messlatte an. Den West-Kunden, mit denen man so gerne Geschäfte machte und die man noch lieber ausforschte, blieben ja die Weihen des moralisch einwandfreien, eben sozialistischen Zusammenlebens ohnehin verwehrt.

Den Verantwortlichen im Ministerium des Innern und im MfS war die neue Szene bestens bekannt. In der DDR hatten eben auch die Huren Bedeutung für die Sicherheit des Staates. Im vierbändigen Lehrbuch »Sozialistische Kriminalistik« kamen Zuhälterei und Prostitution zwar nicht mehr vor, doch sprach sich Generalleutnant Nedwig, bis zum Untergang der DDR Chef der Kriminalpolizei, 1987 im Kreis von DDR-Krimiautoren beispielsweise für eine Legalisierung der Prostitution aus, deren kriminelles Umfeld er auf diese Weise zu beseitigen hoffte. Er wusste natürlich, dass seine Vorstellungen in der oberen Parteiführung auf wenig Verständnis stoßen würden, war man dort doch nicht wenig stolz darauf, das bürgerliche Überbleibsel der Prostitution anscheinend erfolgreich »beseitigt« zu haben.

Annette Maennel hingegen beschreibt die reale Situation: »Ich kenne Frauen, die jahrelang über ihren festen Kundenkreis verfügten, in ihren komfortablen Wohnungen lebten, Autos fuhren, sich Kunstgegenstände kauften und die Prostitution als ihren Beruf ansahen. Hätte sich eine Frau mit diesem aufwendigen Lebensstil und ihren ›operativ‹ bedeutsamen Kontakten einer Zusammenarbeit mit dem MfS verweigert, wäre sie wegen asozialen Verhaltens […] zur Verantwortung gezogen worden.«[5] Die Prostitutions-Aktivitäten der Firma eskalierten zweimal im Jahr zu den Messen in Leipzig, doch auch zur international gut besuchten Dokumentarfilmwoche und bei anderen Gelegenheiten kamen die Damen zum Einsatz. Die Stasi hielt es schließlich für nötig, einen Lehrfilm über einen IM Eva zu drehen: »Äußerst kontaktfreudig und selbstsicher auftretend, war es Eva möglich, zu materiell gut gestellten männlichen Personen insbesondere aus dem NSA [nichtsozialistisches Ausland] Kontakte und Intimbeziehungen herzustellen. Stets gepflegt und sehr modern gekleidet, verfehlte ihr attraktives Äußeres seine Wirkung nicht.«[6]

Die Frauen kamen aus allen Bezirken der DDR, und selbstverständlich auch aus den Diensteinheiten des MfS. Volle Einsatzbereitschaft wurde da voraus gesetzt. In einem Beitrag des MDR im November 2003 erzählte eine der Leipziger Huren: »Wir haben Lehrerinnen gehabt, wir haben aus jeder Branche, wir haben Studentinnen gehabt. Wir haben sehr, sehr viele Dozentinnen gehabt von der Uni, die fast nur zur Messe gegangen sind. Oder Frauen über vierzig, an die fünfzig, sehr viel.«[7]

Das Zubrot von mindestens zweihundert, dreihundert DM pro »Einsatz« war nicht zu verachten. »Manche waren jeden Abend da, fleißige Bienchen«, plauderte die Dame in dem MDR-Beitrag. »Aber man kann sagen, im Durchschnitt, ja Gott, man hat ja umgerechnet im Kurs eins zu neune, also ich hatte im Monat meine Fünfzigtausend, umgerechnet.«[8] Das war beiläufig etwas mehr, als ein Stasi-Oberst jährlich an Brutto-Gehalt bezog.

Ein Einzelschicksal?

Doch nicht allein diese geduldeten, planmäßig geförderten (und selbstverständlich offiziell immer vertuschten) Methoden des MfS sind heute noch von Interesse. Geht man in Einzelfällen den Schicksalen betroffener Frauen nach, so ergibt sich ein erschreckendes Bild.

Manche, wie die »Flotte Moni« aus Chemnitz haben nach der Wende ein bisschen Kapital aus ihren Erlebnissen geschlagen.[9] Deren IM-Tätigkeit endete übrigens nachdem sie ihren Führungsoffizier verführt hatte. »Das war streng verboten.«[10]

Um die Tschekisten mit dem heißen Herzen nicht unnötig in Versuchung zu führen, sollten deshalb eigentlich jeweils zwei (durchweg männliche) MfS-Leute die Treffen mit den Damen wahrnehmen.

Heute hüllen sich die meisten Frauen – wie ihre Zuhälter mit den militärischen Dienstrången – in Schweigen über die Vergangenheit. Wobei die Bezeichnung Zuhälter den Sachverhalt nicht exakt trifft, lebt der doch vom Geld der Prostituierten – nicht von bloßen Informationen (die zusätzlichen Einnahmen für die »Aufbettung« im Interhotel nicht gerechnet). Die Herren von der Stasi bezahlten oder unterstützten ihre Pferdchen sogar, wenn es nötig war. Der § 123 StG traf auf sie nur mittelbar zu:

»Wer die Prostitution ausnutzt oder fördert, um daraus Einkünfte zu beziehen, wird mit Freiheitsstrafe bis zu fünf Jahren oder mit Verurteilung auf Bewährung bestraft.«

Folgerichtig sind sie denn auch nie belangt worden.

Eine Selbstanzeige

Im stürmischen Herbst 1989 beunruhigte die Selbstanzeige einer sichtlich verunsicherten Mittvierzigerin die eher aufs eigene Überleben fixierten Mitarbeiter einer Berliner Bezirks-Staatsanwaltschaft. Was sollte man mit einer Frau anfangen, die sich selbst bezichtigte, der Staatssicherheit jahrelang als Prostituierte und Informantin gedient und das auch privat ausgenutzt zu haben?

Solche Leute hießen IM, lernte man damals gerade, und Helga Ludwig war eine aus dem Heer der Hunderttausend wie sich herausstellen sollte. Eine, die sich zu ihrer Tätigkeit bekannte und sich schuldig fühlte. Eine absolute Ausnahme, wie wir heute wissen. Auch im Betrieb – sie arbeitete damals bei der Reichsbahn – honorierte man ihre Ehrlichkeit und beschäftigte sie weiter, ja ermöglichte ihr einen beruflichen Aufstieg. Sie war – und ist – verheiratet und inzwischen Frührentnerin. Sehr zurückgezogen lebt sie mit ihrer Familie in einer landschaftlich geradezu idyllischen Umgebung – und wird bis heute nicht fertig mit ihrer Vergangenheit. Mehrfach ist über sie – eine der wenigen, die bereit ist zu sprechen – berichtet worden, sozio-psychologisch abwägend oder auch hämisch-voyeuristisch. Dem wahren Schicksal der Helga Ludwig wird keine der Betrachtungen gerecht.

Geboren ist sie mitten im Krieg in einer thüringischen Industriestadt.[11] Drei Kinder sind sie zu Hause, und als der Vater aus der Kriegsgefangenschaft heimkehrt, kommen noch zwei dazu. Es sind schlimme Hungerjahre; ein vom Krieg verbitterter, zu jähzornigen Ausbrüchen neigender Korbmacher verdient nicht genug, um eine siebenköpfige Familie zu ernähren. Und dass er in die SED eingetreten ist, nutzt ihm vorerst auch nicht. Die beiden Nachkömmlinge überleben die nächsten Jahre nicht.

Die Mutter, eine intelligente Frau mit guter Berufsausbildung, zeigt nach der letzten Geburt psychische Auffälligkeiten, verfällt mitunter in kurze Dämmerzustände – ein Grund mehr für den Vater, dem ärmlichen Zuhause zu entkommen und dem Drängen zur gut bezahlten Tätigkeit im Uranbergbau nachzugeben. Die Familie spürt nichts von dem überdurchschnittlichen Einkommen, hungert weiter. Kommt der Mann nach Hause, gibt es Auseinandersetzungen. Unter Berufung auf dubiose Zeugen wirft er der Frau eheliche Untreue vor und reicht die Scheidung ein. Die ist inzwischen wegen ihrer Anfälle zur Beobachtung ins Bergmannskrankenhaus bei Schkeuditz eingeliefert worden. Im Scheidungsurteil ist von Epilepsie mit Wesensänderung und zeitweiligen Dämmerzuständen die Rede, man zweifelt ihre Zurechnungsfähigkeit an und entmündigt sie. Ihre Schwester, die sich nie wieder um sie kümmert, erhält die Vormundschaft; sie selber bleibt stationär in der Psychiatrie Altscherbitz. Die Kinder werden in verschiedenen Kinderheimen untergebracht – ein schlimmer Schock besonders für das »Muttikind«, die achtjährige Helga. Sie vermutet noch heute mit einigem Recht, dass man damals dem WISMUT-Kumpel und Genossen Vater in jeder Beziehung entgegenkam, da »eine geistige Gemeinschaft zwischen den Parteien aufgrund der Krankheit der Beklagten nicht mehr besteht«, wie es im Scheidungsurteil heißt. »Durch die Auflösung der Ehe wird die Beklagte auch nicht außerordentlich hart betroffen.«[12]

Dennoch kämpft die Mutter um ihre Kinder, die sie auch vorher nicht vernachlässigt hat. Immer wieder versucht sie vor allem mit Helga in Kontakt zu kommen, doch ihre Briefe werden abgefangen. Mehr als vierzig Jahre später findet Helga sie in der Krankenakte der als demenzkrank Abgestempelten. Es sind die erschütternden Aufschreie einer zutiefst verzweifelten Mutter – von Demenz findet sich in Wortwahl, Ausdruck wie in der

Handschrift keine Spur. Selbst die einmal gelernte Stenografie beherrscht sie und schmuggelt (vergeblich) in einem Brief an ihre liebe gute Helga die Zeile ein: »Ich muss hier raus, weil ich sonst verkomme. […]«[13]

Einmal gelingt es ihr, aus der Anstalt zu entkommen und sich zur Tochter nach Freist bei Eisleben durchzuschlagen. Sie darf die Nacht bei Helga verbringen und wird dann zwangsweise zurückgebracht. Die beiden sehen sich nie wieder.

Die Mutter wird auf die Hubertusburg bei Oschatz überführt. »Hier kann ich mich wirklich erholen«, schreibt die »Demenzkranke« der Leiterin des Lehrlingswohnheims, in dem ihre Tochter inzwischen lebt. »Die Anfälle, an denen ich gelitten habe, sind hier noch nicht aufgetreten.«[14] Sie bittet den Verantwortlichen für Jugendhilfe und Heimerziehung um Auskunft über ihre Kinder. Sechs Jahre nach der Scheidung erinnert sie sich an Namen und Adresse ihres Rechtsanwalts und bittet um eine Kopie des Urteils. Anscheinend ist niemand bereit, ihr zu helfen, auch nicht die eigene Schwester: »Liebe F., du bist doch bei der Scheidung zu meinem Vormund ernannt worden. Also bitte, bitte sieh mal zu, was Du für mich tun kannst. […]«[15]

Erstaunlicherweise kann man die Frau auf der Hubertusburg, wo es »sonst nicht schlecht ist. Davon ganz abgesehen. Aber die Freiheit bleibt doch immer die Freiheit«, angeblich nicht mehr »ausreichend disziplinieren«. Sie kommt nach Waldheim-Hochweitzschen, wo sie zehn Jahre verbringt, bevor man sie als Austauschpatientin mit gutem Allgemeinzustand nach Rodewisch »abgibt« – in der DDR verrufen als Endbahnhof für psychisch Kranke.

»Psychisch war die Patientin bewusstseinsklar, zeigte einen lebhaften Redefluss, war weitschweifig und etwas umständlich. Persönlichkeit wenig differenziert und nivelliert. Erhebliche Minderung von Kritik- und Urteilskraft. Deutliche Zeichen einer Demenz.«[16] Kein überraschender Befund nach zwanzig (!) Jahren in geschlossenen Anstalten und ebenso langer Dauerbehandlung mit Beruhigungsmitteln und starken Antiepileptika. Nach acht Monaten ist die Siebenundfünfzigjährige tot. Drei Versionen erfährt Helga Ludwig nach und nach über diesen Todesfall. Um die volle Akteneinsicht kämpft sie noch heute.

»Vaterliebe« und Jugendwerkhof

Helga Ludwig verbringt, vorsätzlich getrennt von den beiden älteren Schwestern, sechs Jahre in verschiedenen Kinderheimen. Sie ist ein angepasstes, introvertiertes Mädchen, das nicht auffallen will und sich dem militärischen Drill nicht widersetzt. »Jeder wollte ein gutes Kind sein und jeder kam aus einer besonders guten Familie, und es war nur ein Zufall, dass sie hier waren. Im Grunde waren alle verwunschene Prinzessinnen. [...]«

Was bleibt einem solchen Kind, das nie Post erhält, nie besucht wird, anderes als Wunschdenken? Die Realität ist schlimm genug. Als sie vierzehn ist und die achte Klasse abgeschlossen hat, muss sie zum Vater nach Hause. Im Hydrierwerk bildet man sie zur Chemiefacharbeiterin aus. Alles könnte gut sein. Wenigstens ein bisschen.

Doch der Vater hat sie schon früher als »Kuckuckskind« bezeichnet. Sie hat eine andere Nase als die beiden Schwestern. Jetzt, allein mit der Vierzehnjährigen, lässt er jede Hemmung fallen: »Ich ziehe mich zu Hause in der Küche aus um mich zu waschen, in dem Glauben, das ist ja mein leiblicher Vater. Zieht der mein Unterhemd hoch und guckt rein und grabscht mir an die Brust. Die war mir schon gewachsen, obwohl ich innerlich noch vollständig ein Kind war.

Dann kam es zu einer Vergewaltigung, und ich musste jeden Mittag, wenn er von der Schicht kam, mit ihm auf die Couch. Ich habe nicht darüber gesprochen, habe aber in der Zeit eine furchtbare Veränderung durchgemacht. Meine Wesensart hat sich total verändert. Aus einem naiven, schüchternen Kind ist über Nacht ein sexuelles Opfer geworden. Ich konnte mit niemandem sprechen, mich niemandem anvertrauen, weil er mit

Mord gedroht hat. Wenn du was sagst, erschlage ich dich mit dem Beil. Und er war brutal genug. Deshalb habe ich das geglaubt. Das ging ein knappes Dreivierteljahr so. Die Schwestern hatte er schon rausgeekelt. Die eine ist Buchhändlerin geworden, die andere hat Viehzüchterin gelernt. Der Vater hat sich nie um sie gekümmert, ihnen kein Essen gegeben. Die sind alle vor der Zeit flügge geworden und gingen weg. Die beiden hat er sexuell nicht belästigt. Als wir uns nach 40 Jahren trafen, habe ich sie gefragt. Hat ja keine geahnt, dass er sich an mir vergreift.«

Im Haus wohnte eine Freundin des Vaters, die schon bei der Scheidung eine ungute Rolle gespielt hatte. Helga bekam nichts mehr zu essen, er schaltete ihr das Licht ab. Dazu das Wissen, dass sie jeden Tag um vier für ihn bereit zu sein hatte. Mit Schlägen oder ohne. Heulte sie, so sagte er, sie solle sich nicht so anstellen; die Polenmädchen wären viel entgegenkommender gewesen …

»Damals bin ich immer stiller geworden, habe gar nichts mehr gesagt. Ich bin aber dann, nachdem ich in der Lehre Freunde kennen gelernt hatte, mit denen in die Gaststätte am Schützenplatz gegangen. Da haben wir bis um zehn gesessen. Die haben das geahnt. Sie haben mir auch zu essen mitgebracht – einer war ein Fleischerjunge – die haben gemerkt, dass ich verhungert war und nicht nach Hause wollte. Aber wir haben nie über das Thema gesprochen. Mein Vater war so angesehen, das hätte niemand geglaubt. Aber mich hat alleine schon sein Geruch abgestoßen. Ich konnte Männerliebe nicht mehr ertragen, und schon gar nicht nüchtern. Ich habe mich dann immer aus dem Haus geschlichen. Da hat er versucht, mich einzuschließen. Also bin ich durchs Fenster abgehauen und bin erst nach Hause gekommen, wenn er im Bett war.

Da fing das an: Ich suche Männerbekanntschaften, ich bin eine Nutte. Solche Gerüchte hat er lanciert, um von sich abzulenken, obwohl ich zu der Zeit gar keine solchen Beziehungen hatte. Ich fühlte mich ja noch gar nicht als Frau. Ich habe einen Monat vorher im Heim noch mit Puppen gespielt.

In meiner Verzweiflung habe ich dann meine erste Republikflucht versucht. Ich wollte zu meinem Onkel in Dortmund. Er war dort verheiratet und Ingenieur im Bergbau. Ich bin per Anhalter gefahren und erzählte dem Fahrer in meiner Naivität, dass ich zu meinem Onkel möchte und kein Geld für die Fahrkarte habe. Der hatte nichts Besseres zu tun, als mich in Brandenburg zur Polizei zu bringen.«

Am 19. August 1960, ein Jahr also vor dem Mauerbau, klagt die Strafkammer des Kreisgerichts die gerade Sechzehnjährige wegen Passvergehens an: »Sie versuchte, ohne Genehmigung das Gebiet der DDR zu verlassen, obwohl ihr bekannt war, dass eine derartige Handlung unter Strafe gestellt ist.«[17] Jedem Berliner, der zu dieser Zeit noch ungehindert mit S- und U-Bahn in den Westen fahren oder zu Fuß die nur oberflächlich markierte Grenze überqueren kann und es auch tut, muss diese Formulierung wie blanker Hohn erscheinen. Die thüringische Strafkammer jedoch folgt dem Antrag auf Heimerziehung, da es wie der Staatsanwalt S. »der Meinung war, dass andere Erziehungsmaßnahmen nicht mehr ausreichen, um diese Jugendl. wieder auf den richtigen Weg zu führen.«[18]

Der Vater wird in dieser Prozess-Farce als Zeuge gehört und sagt gegen die Tochter aus, die es nicht über sich bringt, den sexuellen Missbrauch zu erwähnen. Ihr kurzes, »normales« Leben ist ohnehin zu Ende. Heimerziehung – das heißt in DDR Jugendwerkhof, die unterste Stufe des Strafvollzugs. Die nächsten zweieinhalb Jahre sind erfüllt von harter Arbeit, strenger Disziplin – und fehlender Liebe. Braucht ein junger Mensch nicht wenigstens eine Spur von Zuneigung? Selbst bei den verbotenen Liebeleien der anderen bleibt Helga unbeteiligt.

Einmal wird sie aufmüpfig. Da findet sie ein Flugblatt mit einer Adresse aus West-Berlin und ganz konkreten Fragen zu militärischen Komplexen. Voller Wut über ihre aussichtslose Lage beantwortet sie die Fragen und schickt das Blatt heimlich ab. Natürlich steckt die Stasi hinter der Aktion und bedrängt sie zum ersten Mal. Wie bei Disziplinarvergehen üblich sperrt man sie bei Wasser und Brot in eine fensterlose Kammer mit harter Pritsche.

Als die Jugendlichen in den Sommerferien mit dem Zug über Berlin fahren, springt sie zusammen mit anderen hinaus und flüchtet. In die falsche Richtung, wie sie bald erfährt. Immerhin helfen ihr Leute, auf dem Ostbahnhof zu entkommen. Sie landet auf dem Zeltplatz in Schmöckwitz, in einer engen Gemeinschaft, in der niemand sie verrät. Ein junger Mann will sie über die noch offene Grenze bringen, doch in der Nacht zum Sonntag endet auch dieser Traum. Es ist der 13. August 1961. Eine Weile hält sie noch auf dem Zeltplatz aus, dann wird es allmählich Herbst und sie ist gezwungen, sich in die unbekannte Stadt zu begeben. Elend und halb verhungert wird sie aufgegriffen und in den Jugendwerkhof zurück gebracht.

Der Weg nach unten

Neunzehnjährig kehrt Helga Ludwig in ihre Heimatstadt zurück, findet nirgends rechten Anschluss, reist als Eisverkäuferin mit dem Zirkus Aeros durch den Süden der DDR und verbringt die nächsten Jahre mit Gelegenheitsjobs. Arbeit gibt es genug in dem engen Land, mit der Unterkunft sieht es überall trostlos aus. Immer haust sie zusammen mit anderen in zugigen Kammern. Kein Wunder, dass sie sich nach Wärme, ja nach Liebe sehnt. Und die Männer sind verrückt nach dem immer noch naiv wirkenden blonden Mädchen mit der freundlichen Ausstrahlung. »Sexualität als Strohhalm«, sagt sie selbst, »diese Sexsucht hat sich zusammen mit dem Alkohol entwickelt. Die Hemmschwellen haben sich dann so verschoben, dass ich gar nicht mehr in die Realität zurückkam. Ich konnte nüchtern keine Gaststätte betreten. Dazu war ich viel zu schüchtern.« In dieser Zeit wird sie schwanger und ihr erstes Kind wird geboren.

»Nach der Entlassung aus dem Jugendwerkhof war zu verzeichnen, dass die IM-Kandidatin durch mehrmaligen Arbeitsplatzwechsel, häufig wechselnde Männerbekanntschaften sowie Rumtreiberei in den Ruf einer Hure kam«, heißt es Jahre später im IM-Vorlauf der Stasi. Da ist sie der Firma längst keine

Unbekannte mehr, denn schon 1966 fällt sie mehrfach der Berliner Volkspolizei auf. Die kann einen Spitzel wie die niedliche Helga in genau dem zwielichtigen Milieu gut gebrauchen, in dem sie verkehrt: *Große* und *Kleine Melodie*, die *Moccabar*, die *Cityklause* und die *G-Bierbar* – die meisten davon auch als Treffpunkte der Homosexuellen rund um die Friedrichstraße bekannt.

Helga Ludwig taucht ein in diese Szene. Sie erinnert sich an die blonde Chefin der Bar im Hotel Sofia, genannt Mutter Germania, und an den Marlon-Brando-Typ mit den strahlend blauen Augen, der in jenen Jahren die G-Bierbar betreibt. Dass es sich bei Paul Nitsch um einen Residenten der Stasi-Hauptabteilung II – Spionageabwehr -, handelt, ahnt sie so wenig wie die anderen Stammgäste.

Die anpassungsfähige Helga entwickelt schnell ein gutes Verhältnis zu den Schwulen, die ihr in mancherlei Beziehung helfen und bei denen sie eine gewisse Geborgenheit findet. Ungeniert liefert sie dafür Informationen an die Kriminalpolizei und hat erste Kontakte mit der Abteilung XX/5 des MfS. Bereitwillig berichtet sie über ihre Männerbekanntschaften, über Prostituierte und Gaststättenpersonal und über die üblichen Geschäfte mit Westwaren, die in der Szene gang und gäbe sind. Die Abteilung K 1 hat vor, sie weiterhin einzusetzen und ihr eine Beschäftigung als Telefonistin zu besorgen. Anscheinend jedoch unterläuft ihr ein entscheidender Fehler, als sie im Mai 1967 beim Kriminaldauerdienst Berlin-Mitte ihre Kenntnisse über einen homosexuellen Angehörigen der Kripo ausplaudert. Gänzlich unerwartet wird sie verhaftet und später in das alte Frauengefängnis in der Barnimstraße gebracht. Sie versteht die Welt nicht mehr. »Ich hatte alles gemacht, was die von mir verlangt hatten! Ich hatte keine Verpflichtung unterschrieben. Ich habe nicht gewusst, weshalb ich wieder verhaftet worden war.«

Den Rest der Untersuchungshaft verbüßt sie in Weimar.

Im Herbst 1967 wird sie schließlich wegen Prostitution und Landstreicherei zu zweieinhalb Jahren Haft verurteilt, die sie im Arbeitserziehungskommando (AEK) Hohenleuben abarbeiten muss. Dort geht die Plauener Stasi ein und aus und wirbt unter den Gefangenen Informanten. Über Helga Ludwig ist man bestens informiert und macht ihr ein Angebot: »Wenn du mitmachst, kommst du früher raus. Ich wollte erstmal horchen: was wollen die überhaupt. Ich war furchtbar naiv. Ich hatte auch das Gefühl, jetzt kümmert sich einer um mich, den kann ich jederzeit anrufen. Sie haben mehrere von uns angeworben. Man konnte das sehen, weil da ein Verbindungsgang zwischen den Häusern war, und wer da rüber ging, ging zu diesem Offizier.«

Doch ihre Hoffnungen werden ein weiteres Mal enttäuscht. Ein Jahr vergeht, und nichts ändert sich an den harten Haft- und Arbeitsbedingungen. Da muckt sie auf. Am 5. August 1968 begibt sich der Offizier für Kontrolle und Sicherheit zur Leiterin des AEK, »um zu ermitteln, wieso es zu dieser Konspiration [gemeint ist Dekonspiration, J. E.] des IM ›Silvia Probst‹ gekommen ist. Sie erklärte, dass dieser IM [...] mit Strafgefangenen darüber gesprochen hat, dass sie Mitarbeiter des MfS wäre und den Auftrag habe, über verschiedene Strafgefangene Einschätzungen anzufertigen, gleichfalls habe sie auch in Berlin für das MfS gearbeitet. [...] Was dieser IM mit den Strafgefangenen gesprochen hat, nahmen die Strafgefangenen nicht für bare Münze und haben sie als Verrückt und als Aufschneider bezeichnet, da sie sich in der Vergangenheit etwas sonderlich benommen habe.«[19]

Der trockene Rapport des Oberleutnants lässt erkennen, wie verzweifelt Helga Ludwig gewesen sein muss, als sie erklärte, »dass sie einen Eid gebrochen habe und sie möchte zur Verantwortung gezogen werden. Sie habe das Leben satt und fühle sich zu Unrecht verurteilt. Desweiteren fühle sie sich auch zu Unrecht mit der Bezeichnung Strafgefangene angesprochen, da sie ja zur Arbeitserziehung verurteilt worden wäre. Sie habe vor der Inhaftierung den Staat viele Dienste erwiesen, indem sie Aufträge für die Staatssicherheit in der Berliner Unterwelt durchgeführt hat. Heute wartet sie nun darauf, dass man ihr als Gegenleistung eine bedingte Strafaussetzung aus der Arbeitserziehung gibt.«

Helga Ludwig wird vorerst »auf Absonderung gelegt«. Sie erinnert sich auch daran: »Da bin ich zusammengeschlagen worden, bin in den Bunker gebracht worden. [...]«

Von dort erneut dem Oberleutnant vorgeführt, bringt sie »zum Ausdruck, dass sie mit ihrem Leben abschließen wird, da sie in ihrem jungen Leben zu viele Enttäuschungen hatte und auch schon zu viel durchgemacht habe. Sie wird sich innerhalb der VZE [Vollzugseinrichtung] im günstigen Moment das Leben nehmen. [...] Als die SG Ludwig eine weitere Schweigepflicht unterschreiben bzw. schreiben sollte, hatte sie dies strickt [sic] abgelehnt auch die Endpflichtung [sic] bzw. Entbindung von der inoffiziellen Arbeit lehnte sie ab. Sie wird nichts mehr schreiben und auch nichts mehr unterschrieben [sic].

Nach Rücksprache mit der Abteilung und der Leitung der VZE [...] wird der Antrag gestellt, dass die SG Ludwig in das Fachkrankenhaus für Psychiatrie Waldheim eingewiesen und dort auf ihren Gesundheitszustand untersucht wird.«[20]

Tatsächlich wird die Delinquentin ins Haftkrankenhaus Waldheim gebracht. Wie nahe sie ihrer Mutter dort ist, ahnt sie nicht einmal. Aber auch ihr möchte man gerne geistige Unzurechnungsfähigkeit bescheinigen und scheut nicht vor körperlicher Gewalt gegen die Widerspenstige zurück: »Ich bin von den Pflegern zusammengeschlagen worden. Die hatten alle diese grünen Epauletten und weiße Kittel.«

Anfang 1969 wird Helga Ludwig entlassen und in ein kleines Dorf bei Eisenach eingewiesen. Niemand will etwas mit der Vorbestraften zu tun haben. Im Haus des Bürgermeisters, einer ehemaligen Schule, kommt sie mit ihrem Kind in der Kammer für Karten und Atlanten unter. Für die männliche Dorfbevölkerung ist sie Freiwild. Als sie vergewaltigt wird und Anzeige erstattet, wird sie wegen angeblicher Vernachlässigung ihres Kindes wiederum verhaftet und erneut verurteilt. Das Kind wird zur Zwangsadoption freigegeben. Erst nach zwanzig Jahren sieht die Mutter es wieder.

Es ist ein langer, bitterer Weg der noch vor Helga Ludwig liegt. Und sie selbst hat ihren Anteil daran, dass so viel in ihrem Leben schief geht. Frei in ihren Entscheidungen ist sie nie. Haft, Bewährungsauflagen, Aufenthaltsbeschränkungen, Arbeitsplatzbindung, Klinikaufenthalte – überall nur Vorschriften für einen

Menschen, der nie gelernt hat, ein »normales« Leben zu führen und ständig vergeblich gegen die eng gesetzten Grenzen des sozialistischen Zusammenlebens anrennt. Auffallende »Tendenzen zur Auflehnung gegenüber jeder Form der Autorität« bescheinigen ihr die Mediziner in jener Zeit. Immer wieder flüchtet sich Helga Ludwig in den gleichen verhängnisvollen Kreislauf von Alkohol und Sex. Sie ist nicht alkoholabhängig, aber sexsüchtig, wie sie selbst erkennt. »Der erstbeste Mann, der mir über den Weg lief, an den habe ich mich hängen müssen. Das war mein einziger Kontakt mit der Umwelt. Es ging mir gar nicht um den Sex. Es ging mir um die Zärtlichkeiten, das Werben. Ich war auf einmal wichtig und begehrt, nicht mehr so anonym.«

Ihrer Einsamkeit ist auf diese Weise nicht beizukommen. Auf die sexuelle Euphorie folgt wie auf den Alkohol der Kater. Tiefe Depressionen bedrängen die junge Frau, mehrmals unternimmt sie Selbstmordversuche, landet in der Nervenklinik der Charité, wo man sie als Versuchskaninchen missbraucht. Beweisen kann sie es nicht, dass man ihr Medikamentenmischungen spritzt, die epileptische Anfälle provozieren. Niemals zuvor und nie wieder danach hat sie unter solchen Anfällen gelitten. Man setzt ihr schmerzhafte Spritzen ins Rückenmark, und als sie sich weigert, droht die Ärztin: »Beim nächsten Mal mache ich dir den Schädel auf!«

Mit der Diagnose »epileptoid-hysterische Psychopathie« schiebt man sie zur weiteren Behandlung in ein Krankenhaus für Neurologie und Psychiatrie im Berliner Umland ab. Von dort geht Ende Juni 1972 ein von drei Ärzten unterzeichnetes Schreiben an die Abt. Inneres ihres Wohnortes. »Diagnostisch handelt es sich bei der Pat. um eine schwerwiegend abnorme Entwicklung der Persönlichkeit auf der Grundlage einer Milieu- und Erziehungsschädigung«, heißt es darin, die allerdings »primär keine Krankheit dar[stellt]«, und man rät denn auch nachdrücklich dazu, bei erneutem Auffälligwerden »die entsprechenden staatlichen Zwangs-[!] und Erziehungsmaßnahmen« gegen die Patientin einzuleiten. »Ob dann im Rahmen dieser Maßnahmen anstelle einer Haftstrafe oder der Maßnahme der Arbeitserziehung besser eine unbefristete gerichtliche Einweisung in ein psychiatrisches Krankenhaus erfolgen sollte, können wir jetzt nicht mit Sicherheit verneinen. [...]«[21]

Helga Ludwig sitzt inzwischen wieder einmal zwei Monate in Untersuchungshaft, weil sie die Meldeauflagen nicht eingehalten hat. Im Dezember 1972 nimmt man sie endgültig fest. Nach zehn Monaten Untersuchungshaft steht sie wieder vor Gericht und wird zu zwei Jahren Haft verurteilt. Die sitzt und arbeitet sie diesmal in Berlin ab, in der speziell für den Reinigungsbetrieb REWATEX geschaffenen Strafanstalt, in der wenigstens hygienisch bessere Bedingungen herrschen als anderswo. Ende 1974 wird sie entlassen, erhält eine Wohnung im Berliner Umland und hat sich auf der angewiesenen Arbeitsstelle in einem Großbetrieb zu melden.

Für ein halbes Jahr scheinen die angeordneten »staatlichen Kontroll- und Erziehungsmaßnahmen« zu greifen. Nach einer Alkohol-Entwöhnungskur gerät sie wieder in den verderblichen Sog. Eine erneute, diesmal längere Haftstrafe scheint ihr sicher. Da hilft auch der Ausreiseantrag an die Abt. Inneres nicht. Ein West-Berliner Anwalt, den sie durch eine Haftkollegin kennen gelernt hat, soll helfen. Für den interessiert sich die Stasi mehr als für Helga Ludwig. Sie ist inzwischen schwanger und hat zwei verzweifelte Gnadengesuche an die Regierung der DDR gerichtet. Und tatsächlich: Man verurteilt sie lediglich zu zwei Jahren auf Bewährung.

In den Fängen der Stasi

Von nun an aber lassen die staatlichen »Organe« sie nicht mehr aus den Fängen, und sie, in ständiger Furcht vor dem mittelalterlichen Strafvollzug, den sie zur Genüge kennt, tut alles, um wieder das brave Kind zu sein, geht regelmäßig ihrer schweren Arbeit im Dreischichtdienst nach – und plaudert alles, alles aus, was sie erlebt und erfährt, und das ist immer noch eine Menge. Man scheint ihr denn auch Vertrauen zu schenken und unterstützt ihren Umzug nach Berlin.

Die Stasi stellt ihr einen sorgfältig ausgewählten und gut vorbereiteten »Bewährungshelfer« zur Seite – einen Mitarbeiter der Kreisdienststelle Berlin-Treptow, dem es schnell gelingt, eine starke Bindung zu seinem IM herzustellen. Und so sehr sie ihn auch – bis heute! – schätzt und verehrt: Es kommt zu keinem sexuellen Kontakt mit ihm, obwohl er genau ihr Typ ist, eben ihr »Romeo«. Der wackere und verheiratete Tschekist hat seine Dienstvorschriften verinnerlicht und geht seiner Tätigkeit als Zuhälter mit Akribie und gutem Instinkt nach. Er weiß, wie er mit seinem IMV »Rita Zapf« umgehen muss. Er fordert viel von ihr in diesen zweieinhalb Jahren, in denen sie unermüdlich für ihn tätig ist, doch er schickt sie immer nur als »Kontaktperson« aus und verlangt nicht, dass sie Geschlechtsverkehr mit den Männern haben muss. Selbst eine finanzielle Unterstützung macht er für sie locker oder unterstützt ihre Observationen durch »Operativgeld«. In einer teuren Bar kann sie nicht den ganzen Abend bei einem Wasser sitzen.

Sie ist ständiger Gast in der Pinguin-Bar und in den Bars der Hotels Berolina und Stadt Berlin, »sichert« Jazzveranstaltungen ab, bespitzelt all und jeden, Männer aus Ost oder West. Anfangs sagt man ihr, sie solle die Augen offen halten bei Veranstaltungen oder wegen irgendwelcher Skins. »Ich habe gedacht, das ist ja nicht so schlimm. Aber dann, als der Junge ein Jahr alt war, fingen sie an mit der derben Arbeit. [...]

Man hat mir gesagt: Sieh mal zu, dass du einen aus dem Westen kennen lernst. Das erkennst du schon daran, dass der besser gekleidet ist als unsere Männer. So brutal und simpel lief das. Mir ist das so dargestellt worden, dass die Leute, die von drüben kommen, diese Wirtschaftsbosse oder die von der Ständigen Vertretung, dass darunter viele Sexualstraftäter sind, die Mädels bei uns missbraucht oder geschwängert haben und abgehauen sind ohne Alimente zu zahlen. Prostitution, Verbreitung von Geschlechtskrankheiten. Da ich selber so schlechte Erfahrungen gemacht hatte, hat sich in mir etwas aufgebaut: Männer, die kamen und Prostitution verlangten, die habe ich gejagt. Nicht bewusst. Man hat mir erklärt, dass ich damit helfe, die Prostitution zu bekämpfen, das sozialistische Lebensgefühl durchzusetzen. Wir sind ja mit dem Soja-Kosmodemjanskaja-Ideal erzogen worden. Alles andere war schmutzig.

Entweder wurde mir ein Typ zur Observation beschrieben und es wurde mir beigebracht, wie die Berichte zu schreiben sind: Augenfarbe, Größe, besondere Merkmale usw. Dann kam der Bericht, ob er mich angefasst hat, ob er ein Fetischist ist, ob er mich am Busen angefasst hat oder am Po. Dachte ich, das ist aber ein bisschen sehr intim. Aber was soll's. Ich habe ja nicht gewusst, dass sie mit diesem Material ihre eigentlichen Agenten ansetzen, um die weiter auszuhorchen.

Es waren meistens verheiratete Männer. Und es hat mich gestört, wenn sie dann mit mir hantierten, erzählten sie von ihrer lieben Frau, von ihren schönen Kindern. Ich war ja nun privat total vereinsamt, und durch diese Tätigkeit, die ich machen musste, konnte ich mir nie einen Freund oder eine Freundin leisten. Mir war klar, dass ich so immer leben muss. Das hat mich dazu verleitet, Alkohol zu trinken. Der Alkohol hob die Hemmschwelle auf. Dennoch habe ich die Menschen nie ausgehorcht, ich habe nur das berichtet, was sie mir erzählten. Sonst hätte ich mich schuldig gefühlt. Ob Fotos oder Filme gemacht worden sind, ist mir nie bekannt geworden. Meistens war ich im Hotel Stadt Berlin, im Berolina und im Sofia in der Friedrichstraße, und ich bin auf Leute angesetzt worden, die ich kennen gelernt hatte. Und dann wollten sie Näheres wissen. Ich wusste von den großen Orgien in den Hotels, aber ich kannte die anderen Frauen nicht.«

Sie bleibt eine Einzelgängerin, die sich wie jeder Mensch eine eigene Philosophie für das zurechtlegt, was sie tut. »Ich habe dann gelebt wie eine Frau und habe das ausgelebt und habe es missbraucht, wenn die mich zum Auftrag schickten. Das waren ja keine Männer, die unansehnlich waren. Wir hatten einen schönen Abend und haben es nett ausklingen lassen. [...] Die

Stasi musste oft nachtelefonieren: Du hast keinen Bericht geliefert! Ich musste ermahnt werden. Und dann habe ich geschrieben, weil sie es gerne hörten: Es endete im Bett. Dabei waren wir oftmals gar nicht im Bett. Und wenn die Männer mich anständig behandelt hatten, dann habe ich oftmals gar nicht über sie gesprochen. War aber einer von diesen Fieslingen dabei – der hat geblutet. Das gab mir auch ein bisschen Macht. So wie die es mit mir gemacht haben. Sie haben mich an den Rand der Gesellschaft gedrückt, da habe ich gedacht: Jetzt drücke ich dich mal. Obwohl – so richtig bewusste Rache war das nicht. Nur so, als gekränkte, verletzte Frau.

Einmal habe ich erfahren, dass die Soldaten ein Mädchen mit in die Kaserne nahmen und die ganze Truppe ist drüber gegangen. Das war in meinen Augen Vergewaltigung. Da bin ich mit rein gegangen, hatte mit einem GV, und da fing das Spiel wieder an. Da habe ich eine Flasche zerschlagen und habe gesagt: Lasst mich jetzt raus oder hier ist was los. Ich bin bei der Stasi. Na da war was los! Ich dachte, die bringen mich um. Das war am Bahnhof Prenzlauer Allee, die Kaserne vom Wachregiment bei der Bezirksverwaltung des MfS, aber das wusste ich nicht einmal. [...]«

Immerhin hat sie wieder eine Halbtagsstelle, und dort auf der Arbeit lernt sie endlich den Mann kennen, der ihre Liebe erwidert. Nach und nach erfährt er alles über sie und ihren Lebenswandel. Er will sie trotzdem heiraten und ihr endlich das Zuhause geben, nach dem sie sich immer gesehnt hat.

Doch noch ist sie fest in den Händen ihres Führungsoffiziers. 1981 heiratet sie und übergibt ihm ein Schreiben, dass sie mit ihrer »Nebentätigkeit« aufhören möchte, die sich nicht mit ihrem Familienleben vereinbaren lasse. Die Angst vor der Drohung, ihr den Inhalt der eigenen Berichte als Straftat vorzuwerfen, sitzt noch immer tief. Und so ohne weiteres will man die fleißige Informantin auch nicht gehen lassen. Wie sie glaubt, rettet ihr Führungsoffizier sie:

»Wenn der Mann nicht gewesen wäre, wäre ich im Puff verschwunden, in diesem Hotel Metropol an der Friedrichstraße. Und dann sollte ich nach Leipzig zur Messe. Da habe ich gesagt:

Wenn du mir das antust, bringe ich mich um. Und er wusste, dass ich das tue. Er hat es dann vereitelt, hat einen Treff mit so einem Leipziger Schmalhansganoven gemacht. Da sollten wir Appartements kriegen. Ich sollte an einem Feuerzeug mit Fotoapparat ausgebildet werden, zur Messe. [...]«

Doch zu all dem kommt es nicht mehr, man lässt sie erstaunlicherweise in Ruhe, zumal der West-Berliner Anwalt, das ursprüngliche Objekt der Stasi-Begierde, inzwischen verstorben ist. Endlich lebt sie ein normales Leben, findet Erfolg bei ihrer Arbeit und verdrängt die Vergangenheit. Erst im Herbst 1989 gerät sie in Panik. Die Schandtaten der Stasi sind in aller Munde und füllen die Medien. Hat auch sie, Helga Ludwig, sich eines Verbrechens schuldig gemacht? Wird man sie als Täterin jagen?

Zum zweiten Mal nach ihrer Hochzeit hat sie in ihrem Leben Glück. Sie findet einen Anwalt, der sie selbstlos vertritt, und sie findet endlich Menschen, die für ihre psychischen Probleme Verständnis entwickeln. Bei der Beratungsstelle für Folteropfer nimmt man sich ihrer post-traumatischen Störungen an. Zu heilen ist das, was man ihr und sie sich selbst dreißig Jahre lang angetan hat, nicht.

Rehabilitiert

Ihre Anträge auf Rehabilitierung werden in erster Instanz abgewiesen. Dann finden sich beim Cottbuser Verwaltungsgericht Richter, die sich nicht nur mit Helga Ludwigs Täterakte, sondern auch eingehend mit ihrem Lebenslauf beschäftigen. Sie kommen zu dem Schluss, »das MfS habe ihre persönlichen Probleme und das ihr zuvor durch die DDR-Justiz angetane Unrecht schamlos ausgenutzt«.

Das Bundesverwaltungsgericht bestätigt den Spruch im Jahr 2002, da »im Einzelfall die Persönlichkeitsstruktur und die Lebensumstände des Inoffiziellen Mitarbeiters zu bedenken sind.

Von einer stabilen, in gesicherten Verhältnissen lebenden Persönlichkeit kann mehr Widerstand gegenüber MfS-Pressionen erwartete werden als von einer am Rande der Gesellschaft angesiedelten Persönlichkeit.

Im Bezug auf die Klägerin hat das Verwaltungsgericht ›höchste Labilität‹ und dem MfS bekannte ›Persönlichkeitsdefizite‹ festgestellt. Ihr Lebensweg sei gekennzeichnet durch fehlenden Schutz und Halt durch eine Familie, durch sexuellen Missbrauch durch den Vater, mehrfache Suizidversuche sowie Alkoholismus, Haft, Psychiatrisierung und Prostitution. Nach den Feststellungen des Verwaltungsgerichts münden diese Faktoren in einer für die Klägerin ausweglosen Lage und ließen sie zu einem ›Werkzeug‹ des MfS werden. Auch nach Ansicht des erkennenden Senats sind schon diese Lebensumstände geeignet, die Freiwilligkeit der von der Klägerin geleisteten Spitzeldienste zumindest in Zweifel zu ziehen.

Für die Frage, ob dem Inoffiziellen Mitarbeiter zuzumuten war, dem Druck des MfS zu widerstehen, kommt es entscheidender noch auf die Schwere des Übels an, dessen Zufügung ihm im Fall der Verweigerung drohte. [...]

Das der Klägerin im Weigerungsfall drohende Übel bestand nach den Feststellungen des Verwaltungsgerichts zum einen im Widerruf einer Strafaussetzung zur Bewährung und somit zu einer erneuten Inhaftierung. Zum anderen musste sie damit rechnen, dass ihr auch ihr Sohn – wie zuvor bereits ihre Tochter – weggenommen und zur Adoption freigegeben würde. Dass diese der Klägerin drohenden Übel als außerordentlich schwerwiegend zu qualifizieren sind, bedarf keiner Begründung.

Der Fall der Klägerin ist gekennzeichnet durch ein Zusammentreffen zahlreicher Negativfaktoren, die ihre Persönlichkeitsstruktur und Biographie betreffen, mit der Androhung von Übeln als Folge einer Mitarbeitsverweigerung, die über das übliche Maß bei der nachrichtendienstlichen Quellenwerbung weit hinaus gehen. Dies rechtfertigt die Bewertung, dass die Klägerin sich bei der Eingehung der Verpflichtung und ihrer nachfolgenden IM-Tätigkeit in einer außergewöhnlichen Notlage befand, bei der ihr auch unter Berücksichtigung des von ihr mitbewirkten Unrechts nicht zugemutet werden konnte, sich dem Ansinnen zu widersetzen.«[22]

Die Krone der operativen Arbeit

In seinem Essay »Das Schlupfloch nach innen« hat Martin Ahrends den besonderen Reiz der Stasi-Tätigkeit benannt: »Die Tarnkappe, unter der man etwas Amoralisches tun kann, was niemand sieht noch ahndet. [...] Die geheime Macht über Menschen, der geheime Zugriff und Einblick in ihre Intimsphäre, das Mithören im Schlafzimmer [...] das tendiert zur verklemmten Geilheit, zur Perversion. Die Erpressereien mit den Stasi-Erkenntnissen über homosexuelle oder nur außereheliche Liebesverhältnisse, über den Besitz von Pornos oder nur Aktfotos, die Huren im Dienst der Behörde. [...] Der Offizier W. erpresst eine junge Lehrerin mit ihrer Auslands-Liebschaft, um sie als IM zu werben. Er führt sie aus, er beschläft sie und führt sie schließlich ins Leipziger Milieu ein, wo sie für ihn an Leipziger Messegästen Dienst tun soll. [...] Die Sicherheitsbehörde als Partnervermittlung und Zuhälter.«[23] Und wie stand es um die eigene Moral der Tschekisten mit dem heißen Herzen? »Als Grund für die Entlassung hauptamtlicher Mitarbeiter aus dem MfS zählte Alkoholmissbrauch als häufigstes Delikt, an zweiter Stelle stand unerlaubter Intimkontakt.«[24]

Ein bezeichnendes Licht auf die Haltung der Tschekisten zur Sexualität werfen auch die im Frühjahr 1990 in der noch bestehenden DDR erschienenen Erinnerungen eines Stasi-Majors[25], der als Referatsleiters der Abt. XX in der Bezirksverwaltung Halle für die Bekämpfung des politischen Untergrundes zuständig war und sich in der Erinnerung der Bürgerrechtler als besonders strammer Scharfmacher ausgezeichnet hatte.

Abgesehen von markigen Sprüchen (»Eines Tages werden wir wieder gebraucht«, »Die Machenschaften einer kriminellen

Führung werden auch denen angelastet, die das Beste für die DDR gewollt haben«)[26] verriet Major Braune durchaus Bemerkenswertes zum Rechtsverständnis des MfS, das bei ihm der Einfachheit halber zwischen »patriotischen Kräften« und »Andersdenkenden« unterschied.

»Über einige Andersdenkende führten wir jahrelang Akten, die irgendwann aus mehreren Bänden bestanden. Darin befand sich zumeist kein einziger Beweis, der die Begründung eines Verstoßes gegen die Strafgesetze rechtfertigte. Es hatte den Anschein, als wüssten diese Leute ganz genau, wie weit sie mit ihren provokatorischen Auffassungen gehen konnten. Die Andersdenkenden bewegten sich oft an der Grenze der strafrechtlichen Verantwortlichkeit. Aber weder eine Diffamierung noch eine defätistische Äußerung und schon gar nicht eine Verleumdung des Staates im paragraphierten Sinne des Strafgesetzbuches wurde von ihnen bekannt. Aber unsere ›Quellen‹ hatten diese Leute avisiert.«[27]

Für die Mitarbeiter des MfS ergab sich aus den dicken Akten mit den ungelösten bzw. nicht abgeschlossenen Fällen ein geradezu empörendes Problem: »An der Fähigkeit oder Überzeugung des Mitarbeiters, mit seiner gesamten Persönlichkeit den Fall zum Abschluß zu bringen, wurde gezweifelt. Für einige [...] wuchs die Gefahr [...] nicht befördert oder prämiiert zu werden.«[28] (!)

Dagegen wiederum half eine einfache Methode: »Die Verstöße gegen das Strafrecht mussten aufwendig und umsichtig erarbeitet und »verdichtet« werden. [...] Wir fanden immer etwas, das war kein allzu großes Problem [...] unsere Mitarbeiter waren überall präsent. Meyer, Müller, Lehmann oder Schulze, keiner fiel durch die Maschen, die von der Polizei, den Abteilungen Inneres, den Kaderleitern und anderen geknüpft waren und deren Fäden wir in der Hand hielten. Mit empfindlichen Geldstrafen oder Androhungen gelang es fast immer, die Andersdenkenden zu reizen oder zu verunsichern. [...]«[29]

Oder zu erpressen (und ganz nebenbei eine mögliche Straftat zu vertuschen). Besonderen Stolz empfand der Major Braune z. B. über seine auf höchst abstoßende Weise gelungene

Werbung eines Pfarrers zum inoffiziellen Mitarbeiter: »Welch ein Gewinn für unsere Abteilung!«, jubelte er. Hatten die Genossen doch bis dahin vergeblich auf »eine versuchte Straftat oder eine Verletzung bestehender Gesetze« gewartet. »Ein kleines Vergehen hätte uns schon ausgereicht. [...] Plötzlich bot sich die sexuelle Abnormität eines Pfarrers an. Er fühlte sich von minderjähriger, jungfräulicher Haut angezogen. Die Unterstufenlehrerin, der sich das Mädchen vertrauensvoll näherte, war eine inoffizielle Mitarbeiterin. Es gelang ihr, das Kind zu beruhigen. Sie bagatellisierte die unsittliche Annäherung des Pfarrers. Eine gelungene Zuarbeit der Genossin. (!)

Er war eine ›Spitzenquelle‹. Die Krone der operativen Arbeit, ein Pfarrer, sie war geglückt.«[30]

Auf gleicher Linie bewegt sich ein am 12. Mai 1988 von Oberstleutnant Z. von der Zentralen Auswertungs- und Informationsgruppe (ZAIG) verfasster Vermerk zum operativen Vorgang (OV) »Tyrann«: »R. und seinesgleichen lassen sich schwer einsperren. Unser erstes Ziel sollte sein, ihn als Feind politisch unwirksam zu machen. Seine [...]

- anarchistische Positionen
- Unbeherrschtheit
- Homo- oder Bisexualität
- Desinteresse an Umweltfragen usw.

bieten Angriffspunkte gegen ihn.

Deshalb Beweisführungsmaßnahmen zu Straftatverletzungen oder Ordnungswidrigkeiten durchführen [...].«[31]

Das Mata-Hari-Modell

»Liebe öffnet jeden Tresor« lautet der warnende Text eines Plakats, das die Bundesbehörden in den achtziger Jahren in ihren Bonner Büros aushängen. Im Februar 1991 bietet der Spiegel unter dem selben Titel erschreckende Einzelheiten aus dem sich gerade öffnenden Stasi-Archiv: Im dritten Stock des berühmten Leipziger Cafés *Kaffeebaum* beispielsweise hatten sich westliche Unternehmer und Spitzenmanager mit ostdeutschen Kollegen und Kolleginnen getroffen, um auf recht eindeutige Weise »Verträge abschlussreif zu machen«.

»Der dienstliche Verkehr hatte nur einen Zweck: künftige Geschäftspartner zu nötigen oder zumindest folgenschwer zu kompromittieren.«[32]

Dass so etwas so leicht gelingt, mag heute, wo gewisse Liebesdienste zum herkömmlichen Zubrot von Gewerkschaftsfunktionären zu gehören scheinen, eher verwundern – sind damals die Sitten im Westen noch so streng? Ahnt niemand etwas von den geheimdienstlich-sexuellen Praktiken des Ostens, nachdem schon in den siebziger Jahren in Bonn Sekretärinnen im Dienste des MfS enttarnt worden sind, angeworben sämtlich nach dem gleich reihenweise erfolgreichen Romeo-Modell? Und haben sich die bekannten Methoden des sowjetischen Geheimdienstes, Ausländer mittels williger Frauen (und nötigenfalls auch junger Männer) erpressbar zu machen, wirklich noch nicht herumgesprochen? Immerhin wartet jeder bessere Spionagethriller mit entsprechenden Intimszenen auf. Stürzt nicht der britische Verteidigungsminister Profumo 1963 über seine Beziehung zu einem Callgirl, dem man eine Verbindung zum sowjetischen Geheimdienst nachweist – eine Tatsache, die in den hämischen DDR-Veröffentlichungen zum Thema natürlich unerwähnt bleibt?

»Wenn ich Männern einen Rat geben kann, dann ist es der: Redet nicht so viel im Bett!«, sagt heute noch eine, die es wissen muss, denn jahrelang hat sie genau diese Gespräche weitergemeldet. Selbst der weltbekannte russische Dichter Jewgeni Jewtuschenko war in seiner Heimat vor dem sorgfältig geplanten Einsatz einer solchen »Schwalbe« nicht sicher, wie er in seiner Autobiografie berichtet.[33]

Merkwürdig, dass kaum jemals in den Medien der Bundesrepublik der Verdacht auf derlei Praktiken des MfS gelenkt wird. Einzig der ehemalige Berliner Innensenator und CDU-Rechtsaußen

Heinrich Jodokus Lummer (»Heinrich fürs Grobe») gerät im September 1989 mit der Titelgeschichte »Der Politiker und die Sex-Agentin« ins Spiegel-Visier. Acht Jahre lang unterhält der scharfe Antikommunist Lummer intime Beziehungen zu einer jungen Frau aus Ost-Berlin, bis er nach eindeutigen Erpressungsversuchen endlich auf die Idee kommt, dahinter könne die Stasi stecken. »Dabei musste sich der Sicherheitspolitiker Lummer, aufgewachsen in der Kalte-Kriegs-Atmosphäre der Frontstadt Berlin, bei seinen Beziehungen zu Susanne Rau über das von östlichen Nachrichtendiensten bevorzugte ›Mata-Hari-Modell‹ im klaren gewesen sein: Experten umschreiben damit die Methode, Informanten durch geheimdienstlich geschulte Frauen zu ködern – nach dem Vorbild jener holländischen Nackttänzerin, die im Ersten Weltkrieg in Paris für die Deutschen spioniert haben soll und 1917 erschossen wurde.«[34]

In West-Berlin wird die Affäre sieben Jahre lang vertuscht; Lummer scheitert 1986 als Innensenator, nachdem sich herausgestellt hat, dass er einer Neonazi-Gruppe Geld aus der CDU-Kasse gezahlt hat. Im Markus-Wolf-Prozess wird sie noch einmal aufgewärmt, hat doch die Abteilung Aktive Maßnahmen der HA Aufklärung Lummers Gespielin 1982 in einem Brief an den Innensenator eindeutig als »unsere Mitarbeiterin Susanne« bezeichnet. Der Antrag des Wolf-Verteidigers Schwenn, Heinrich Lummer als Zeugen zu hören, wird abgelehnt.[35]

Die Stasi und die Homosexuellen

Bei der Stasi geschieht nichts ohne Absicht und Planung. Die Herren mit den hohen militärischen Rängen wissen jederzeit, was in der Yukka-Bar Ecke Neumannstraße vorgeht – nicht weit von den Residenzen der diplomatischen Vertreter entfernt, die gerne bei »Yukka-Müller«, einem aus dem Westen zugewanderten Privat-Kneipier, allerlei Geschäfte abwickeln. Oder was in jenem Haus in der Stargarder Straße Ecke Schönhauser Allee geschieht, das sich im Erdgeschoss mit der Bar Lilli-Put tarnt. In den oberen Geschossen agiert ein Etablissement, in dem auch minderjährige Homo- und Transsexuelle ihre Freier erwarten.[36]

Wolfgang Sch., Oberstleutnant a.D. des MfS und ab 1986 Leiter der Auswertungs- und Kontrollgruppe der für die innere Opposition zuständigen HA XX, der nach eigenen Angaben maßgeblichen Einfluss auf die Homosexuellenpolitik der DDR nahm, scheint von all dem nie davon gehört zu haben. In einem ausführlichen Interview, das er 1994 der Zeitschrift »Konkret« gewährt, schildert er den durchweg positiven Einfluss, den er und sein Ministerium in den achtziger Jahren auf Homosexuellenpolitik der DDR nehmen. Ausgangspunkt ist die Tatsache, dass sich in und vereinzelt auch außerhalb der Kirchen homosexuelle Kreise – insgesamt etwa 15 Gruppen – zusammenschließen, die man sofort der politischen Untergrundtätigkeit verdächtigt, zumal der Anteil Homosexueller an Übersiedlungsersuchen in die BRD (aber auch ihre Selbstmordrate) höher liegen als im Bevölkerungsdurchschnitt.

Tatsächlich soll ein Papier Sch.s mit den von der MfS-Generalität bereinigten Forderungen der Homosexuellen und der vorgeschlagenen Reaktion darauf bis auf Honeckers Schreibtisch gelangt sein. Der stimmt nach anfänglichem Zögern zu, und so dürfen beispielsweise in der DDR-Presse entsprechend Kontaktanzeigen erscheinen. An eine Organisation der Homosexuellen oder gar die Zulassung Homosexueller zu Funktionen, die mit Geheimhaltung und Geheimnisschutz zu tun haben, ist selbstverständlich nicht zu denken. »Berufsverbote gab es nur in besonders sensiblen Bereichen«, versichert Sch., »zum Beispiel dem Erziehungswesen oder der Journalistik, und bei weitem nicht in dem Ausmaß, wie es heute behauptet wird. Daß es Versuche gegeben hat, bestimmte Aktivisten, die sich vor allem politisch hervorgetan haben, in ihrem Einfluss einzuschränken, auch in ihrem Ruf zu beschädigen, das ist Praxis eines jeden Geheimdienstes, der sich unliebsamer Gegner erwehren möchte.«[37]

Nur ist eben nicht jeder Geheimdienst gleichzeitig auch eine Geheimpolizei mit exekutiven Aufgaben und eigenen Untersuchungs-Haftanstalten.

Der Fall des Grenzoffiziers Mario Heinze

Mario Heinzes Lebensweg[38] scheint vorgezeichnet: Der intelligente Schüler schließt mit 19 Jahren die Berufsschule als Facharbeiter mit Abitur ab und entscheidet sich – kaum wirklich freiwillig, der Druck auf die Abiturienten war zu allen Zeiten stark – für eine Laufbahn als Offizier bei den Grenztruppen. Er besucht die Militärhochschule in Plauen und dient anschließend in einem der rings um Berlin stationierten Grenzregimenter des Grenzkommandos Mitte.

Der tägliche Dienst an der Grenze, von der Armeeführung vergeblich zu einer Art Eliteeinsatz, zum »Frontdienst im Frieden« hochstilisiert, ist hart und in den Kasernen von Überwachung, Schnüffelei und ständigem Misstrauen geprägt, so dass echte Kameradschaft nicht aufkommen kann. Monatlich hat jeder Kompaniechef in Abstimmung mit dem zuständigen MfS-Offizier der »Verwaltung 2 000« eine möglichst tief schürfende Personalanalyse anzufertigen.

»In allen Dienstgruppen in allen Grenzkompanien dienten verdeckt tätige IM des MfS, um vor allem über ›unzuverlässige Kandidaten‹ Nachforschungen anzustellen bzw. über Fluchtabsichten etwas in Erfahrung zu bringen. Die Außenkontakte jedes Grenzers überwachten Angehörige der Verwaltung 2000 in der Truppe, die privaten Beziehungen unterlagen einer engen Kontrolle. Telefongespräche und die Post konnten abgehört bzw. kontrolliert werden, der Empfang von Westmedien war verboten.«[39]

Keine gute Ausgangsposition für den inzwischen 24-jährigen Heinze. Er hat nämlich vor den allgegenwärtigen Schnüfflern und Spitzeln durchaus etwas zu verbergen, was ihn zunehmend in Schwierigkeiten zu bringen drohte: Er ist homosexuell. Und er hat in Berlin einen Mann kennen gelernt, den er aufrichtig liebt und der seine Gefühle erwidert. Unglücklicherweise ist dieser A. kein DDR-Bürger, ja nicht einmal Deutscher. Mit seinem ausländischen Pass lebt er im Westteil der Stadt und besucht regelmäßig den Osten. Mario Heinze weiß nur zu gut, dass jeder, und sei es auch nur brieflicher Kontakt mit einem solchen Menschen für ihn tabu ist.

Doch was vermag ein noch so strenges Verbot gegen die Liebe? Schnell ist den beiden klar, dass es für sie nur einen Weg in eine gemeinsame Zukunft gab: Mario muss die DDR verlassen. Der Dienst an der Grenze bietet ihm dafür eine bessere Ausgangsbasis als den meisten anderen Fluchtwilligen. Immer wieder »türmen« Grenzsoldaten. A. und Mario Heinze verabreden Fluchtort und -zeitpunkt. A. bringt inzwischen Marios Kleidungsstücke, dessen persönliche Papiere und »Militärpapiere« in den Westen und erwartet seinen Freund zur vereinbarten Zeit am vereinbarten Ort.

Die gut vorbereitete Aktion klappt tatsächlich; an einem freundlichen Frühlingstag 1979 liegen sich die beiden in den Armen. Mario hat die ihm gut vertrauten Sperranlagen in voller Uniform und mit seiner Dienstwaffe überwunden und meldet sich bei den West-Berliner Behörden. Noch am gleichen Tag lässt der Militärstaatsanwalt Berlin gegen ihn ein Ermittlungsverfahren wegen Spionage, Terror (!), Fahnenflucht im schweren Fall und Beeinträchtigung der Kampftechnik einleiten.

Doch vorläufig ist der vom Militärgericht erlassene Haftbefehl nicht zu vollstrecken. Mario Heinze durchläuft in West-Berlin die zuständigen Instanzen und macht gegenüber dem amerikanischen Geheimdienst umfangreiche Angaben über die Verhältnisse der Grenztruppen. Ob er schon vorher gewusst hat, dass es sich bei seinem Freund A. um einen Agenten der CIA handelt, geht aus den Unterlagen nicht hervor. Jetzt zumindest erfährt es Mario, und bald wahrscheinlich auch, dass A.s große Liebe nur vorgetäuscht war, wahrscheinlich um ihn in den Westen zu locken.

Voller Wut und Eifersucht tut er etwas, von dem er später behauptet, er habe A. nicht zufügen wollen, was dann aufgrund von dessen Verschulden geschehen sei. Heinze ruft von West-Berlin aus die »Sicherheitsorgane der DDR« an und informiert sie über die geheimdienstliche Tätigkeit des A.

Die Stasi beginnt ihr geübtes Spiel. Auf welche Weise sie Heinzes Vater dafür gewinnt, den Sohn zurückzuholen, ist unklar. Im September 1979 jedenfalls darf der Vater nach West-Berlin reisen. Das MfS, so erzählt er dem Sohn, habe bezüglich A. noch Fragen an ihn und biete ihm nach deren Beantwortung freies Geleit zurück nach Berlin (West).

Man mag erstaunt sein über so viel Naivität – aber Mario Heinze fährt tatsächlich freiwillig mit seinem Vater nach Ost-Berlin. Das MfS bringt ihn in einer Villa unter und befragt ihn eingehend zu A. und dessen Fluchthilfe. Anschließend macht man ihm den Vorschlag, den Kontakt zu A. weiterhin aufrecht zu erhalten und über ihn zu berichten.

Ebenso unprofessionell aber verhält sich der CIA-Agent A. Obwohl angeblich von Mario vor einem solchen Schritt gewarnt, reist er am gleichen Tag in Ost-Berlin ein – und wird prompt verhaftet. Später verurteilt man ihn wegen Spionage und Beihilfe zur Fahnenflucht zu sieben Jahren Haft. Erst 1984 wird er in den Westen abgeschoben.

Wie kaum anders zu erwarten, verweigert man Heinze die versprochene Rückkehr in den Westen, stellt ihm jedoch bei weiterer Kooperation Straffreiheit für die Republikflucht sowie die »Wiedereingliederung« in die sozialistische Gesellschaft in Aussicht. Dem betrogenen Fahnenflüchtigen bleibt keine andere Wahl als sich dem MfS anscheinend rückhaltlos anzuvertrauen.

Die Stasi hält ihn acht Wochen fest und verhört ihn immer wieder. Nachdem er in einer Verpflichtungserklärung als künftiger IM »Gallus« erklärt hat: »Durch die Zusammenarbeit mit dem MfS möchte ich dazu beitragen, den von mir angerichteten Schaden wieder gut zu machen«, entlässt man ihn im November.

Das ist eine außerordentlich milde Verfahrensweise. Für die Stasi ist ein verängstigter und zu allem bereiter Homosexueller offensichtlich wichtiger und vor allem besser zu gebrauchen als ein Häftling mehr im Knast. Man legt Mario Heinze dar, dass man eine »ehrliche zuverlässige Zusammenarbeit und eine absolute Auftragserfüllung« erwarte, und dass er, sollte er sich wieder mit Verratsabsichten beschäftigen, mit der ganzen Härte des Gesetzes rechnen müsse.

Dazu setzt das MfS dank eigener Machtvollkommenheit die Achtung der selbst geschaffenen Gesetze einmal mehr außer Kraft. Ausgehend von einer Entscheidung des Ministers für Staatssicherheit wird das Ermittlungsverfahren gegen Heinze eingestellt und seine Wiedereingliederung vorbereitet. Man besorgt ihm in seiner Heimatstadt eine Wohnung und eine Arbeitsstelle, wie geschaffen für einen erlebnishungrigen jungen Schwulen: Mario versieht den Einlassdienst in der Nachtbar des örtlichen Interhotels. Er liefert seinen Auftraggebern Informationen über das Hotel und seine Angestellten, über westliche Besucher der Tanzgaststätte sowie über die Homosexuellenszene, insbesondere über Ausreiseabsichten und schleusungswillige Personen.

Nachgewiesen sind 17 handschriftliche Berichte, neun Treffberichte seines Führungsoffiziers und zwei Berichte des Führungsoffiziers nach Marios mündlichen Informationen. Im Abschlussbericht zu dem IM-Vorgang Gallus heißt es, dass der IM in der ersten Phase der inoffiziellen Zusammenarbeit gute Ergebnisse gezeigt habe und bereit gewesen sei, bei den Treffs kooperativ mitzuarbeiten. Bei der weiteren Zusammenarbeit aber habe es Anzeichen gegeben, dass er sich der Mitarbeit entziehen wolle.

Kein Wunder. Längst hat Mario Heinze, der sich inzwischen offen zu seiner sexuellen Neigung bekennt, seinen Fehler erkannt und bereut, in die DDR zurückgekehrt zu sein. Die unmissverständliche Drohung der Stasi verdrängt er und nimmt sie nicht länger ernst. Für ihn gibt es nur eins: zurück in den Westen, und er stellt sich das einfacher vor als es nun einmal ist. An einem Oktoberabend 1980 versucht er, in die ständige Vertretung der BRD in der Hannoverschen Straße zu gelangen und wird dabei festgenommen.

Von nun an kennen »die Organe« keine Gnade. Das Ermittlungsverfahren wegen der ersten Flucht wird wieder aufgenommen, und das Militärobergericht Berlin verurteilt Mario Heinze wegen Spionage, Fahnenflucht im schweren Fall, vorbereiteten ungesetzlichen Grenzübertritts und unbefugten Waffenbesitzes zu einer Freiheitsstrafe von acht Jahren – die er bis auf den letzten Tag zu verbüßen hat. Vier Monate nach seiner Entlassung, im Februar 1989, darf er in den Westen ausreisen.

Mordwaffe »Makarow«

Wer dreizehn Jahre nach dem Ende der DDR noch mit dem Trabi herumfährt, gehört kaum zu den Gewinnern der Einheit. Auch nicht, wenn es das kanariengelbe, einstmals begehrte Luxus-Model »601 S« ist und überdies zu Hause noch ein gebrauchter Opel in der Garage steht. So wie bei Jürgen G., gelernter Klempner und im Herbst 2003 Hausmeister im neuen Jachthafen Kleinzerlang bei Rheinsberg.

Dennoch liebt der 53-jährige seine DDR-Pappe. Kein Wunder also, dass er am 22. September 2003 wutentbrannt auf den Parkplatz am Hafen eilt, als ihm eine Frau telefonisch mitteilt, sie hätte seinen Trabi angefahren.

Bevor sich der Mann versieht, haben ihn schwer bewaffnete, maskierte SEK-Beamte gefesselt und in einen schwarzen Polizei-Audi verfrachtet.

Jürgen G. soll ein gefährlicher Serien-Killer sein, der im Auftrag der DDR-Führung im Westen mordet. Immerhin in 27 Fällen, wie die 13 Ermittler der BKA-Soko »Schimmel« zu wissen glauben. Sie sind dem vermeintlichen Killer-Klempner seit mehr als zwei Jahre auf der Spur und sammeln seither unter dem Aktenzeichen 3 BJS 10/004 Indizien.

Die bleiben bislang trotz großem Lauschangriff und kompletter Observation zwar dürftig, aber Jürgen G. selbst hat ja angeblich schon alles zugegeben.

Gegenüber einem sich als CIA-Mann ausgebenden BKA-Beamten prahlt er in der Kneipe, ab 1976 mit seiner 9-mm-Makarow, seinem »Besteck«, eine Blutspur durch Westeuropa gezogen zu haben. Der Fremde hat ihm zuvor erzählt, dass solche Spezialisten auch die CIA brauchen könne. Jürgen G. scheint nicht abgeneigt. Allerdings legt er als »Probearbeit« niemanden um, sondern leert nur einen angeblichen »Toten Briefkasten« und erklärt sich einverstanden, seine Rheinsberger Wohnung als Deckadresse für die Amis zur Verfügung zu stellen. Dennoch vermuten die Ermittler eine ganz heiße Spur und schlagen zu.

Doch trotz größter Mühe finden sie weder das »Besteck«, noch die vermeintlichen Leichen im Keller. Jürgen G. sitzt derweil in seiner Zelle und schweigt. Er habe all die Jahre nur ein paar erfundene Agenten-Storys erzählt, sagt er aus, ansonsten sei da nichts gewesen.

Die Presse, von Boulevard bis seriös, überschlägt sich derweil mit Einzelheiten. Bei voller Nennung des Namens des vermeintlichen Delinquenten werden alle nur denkbaren mysteriösen Todesfälle der vergangenen 50 Jahre aufgelistet.

Der letzte SED-Chef Egon Krenz dementiert am 1. Oktober 2003 etwas eilfertig per Leserbrief im einstigen Parteiorgan »Neues Deutschland«, dass es überhaupt »Auftragmörder« gegeben habe. Das bringt ihm prompt eine Vorladung von Bundesanwalt Kay Nehm als Zeuge ein.

Dennoch hilft seine Aussage ebenso wenig weiter, wie der vom »Focus« beschriebene Killer-Ausbilder »Oberst Killing« – »ein dicker Kerl, Anfang 50, mittelgroß und Halbglatze, dem Dialekt zufolge in Ostpreußen geboren«.[1]

Dann wird es still und kurz vor Weihnachten 2003 melden die Zeitungen kleinlaut: »Freilassung – Der seit knapp zwei Monaten inhaftierte mutmaßliche Auftragsmörder Jürgen G. wird aus Mangel an Beweisen vorerst wieder freigelassen. Dem Beschuldigten könne »derzeit die Mitwirkung an einem konkreten, beschreibbaren Tötungsgeschehen« nicht sicher nachgewiesen werden«.[2]

Also alles eine Ente? Interessant an dem Fall bleibt, dass offenbar die überwiegende Mehrheit der Bevölkerung Geheimdiensten generell und der Stasi im Besonderen jede nur erdenkliche Schandtat zutraut. Auch Mord.

Selbst wenn bis heute Beweise für dessen umfängliche Praktizierung fehlen: Wie es hätte laufen sollen, wird von Erich Mielke am 9. Januar 1974 festgelegt: »Das Liquidieren beinhaltet die physische Vernichtung von Einzelpersonen und Personengruppen. Erreichbar durch: Das Erschießen, Erstechen, Verbrennen, Zersprengen, Strangulieren, Erschlagen, Vergiften, Ersticken.«[3] Das ist deutlich.

Doch was für den Ernstfall geplant war, gehört – trotz Hunderte von Gewalttaten, wie z. B. Entführungen – auch bei der Stasi nicht zum Standardprogramm. Das geheimdienstliche Umfeld als besonderes soziales Milieu, das solcherart Kapitalverbrechen fördert, zu beschreiben, wäre also unzutreffend. Mord als eine durch Beweggrund, Ausführungsart oder verfolgten Zweck gekennzeichnete vorsätzliche Tötung eines anderen Menschen ist immer eine gesellschaftliche und individuelle Ausnahmeerscheinung, die eher in der Persönlichkeit des Täters, denn in seinem sozialen Umfeld begründet liegt.

Dennoch gibt es innerhalb der DDR-Geheimdienste auch Mörder, deren Taten eng mit ihrer dortigen Tätigkeit verbunden sind. Ihre Verbrechen werden trotz Verurteilung geheimgehalten und somit vor der Öffentlichkeit vertuscht. Darin liegt eine Besonderheit im Umgang der unumschränkt scheinenden Macht der Geheimdienste mit der Kriminalität.

Diese Macht praktiziert ihre Arroganz unbewusst bis in die interne Umgangssprache der »Organe« hinein. Natürlich heißt es offiziell bei der Stasi »Raummikrophon«, wenn von Abhöranlagen die Rede ist; für die damit befassten Mitarbeiter sind es simple »Wanzen«. Das Rotwelsch der Gauner macht den geheimen Stasi-Einbrecher dann zum »Klempner«, das Beschaffen eines Schlüssels für die konspirative Wohnungsdurchsuchung bezeichnen die Genossen als »Zuppen« und sollte der Delinquent verhaftet werden, nennt man es unter sich »hochziehen«. Kompromittierende Taten sind »Weichmacher« und illegal geöffnete Briefe werden einfach wieder »zugenagelt«.

Das ist das geistige Milieu, in dem für einen brutalen, grausamen Mord das interne, rechte Wort für die Tat erst noch gefunden werden müsste. Könnte der Genosse nicht doch nur jemanden »abgesägt« oder »rundgemacht« haben?

Vielleicht ist der Filz von Macht, Eliteanspruch, selbst verliehenen Rechten und demagogischen Definitionen von Pflichten einer der Gründe dafür, dass der Abscheu vor Gewaltverbrechern aus den eigenen Reihen mit eisernem Schweigen über die Tat einhergeht. Gegenüber der Öffentlichkeit bleibt das bis zum bitteren Ende so, auch wenn in aller Regel der überführte Täter sehr schnell aus dem »Organ« ausgestoßen wird. Danach schlägt im Regelfall die Stimmung um und es folgen ausgesprochen harte Strafen. Warum verfährt sowohl der Nachrichtendienst der NVA als auch das MfS mit Mördern aus ihren eigenen Reihen so?

Ein Erklärungsansatz findet sich in den autoritären Strukturen der »Organe«. Ohne differenzierte Bewertung von Tatschwere und Täterverhalten greifen sie aus einem tatsächlichen oder vermuteten »Sicherheitsbedürfnis« heraus zu drakonischen Strafen, die Todesstrafe eingeschlossen.

Veränderungen in der Urteilspraxis der DDR werden nicht nachvollzogen. Der Berliner Totalitarismus-Forscher Gerhard Sälter: »Zwischen Oktober 1949 und 1981 wurden insgesamt 231 Todesurteile ausgesprochen und mindestens 160 davon auch vollstreckt. Von der Gesamtzahl der verhängten Todesurteile fallen allerdings nur 69 in die Zeit von 1957 bis 1981.«[4] Die Zahl der ausgesprochenen und vollstreckten Todesurteile in der DDR ist strittig. So spricht z. B. Autor Reiner Burger in einer Pressemitteilung zur Geschichte der Todesurteile in der DDR vom 19.12. 2002 unter Bezugnahme auf »neueste Erkenntnisse von Historikern« von 227 zwischen 1949 und 1981 verhängten und 166 vollstreckten Todesurteilen.[5]

Nutzt die DDR-Herrschaftselite zunächst offenbar auch die Todesstrafe, um ihre Macht zu konsolidieren und zu repräsentieren, verzichtet sie mit wachsender innerer Festigkeit zunehmend auf solcherart Sanktionen. Dieser Wechsel in der Rechtspraxis bleibt innerhalb der Geheimdienste ohne Folgen.

Deren Handeln bleibt von dem u. a. 1981 durch Erich Mielke zum wiederholten Male artikulierten »Rechtsverständnis« bestimmt, das eindeutig Machtausübung über eine unabhängige Rechtssprechung stellt: »Wir sind nicht davor gefeit, das wir einmal einen Schuft unter uns haben. Wenn ich das schon jetzt wüsste, würde er morgen nicht mehr leben. Kurzer Prozess, weil ich ein Humanist bin. Das ganze Geschwafel von wegen nicht Hinrichtung und nicht Todesurteil – alles Käse. Genossen, hinrichten, wenn notwendig auch ohne Gerichtsurteil.«[6]

Sind diese Worte auch im Hinblick auf »Verräter« gesprochen, dürften sie gleichwohl das Denken bei der Bestrafung der Kriminellen in den eigenen Reihen bestimmen, stellen sich diese doch durch ihre Taten außerhalb des schützenden »Organs«.

Das erfahren zwei brutale, heimtückische Mörder aus dem DDR-Geheimdienstmilieu, obwohl sie wohl bis aufs Schafott glauben, »die Genossen« würden schon noch einen Ausweg anbieten.

Zwei Leichen im Wald

War das Frühjahr schön feucht und der Sommer warm, ist es Anfang September meist so weit – in den Wäldern rings um Berlin sprießen die Maronen. Feste braune Kappen, keine Made im Stiel und mit irgendwelchen Giftpilzen kann sie auch niemand so leicht verwechseln.

Meist reicht es schon, den »Trabant« auf einem der Autobahnparkplätze abzustellen und ein paar hundert Meter in den Wald zu gehen. Die Gegend um Halbe verspricht volle Körbe, aber auch bei Groß Marzehns an der Autobahn Richtung Leipzig sind reichlich Braunkappen zu erwarten.

Genau dort versucht eine Frau am 10. September 1961 ihr Glück. Etwa 500 Meter ist sie von der Autobahn weg in den Wald gelaufen, der Sonne nach, Richtung Westen. Es ist die Höhe des Kilometersteins 43,5.

Als ihr plötzlich eine kleine Kiefer im Weg liegt, will sie zuerst einfach darüber hinwegsteigen. Doch dann macht die Frau eine grausige Entdeckung: Unter dem Bäumchen liegt die Leiche eines Mannes.

Wenig später ist die Morduntersuchungskommission der VP-Bezirksverwaltung Potsdam vor Ort.

Die Polizisten schätzen den unbekannten Toten auf 20 bis 25 Jahre, messen seine Größe mit 1,65 Meter, konstatieren eine schlanke Gestalt und blauschwarzes Haar.

Die Kleidung macht einen geordneten Eindruck und lässt ihre westliche Herkunft erkennen. Nur das Taschenfutter der rechten Außentasche des Jacketts ist zwei Zentimeter herausgezogen. In der Gesäßtasche steckt ein Taschentuch, ansonsten findet sich keinerlei Tascheninhalt. In der Nähe des Kopfes liegt noch ein schwarzes Tuch, weiter ist nichts zu finden.

Die Ermittler tippen auf Raubmord. Eventuell hat der Täter aber auch nur die Spuren verwischt, um die Identifizierung der Leiche zu erschweren. Wie der Mann genau zu Tode gekommen ist, sollen die Gerichtsmediziner der Berliner Humboldt-Universität feststellen.

Wenig später gibt es dabei die erste Überraschung. Die »Obduktion der in erhebliche Fäulnis übergegangenen Leiche ergab als Todesursache Schädeldurchschuss eines 9 mm Geschosses. Es handelte sich hierbei um einen typischen Genickschuss, der im Bereich der Stirn ausgetreten war«.[7] Der Todeszeitpunkt wird für etwa drei bis vier Wochen vor Auffinden angenommen, Mitte August 1961 also.

Ein Mord mit einer Schusswaffe, die westliche Kleidung und dann das Ganze noch irgendwann in den Tagen des Mauerbaus – das ruft die Stasi auf den Plan. Sie hält eine missglückte »Schleusung« für möglich: »Die Mitarbeiter unseres Organs konzentrierten sich auf die Einleitung und Durchführung konspirativer Überprüfungen, u. a. Maßnahmen zur Feststellung, ob inoffizielle Mitarbeiter abgängig sind, die Prüfung der Emigrantenorganisationen und Ausländern, die sich zum Teil illegal in der DDR aufhielten.«[8] Die Volkspolizei erledigt derweil den üblichen Routinekram: Auswertung von Vermisstenanzeigen, Überprüfung Vorbestrafter, Veröffentlichung einer Pressenotiz, um die Mithilfe der Bevölkerung zu erlangen und so weiter.

Alles bleibt ohne Erfolg.

Unermüdlich filzen derweil die Stasi-Ermittler immer wieder die Akten. Irgendeinen Hinweis muss es doch geben. Dann stoßen sie auf eine merkwürdige Sache: In einer ehemaligen Kiesgrube nahe Löwenbruch an der Fernverkehrsstraße 101 hatte ein Angler am 24. September 1961 unter Wasser eine Reisetasche mit Inhalt gefunden. Sie war mit einem Baumstamm beschwert, um ein Auftauchen zu verhindern. Vielleicht kann das weiterhelfen.

Bei der Polizei brachte niemand die Tasche mit dem Toten an der Autobahn in Verbindung, denn zwischen den beiden Fundorten liegen 65 Kilometer Luftlinie. Doch das sieht die Stasi anders. Immerhin finden sich auch in der karierte Reisetasche Sachen aus dem Westen. Ein Taschentuch mit gesticktem Monogramm »JCK« ist unter anderem dabei, zwei Unterhosen, ebenfalls mit »JCK« gekennzeichnet, eine »Süddeutsche Zeitung« vom 11. August 1961, zwei Wörterbücher deutsch-spanisch/spanisch-deutsch und Dostojewskis Roman »Die Brüder Karamasow«.

Nun entsteht eine erste Arbeitshypothese. Der Täter könnte vom Leichenfundort über Luckenwalde auf der 101 nach Berlin gefahren sein. Das wäre jedoch nur wahrscheinlich, wenn die Tasche mit dem Verbrechen in irgendeiner Beziehung steht.

Um das herauszufinden, werden zuerst die Bücher ausgewertet. Auf dem Rücken des Dostojewski-Bandes steht »BOS 53«, auf der Titelseite die Signatur »57-3547«. Daraus wird zwar geschlussfolgert, dass der Ausleiher über eine gewisse Bildung verfügen muss, wenn er »Die Brüder Karamasow« las, doch weiter half das nicht.

Anders bei den Wörterbüchern. Auf Seite 18 hat eines einen lila Stempelaufdruck mit den Initialen J. C. und auf der Titelseite steht: »Dieses Wörterbuch wurde von José Coronel, der auch sein Besitzer ist, in der Buchhandlung Leon gekauft, die an der Ecke Gaz-Romoro Cortes in Madrid liegt.«[9] Doch wer ist José Coronel?

Die Kriminalisten der Stasi kommen nicht mehr weiter. Über den Generalstaatsanwalt von Groß-Berlin werden zwar noch die

West-Berliner Behörden über die wichtigsten Ermittlungsergebnisse informiert und um Mithilfe gebeten, aber auch dort und in der Bundesrepublik bringt die Durchsicht der Vermisstenkarteien keinerlei sachdienliche Hinweise.

Fast ein Jahr rühren sich die Ermittlungen um den unbekannten Toten aus dem Wald an der Autobahn nicht vom Fleck. Gerade ein Tag fehlt noch, dann jährte sich der Leichenfund zum ersten Mal.

Es ist wieder Maronen-Zeit und die Pilzsammler sehen an ihren bewährten Sammelstellen nach. Diesmal ist es ein Mann, der am 9. September 1962 im Forstabschnitt Coppelsdorf, etwa drei Kilometer westlich vom Kilometerstein 47 der Autobahn Berlin – Leipzig, einen weiteren Toten findet.

Die Leiche ist zum Teil in einem Stubbenloch vergraben und fast skelettiert. Von der Kleidung sind nur noch einige modrige Reste übrig.

Die Gegend liegt schon im Bezirk Halle, deshalb müssen die dortigen Gerichtsmediziner obduzieren. Viel ist nicht mehr festzustellen: männlich, etwa 1,65 m groß, rotblondes Haar, Todeseintritt irgendwann zwischen dem 1. Juni 1961 und dem 1. Juni 1962 – das ist schon fast alles.

Aber: Es ist wieder ein Genickschuss, diesmal als Kopfsteckschuss mit Einschussöffnung am linken Hinterhauptbein.

Das 9-mm-Projektil steckt noch im Schädel. Es sieht aus, als sei es aus einer sowjetischen »Makarow« abgefeuert worden.

Stundenlang suchen die Kriminaltechniker der Stasi mit einer Munitionssonde jeden Millimeter Waldboden ab. Dann der Erfolg: Fünf Millimeter in der Erde, 6,75 Meter vom Fundort der Leiche entfernt, liegt die Patrone. Nun ist es sicher: Es wurde mit einer »Makarow« geschossen.

Doch das ist noch nicht alles. In der Innenseite der verrotteten Reste des weißen Sporthemdes ist das Wäschekennzeichen »E 067« eingestempelt. Langwierige Ermittlungen ergeben, dass es von einem englischen Stempelautomaten der Marke »Polymark« stammt. Den gibt es in der DDR nicht. Das Opfer muss also auch ein Ausländer sein, so wie die ein Jahr zuvor gefundene Leiche.

Ihr Fundort liegt nur 2,5 km vom jetzigen entfernt. Durch einen Waldweg sind beide mit der Autobahn verbunden. Doch wie könnte alles miteinander zusammenhängen?

Ermittlungsansatz »E 067«

Noch immer vermuten die Kriminalisten aus dem MfS, die Reisetasche mit dem westlichen Inhalt könnte eine Rolle spielen. Immerhin hatte sich der Unbekannte, der sie 1961 im Kiessee an der F 101 versenkte, viel Mühe gegeben, um das gute Stück für immer verschwinden zu lassen.

Inzwischen liegt die Tasche in der Asservatenkammer der VP, die den Fall längst abgehakt hat. Deshalb ist es bisher auch niemandem aufgefallen, dass von den damaligen Fundstücken ein Brillenetui und ein Taschenmesser spurlos verschwunden sind. Wahrscheinlich hat sich jemand die schönen Stücke aus dem Westen einfach unter den Nagel gerissen.

Über derart schlampige Arbeit sind die Kollegen vom MfS stinksauer. Ihnen bleibt nichts anderes übrig, als noch einmal von vorn anzufangen. Sie vernehmen erneut den Finder der Tasche und filzen die Akten.

Wenigsten dabei waren die grünen Genossen gründlich: Auf dem Vordruck 13/14 für die Straftatenvergleichskartei beim Kriminaltechnischen Institut Berlin ist notiert, dass auf einem Sporthemd in der Reisetasche ein Klebestreifen mit der Wäschekennzeichnung »E 067« klebte.

Der VP-Kriminaltechniker vom Volkspolizeikreisamt Zossen hatte ihn allerdings abgeschnitten und weggeworfen. Er habe schon ziemlich zerfallen ausgesehen, entschuldigt er sich.

Endlich eine heiße Spur. Der Tote von Coppelsdorf hatte irgendetwas mit der Reisetasche zu tun, das scheint nun klar. Und irgendwie muss die ganze Sache auch mit dem ersten Leichenfund zusammenhängen. Dafür sprechen die Tötung durch

Genickschuss in beiden Fällen, die 9 mm Projektile und die Hinweise, dass sie aus einer »Makarow« stammen.

Nun nehmen sich die Stasi-Kriminalisten noch einmal »Die Brüder Karamasow« vor. Auf Seite 93 entdecken sie einen unleserlichen, ausgewässerten Stempel. Eine Infrarotfotografie macht schwach die Inschrift »Studentenbücherei München« sichtbar. Das ist ein wichtiger Hinweis.

Ihm geht ein inoffizieller Stasi-Mitarbeiter im Westen nach. In der Veterinärstraße 1 in München 22 checkt er die Ausleihkartei und wird fündig: Ein gewisser Julio T. hatte den Roman 1961 entliehen.

Um diese geheimdienstlich erlangte Information offiziell verwerten zu können, richtet der Generalstaatsanwalt der DDR am 11. Februar 1964 ein Rechtshilfeersuchen an die Bundesrepublik. Am 6. Mai teilt das bayrische Landeskriminalamt daraufhin mit, dass »Die Brüder Karamasow« am 16. Juni 1961 von einem Mann namens Julio T. in der Studentenbücherei München ausgeliehen und bislang nicht wieder zurückgegeben wurden. Sein Aufenthaltsort sei jedoch nicht bekannt.

Nun hat einer der beiden unbekannten Toten zum ersten Mal einen Namen. Auf ihn wird ein Antrag auf Einreise in die DDR gefunden. Julio T. will am Herder-Institut der Karl-Marx-Universität Leipzig Deutsch lernen und dann studieren. Mit diesem Wunsch ist er jedoch nicht allein in Ost-Berlin aufgetaucht, sondern hat seinen Landsmann José K. mitgebracht. Beide kamen aus Nicaragua.

Für die DDR ist in jenen Jahren der internationalen Isolation jedes Interesse westlicher Ausländer an einem Studium ein wichtiges Mosaiksteinchen der Anerkennung. Deshalb stimmt das Staatssekretariat für Hoch- und Fachschulwesen am 7. Juli 1959 dem Studienwunsch zu und legt für die beiden den 11. Juli 1959 als offiziellen Einreisetermin fest.

Einen Tag zuvor erscheinen jedoch unangemeldet zwei andere Lateinamerikaner bei der DDR-Behörde und teilten mit, Julio T. und José K. könnten ihr Studium nicht aufnehmen, weil sie plötzlich in ihr Heimatland zurück beordert worden wären. Der zuständige Sachbearbeiter macht darüber einen Aktenvermerk und hält damit die Sache für erledigt.

Mit Hilfe dieses Schriftstücks finden die Kriminalisten aus dem MfS einen Zeugen. Es ist der Mann, der über die angebliche Rückkehr seiner beiden Bekannten nach Lateinamerika informiert hatte. Der Zeuge gibt sich äußerst verschlossen, erklärt dann aber doch, dass er Julio T. und José K. seit 1959 kennt.

Im Sommer des Jahres seien sie im Auftrag einer dem Zeugen unbekannten Stelle für drei Monate in Spanien gewesen, um dort militärische Informationen zu sammeln. Anschließend hätten sie vermutlich ein Studium in München aufgenommen.

Den letzten persönlichen Kontakt mit Julio T. und José K. hat der Zeuge im Juni/Juli 1961. Einer der beiden ruft ihn an und bittet ihn zu einem Treffen in einem Lokal an der Berliner S-Bahn. Dort erzählen ihm die beiden, sie würden in einer geheimen Wohnung ganz in der Nähe für einen Sonderauftrag vorbereitet. Acht Tage später rufen sie noch einmal an; sie wollen sich von ihrem Freund für mehrere Jahre verabschieden. Zum vereinbarten Treffen in dem Lokal erscheint dann aber weder Julio T. noch José K.

Über diesen Zeugen gelangen die Ermittler an die ehemalige Freundin von Julio T. Sie bestätigt seine Aussagen und dann finden sich auch noch ein paar Fotos und schriftliche Notizen der Vermissten ein.

Der Handschriftenvergleich verdichtet den Verdacht, die unbekannten Toten könnten Julio T. und José K. sein.

Eine erstmals in der DDR-Kriminalistik angewandte »Supervision« gibt dann die Gewissheit. Bei diesem Verfahren werden Fotos des Schädels und des Gesichtes übereinander projiziert. Passen dabei bestimmte Merkmale zusammen, ergibt sich eine hohe Wahrscheinlichkeit auf die Identität der betreffenden Person. In beiden Fällen können die Gerichtsmediziner der Humboldt-Universität Übereinstimmungen belegen.

Nun sind sich die Kriminalisten aus dem MfS sicher: Bei dem am 10. September 1961 gefundenen Toten handelt es sich um Julio T., die am 9. September 1962 gefundene Leiche ist José K.

Beide Mordopfer haben jetzt ein Gesicht. Doch warum mussten sie sterben?

»Primel« und »Vergissmeinnicht«

Julio T. und José K. ahnten wohl, dass sie sich bei ihren Besuchen in der DDR auf ein riskantes Spiel eingelassen hatten. Deshalb erwähnten sie ihrem Freund gegenüber eine geheime Telefonnummer, die der den Ermittlern aus dem MfS mitteilte.

Sie führt die Stasi-Männer auf die Spur des geheimen Nachrichtendienstes der Nationalen Volksarmee der DDR. Seit Februar 1959 ist dort Oberst Arthur Franke der Chef. Der Dienst residiert in Berlin-Schöneweide, Schnellerstraße 139, und trägt zunächst die Tarnbezeichnung »12. Verwaltung«, dann »Verwaltung Aufklärung«.

Die Stasi hat ihre geheimen Informanten bei der NVA-Aufklärung. Deshalb fällt es ihr nicht schwer, in den Agentenakten »konspirativ« festzustellen, dass Julio T. von 1959 bis 1962 dort unter dem Decknamen »Primel« und José K. als »Vergissmeinnicht« registriert sind. Die »agenturischen Mitarbeiter«, kurz »AM« – so die offizielle Bezeichnung der NVA-Spione im Westen – haben sogar schon einige Spionageaufträge ausgeführt. Die Kriminalisten der Stasi halten fest: »Beide wurden [...] als Informatoren in Westberlin eingesetzt und führten einen Überprüfungsauftrag in Spanien zur Aufklärung verschiedener militärischer Objekte gut und gewissenhaft durch. Aus dieser Zeit stammte auch das erwähnte Fremdwörterbuch mit dem handschriftlichen Text.«[10]

Offenbar hat die Verwaltung Aufklärung große Pläne mit den Männern aus Nicaragua. »Primel« und »Vergissmeinnicht« sollen systematisch als wichtige AM aufgebaut werden: »Zum Zwecke ihres späteren Einsatzes als Ingenieure in Betrieben und Forschungslaboratorien in kapitalistischen Ländern, in denen elektrische Leit- und Steuerungseinrichtungen hergestellt werden, nahmen beide auftraggemäß [sic] ein Studium an der Technischen Hochschule in München im Fachgebiet Elektrotechnik auf, wo sie bis August 1961 vier Semester absolviert hatten.«[11] Das Studienangebot in der DDR im Sommer 1959 ist wohl nicht viel mehr als ein Lockmittel.

In München und Umgebung beobachten die beiden nebenbei die US-Truppen, suchen Kontakt zu spanisch sprechenden GI´s und schießen ein paar Fotos. Die Genossen in Berlin sind zufrieden: »Das gelieferte Material wird als brauchbar eingeschätzt.«[12]

Bei der Verwaltung Aufklärung laufen alle Fäden zu Julio T. und José K. bei Hans Hellmut Sch. zusammen. Ab November 1960 ist er Oberoffizier in der Hauptabteilung 6/1, dann in der Abteilung 12/2 des militärischen Nachrichtendienstes, die er ab 1. Juli 1964 sogar leitet. Dafür wurde er bereits am 1. März 1964 zum Major befördert.

Die Stasi-Ermittler stellen fest, dass die beiden Nicaraguenser von 1959 bis 1961 nur Major Sch. als Ausbilder und Führungsoffizier haben und 1961 dreimal nach Ost-Berlin einreisen. Der letzte Besuch beginnt am 14. August. In einer konspirativen Wohnung werden beide von Hans Hellmut Sch. auf den bevorstehenden Einsatz in Spanien vorbereitet.

Am 19. August 1961 findet dort laut Akte am frühen Nachmittag die Abschlussbesprechung statt. Julio T. bekommt für die in Spanien zu erwartenden Spesen 1.600 West-Mark, José K. kassiert sogar 1.900 Mark. Beide quittieren mit ihren Decknamen »Primel« und »Vergissmeinnicht«. Danach reisen sie angeblich nach West-Berlin ab.

Die mehrtägige Dauer des »Treffs« begründet Major Sch. in seinem Bericht vom 25. August 1961 damit, dass es Meinungsverschiedenheiten über die ausgezahlte Geldsumme gab. Beiden wäre das gezahlte Geld zu wenig gewesen, um in Spanien den Spionageauftrag erfüllen zu können, er habe sie aber überzeugt, dass sie dort ihren Lebensunterhalt selbst verdienen müssten.

Über diese Eröffnung seien Julio T. und José K. ziemlich sauer gewesen und zu einem am 19. August, 18.30 Uhr auf dem

Parkplatz des Hotels »Coburger Hof« in Ost-Berlin vereinbarten, erneuten Termin nicht erschienen. Daraufhin wartet der Führungsoffizier vergeblich bis 22.30 Uhr und leitet dann die vorgesehenen Maßnahmen zur Klärung des Verbleibs ein. Sie haben keinen Erfolg.

Julio T. und José K. bleiben verschwunden, wie vom Erdboden verschluckt.

Am 25. Juni 1962 schlägt Hans Hellmut Sch. vor, die beiden Quellen und die ihnen gezahlten Spesen abzuschreiben, Grund: »Dekonspiration«. Seine Chefs sind einverstanden.

Schnell wird nun ermittelt, dass der Termin 19. August 1961 innerhalb der von den Gerichtsmedizinern festgestellten Spanne für den Eintritt des Todes der beiden Lateinamerikaner liegt. Jetzt bleibt den Kriminalisten nur noch die logische Schlussfolgerung, dass sie den oder die Mörder von Julio T. und José K. im Geheimdienst der NVA suchen müssen. Sie notieren: »Dabei konnte der Kreis der Tatverdächtigen auf die Mitarbeiter beschränkt werden, die Kontakt zu den beiden Opfern gehabt hatten, also der sie steuernde Mitarbeiter und zwei seiner Vorgesetzten.«[13]

Die Stasi ist in eine schwierige Lage geraten. Einerseits ist der Chef der Verwaltung Aufklärung, Oberst Arthur Franke, seit den kommunistischen Straßenkämpfen in den dreißiger Jahren ein alter Freund Erich Mielkes. Andererseits haben die Erfolge der NVA-Spione den Dienst zu einer ernsthaften Konkurrenz für die Stasi gemacht. Deshalb will sie ihn stärker unter Kontrolle bekommen und wirbt unter den Offizieren systematisch »Geheime Informanten« an. Im Juli 1964 ist auch Major Sch. dabei, der nun nebenbei für die Militärabwehr der Stasi als »Heinz Schröder« spitzelt.

Klar ist also, dass alle weiteren Ermittlungen nun nur noch unter strengster Konspiration erfolgen können.

Zuerst nehmen sich die Kriminalisten die geheime Wohnung vor, in der Julio T. und José K. fünf Jahre zuvor zu Gast waren. Der Besitzer erinnert sich an erstaunlich viele Einzelheiten. Einige stehen im Widerspruch zu den Angaben in den Treffberichten Hans Hellmut Sch.s. Das verstärkt den Verdacht gegen ihn.

Dann wird das am Fundort der Leiche von Julio T. entdeckte und bisher kaum beachtete schwarze Tuch noch einmal gründlich untersucht. Die Gerichtsmediziner stellen Hautzellen und mikroskopisch kleine Blutspuren fest. Das Tuch diente also als Augenbinde. Damit ist klar, dass der tödliche Schuss bei Tageslicht abgegeben worden sein musste und Täter und Opfer irgendwie auf vertrautem Fuße standen. Andernfalls hätte sich »Primel« kaum die Augenbinde anlegen lassen.

Nun muss noch die Tatwaffe gefunden werden. Unter einem Vorwand zieht die Stasi die »Makarow«-Pistolen der drei Tatverdächtigen ein und beschießt sie jeweils fünf Mal. Das Ergebnis ist eine riesige Enttäuschung: Keine der drei Waffen kommt als Tatwaffe in Frage!

Diese völlig unerwartete Erkenntnis macht jetzt richtig Arbeit, denn nun müssen alle Pistolen der Diensteinheit so konspirativ überprüft werden, dass niemand etwas merkt. Es sind etwa 400 Stück, doch kein einziger der 2 000 gemachten Vergleichsschüsse stimmt mit dem Muster auf der im Wald entdeckten Hülse überein. Die Kriminalisten sind ratlos, suchen nach ausgesonderten oder verloren gegangenen Waffen und gehen noch einmal alles genau durch. Alles bleibt ohne Erfolg.

Erst nach dem Geständnis Hans Hellmut Sch.s werden die Männer erfahren, dass sie mit seiner »Makarow« die Tatwaffe bereits in der Hand hielten. Sie hatte sich in Laufe der seit dem Mord vergangenen fünf Jahre allerdings so verändert, dass schließlich nicht nur die üblichen fünf, sondern 60 Schüsse nötig waren, um den ballistischen Beweis gerichtsfest zu erbringen.

Doch zunächst einmal scheinen die Ermittlungen nun endgültig in der Sackgasse zu stecken. Auch die nochmalige Auswertung der Tätigkeitsbücher und Fahrtennachweise der Unterabteilung 12/2 bringt keine neuen Hinweise auf die Tat.

Aber es gibt einen Tipp von der Militärabwehr. In ihrem Vorschlag zur Anwerbung Hans Hellmut Sch.s als »Geheimen Informanten« der Stasi vom 16. Juli 1964 steht: »Bei der Führung von AM gab es in der Vergangenheit, bis auf eine Ausnahme, keine Unregelmäßigkeiten. Ein AM lehnte die Zusammenarbeit mit

Sch. ab, da dieser sich angeblich von ihm Munition besorgen lassen wollte. Der Sachverhalt wurde nicht vollkommen geklärt.«[14]

Ein weiteres Indiz gegen den NVA-Offizier. Die Stasi-Ermittler sind bestürzt. Sollte tatsächlich einer der Ihren vor nunmehr gut fünf Jahren einen eiskalten Doppelmord begangen haben? Alle Indizien sprechen gegen Major Hans Hellmut Sch. Handfeste Beweise hingegen fehlen.

Wer ist dieser Mann eigentlich, dessen offizielle Beurteilung nur Gutes bestätigt: »Im Kollektiv seiner Genossen ist er beliebt durch seine Hilfsbereitschaft und sein kameradschaftliches Verhalten. Sein stetige Humor und das optimistische Auftreten sind Ursache dafür.«[15]

Und wie ist er an Julio T. und José K. geraten. Warum wollen die beiden ausgerechnet für die Nationale Volksarmee der DDR im Westen spionieren?

Der Versuch einer Rekonstruktion.

Hans Hellmut, José und Julio

»Zogsch« muss es laufen. Zackig. Das lernt Hans Hellmut Sch. schon als Kind. Am 10. Oktober 1929 kommt er im sächsischen Limbach zur Welt. Wenig später geht es in ganz Deutschland ziemlich »zogsch« zu, zackig eben.

Helmut Sch.s Kinder- und Jugendjahre verlaufen im Gleichschritt. Das dürfte ihm gefallen haben: Der Dienst als Pimpf, dann in der HJ, uns´re Fahne flattert uns voran, die Uniform eng um den kräftigen Jungenkörper. Dazu die Uniformität im Kopf, die er nur als stützendes Korsett kennt und als Ausdruck von Kameradschaft und Verlässlichkeit empfindet.

1936 ist Deutschland ein blühendes Land. Die neuen Autobahnen, keinen Arbeitslosen mehr auf den Straßen, überall wird gebaut, die ganze Welt staunt, was der »Führer« geschafft hat. Bei der Olympiade in Berlin jubelt sie ihm zu.

Vielleicht sammelt Hans Hellmut Sch. die Sportler auf Josetti-Zigarettenbildchen, als er in jenem Jahr in die Volksschule III in Limbach eingeschult wird. Eventuell interessieren ihn aber auch eher die fernen Länder. Der geheimnisvolle Amazonas oder der Dschungel Südamerikas zum Beispiel.

Dort, in der an Costa Rica grenzenden nicaraguanischen Provinz Rio de San Juan, genießt der kleine José K., etwa 1934/35 geboren, seine Kindertage. Seine deutschstämmige Mutter Maria K. hat nicht nur ihre feuerroten Haare, sondern auch die riesige Hazienda San Francisco del Rio in die Ehe eingebracht.

Mit beiden »Erbschaften« wird José später zu tun haben; Ihm fehlt das wettergegerbte, feurige Gaucho-Image. Er ist klein, rotblond und hat Sommersprossen. Und der Reichtum der erzkonservativen Familie ist ihm peinlich. Das geht doch nicht, hier die Armen, die Hungernden, dort die dünne Schicht der Superreichen, die wie Mehltau über dem Land liegt. José träumt von mehr Gerechtigkeit, vom Sozialismus. Und er ist bereit, ganz persönlich etwas dafür zu tun.

Julio T. kennt er damals wohl noch nicht. Der zwei Jahre ältere Junge wird später sein Freund werden, mit José nach Europa gehen und dessen Traum vom Sozialismus teilen.

Wahrscheinlich stammt auch Julio aus einer Familie der intellektuellen Oberschicht des Landes. Seine Schwestern könnten nach den wenigen heute noch aufzufindenden Spuren literarisch tätig gewesen sein. Das wäre dann wieder eine Brücke zu José K. Dessen Vater, José U. ist ein bekannter Schriftsteller und Dichter. Er lebte sogar einige Zeit in Nordamerika.

Intellektuelles Elitebewusstsein und überbordender Reichtum mögen José in einen Konflikt gestürzt haben, den er mit Hilfe seiner Brüder Carlos, Manuel und Ricardo nicht zu lösen vermochte. Sie werden Jahre später hohe Funktionäre bei den Sandinisten, Carlos Direktor der Fischerei-Institute des Landes, die beiden anderen Vizeminister und Minister in der Landwirtschaft.

José ist da anders, er will etwas für die einfachen Leute tun. Sein späterer Freund Julio teilt diese Intention.

Vielleicht lernen sie sich ja sogar auf der Schule in Managua oder in deren Umfeld kennen. José K. macht dort, auf dem berühmten Colegio Centro America, 1953 jedenfalls sein Abitur. Das ehemalige Jesuiten-Kolleg hat einen guten Namen in der Hauptstadt Nicaraguas.

Die III. Volksschule im sächsischen Limbach kennt hingegen kein Mensch. Hans Hellmut Sch. drückt dort bis 1944 die Schulbank. Da ist er in der achten Klasse und wäre viel lieber im Krieg.

Klar, »flink wie ein Windhund« und »hart wie Kruppstahl« ist er schon, aber er ist eben auch noch zu jung, um endlich für den »Führer« Heldentaten zu begehen. Stattdessen beginnt der Junge am 2. April 1944 eine Bäckerlehre in seinem Heimatort.

Über diesem scheint ein Jahr später die Welt zusammenzustürzen. Die Engländer kommen am 5. März 1945 aus der Luft und bombardieren das nahe Chemnitz. »Zogsch« fliegen die 720 Bomber heran, zackig in geschlossener Formation. Kein Göring-Jäger stört sie dabei. 1 100 Tonnen Bomben fallen auf die sächsische Industrie-Metropole, ein Drittel der Stadt sinkt in Schutt und Asche.

Vier Wochen später scheint Limbach zwischen Mühlsteinen zu stecken. Die 13. Ukrainische Front der Russen rückt von Südosten heran, die Amerikaner kommen von Westen, haben Thüringen erobert und verhalten nun. Im Wehrmachtsbericht wird die Gegend Ende April nur noch nebenbei erwähnt.

Hans Hellmut Sch. weiß inzwischen vermutlich längst, wie man Brotteig mit Kleie und Sägespänen streckt. Trotzdem ist sein Lehrbetrieb im Februar 1946 pleite. Er geht ins nahe Kändler, um seine Ausbildung fortzusetzen, denn mit dem Krieg wird es ja nun auch nichts mehr.

Das Kriegsende in Europa dürfte weder José K., noch dessen späteren Freund Julio T. sonderlich interessieren. Die Jungens stehen gerade einmal an der Schwelle zur Pubertät, fangen an, über sich selbst nachzudenken, nach eigenen Lebensentwürfen zu suchen. Vielleicht wächst in jenen Jahren Julio der erste Bart, den er als Mittzwanziger immer noch voller Stolz trägt.

Bäckergeselle Hans Hellmut Sch. bleibt bis Juli 1949 in dem Laden in Kändler. Natürlich will er weiterkommen, aber in den

Hungerjahren ernährt der Beruf wenigstens seinen Mann. Am 1. August 1949 wechselt er in die gerade gegründete HO Konditorei in Limbach. Wer markenfreie Schweineohren für fünf Mark das Stück feilbieten kann, verfügt vielleicht auch über Aufstiegschancen.

Und tatsächlich schicken die Kollegen Hans Hellmut Sch. im August 1950 für vier Wochen auf die FDGB-Bezirksschule in Gersdorf bei Rosswein. Weil die anderen auch nicht viel klüger sind als er, macht der Volksschüler seine Sache gut. Wenig später, im Februar 1951 landet der hoffnungsvolle junge Mann erneut auf einer Gewerkschaftsschule, diesmal in Milkel bei Bautzen.

Danach ist für Hans Hellmut Sch. endgültig Schluss mit frühem Aufstehen und Teig kneten. Am 16. April 1951 zieht er in Leipzig als hauptamtlicher Sekretär im Gebietsvorstand der IG Nahrung und Genuss ein. Allerdings ist die Nahrung in jenen Jahren knapp und der Genuss selten.

Reiche Familien wie die von José K. im fernen Nicaragua leiden an beidem keinen Mangel. Dennoch ist der Teenager unzufrieden. Er will doch endlich etwas gegen die Ungerechtigkeit der Welt tun.

Die eigene Lage als ungerecht zu empfinden ist im sowjetisch besetzten Teil Deutschlands in jenen Jahren nicht wohlgelitten. Die neuen Herren dienen sich den Siegern an. Sollte eben noch jedem die Hand verdorren, würde sie jemals wieder eine Waffe anfassen, werden jetzt Hilfstruppen rekrutiert. Eine solche ist die »Kasernierte Volkspolizei« der DDR. Sie sucht junge Leute und verspricht schnelle Karrieren.

Tickets in den Tod

Am 5. März 1952 rückt Hans Hellmut Sch. freiwillig bei der KVP-Direktion Leipzig II ein. Der Laden läuft »zogsch«, anders, eben zackiger, als bei den Lahmärschen in der Gewerkschaft. Seit Juli

1951 ist der Jungfunktionär in der SED, seit 1949 bereits in der FDJ, außerdem in den anderen einschlägigen Organisationen. Hans Hellmut Sch. ist 23 und im Leben angekommen. Am 18. Oktober 1952 heiratet er, selbstverständlich in Uniform.

Natürlich steht in seinen am 23. Januar 1956 verfassten Lebenslauf[16] kein Wort vom Spaß am HJ-Dienst, seiner Vorliebe fürs »Zackige« und der Hoffnung, doch noch im Krieg für den »Führer« mitmischen zu können. Gerade dies stärkt jedoch die Vermutung, es könne so gewesen sein. Andernfalls wäre Hans Hellmut Sch. kaum schon 1952 freiwillig Soldat geworden und hätte sicher auch nicht gezögert, sich seines Widerstandes gegen die übliche Nazi-Erziehung in seinem Lebenslauf für die DDR-Kaderakten gehörig zu rühmen.

Solcherart Akten braucht in Nicaragua niemand, um seinen Glauben an den Sozialismus zu belegen. Wer ihn hat, lebt ihn. So wie José K. Der kaum mittelgroße, dürre junge Mann aus der Familie der »oberen Zehntausend« zieht als »Barfußdoktor« durchs Land. Mit einfachen Mitteln den armen Leuten vor Ort helfen, das scheint der Sinn seines Lebens zu sein. Vielleicht ist er damals schon mit Julio T. zusammen, der ebenso wie José für den Fortschritt schwärmt.

Den suchen die beiden in Deutschland. Entweder will sich José damit von seiner Familie emanzipieren, oder sie ist mit dem Europa-Aufenthalt nicht einverstanden. Das vermutet der damalige Germanistik-Student Horst C. Er lernt José und Julio etwa 1958 im »Mittelkeller« kennen, der Assistenten-Mensa der Ost-Berliner Humboldt-Universität. Horst C. hat gerade begonnen, nebenbei Spanisch zu lernen. Er ist blind und genießt dadurch ein wenig mehr Freiheiten als seine DDR-Kommilitonen. Das erlaubt ihm den Kontakt mit den exotischen Männer, die ihn brennend interessieren: »Die beiden Latinos wohnten in West-Berlin, waren bescheiden und bettelarm. Anscheinung litten sie manchmal sogar Hunger.«[17]

Dem kann am besten im Ost-Sektor – offiziell wird er damals der »demokratische« genannt – abgeholfen werden. Mehr als vier Ost-Mark gibt es für eine West-Mark in den Wechselstuben am Bahnhof Zoo, für 50, 60 West-Pfennige kann man so im »Mittelkeller« nobel essen. Solls danach noch irgendwo eine Bockwurst und ein Bier sein, bei deren Kauf der DDR-Ausweis vorgewiesen werden muss, hilft Horst C. Meist bezahlt er die paar Mark auch gleich noch für die armen Freunde aus dem Westen.

Hans Hellmut Sch. dürfte in jenen Jahren von solcherart Geschäften nur als »schamlose Nutzung des imperialistischen Schwindelkurses« hören. Er dient in den KVP-Dienststellen Erfurt II, Marienberg I und schließlich Berlin II, wird mit Gründung der Nationalen Volksarmee 1956 in die Streitkräfte übernommen und landet dort im Januar 1956 in der damaligen »Verwaltung 19«, der militärischen Aufklärung. Als »bewährter Kader« bekommt der Volksschüler die Dienststellung eines operativen Offiziers. Er soll Agenten im Westen führen.

Das ist nicht so ganz einfach, denn die DDR ist nirgendwo in der Welt, außer in ein paar »sozialistischen Bruderstaaten«, anerkannt. Es interessiert sich im Westen auch niemand so richtig für »die Zone«.

Einer der wenigen, der es doch tut, ist der Portugiese Francisco de F. Der 1924 auf Madeira geborene Mann arbeitet als Privatlehrer einer portugiesischen Diplomatenfamilie in Bonn. Dort legt er sich eine deutsche Geliebte, Anna, zu, mit der er sich 1957 nach Ost-Berlin absetzt, um Ruhe vor der Familie zu haben. Der von allen nur B. genannte Mann bekommt einen Posten als Sprachlektor an der Humboldt-Uni. Einen großen Teil seiner Freizeit verbringt er mit der Spanisch-Clique im »Mittelkeller«.

Hans Hellmut Sch. taucht dort niemals auf. Unkontrollierter Kontakt zu Ausländern ist ihm als Aufklärer strikt verboten. Dennoch braucht er ihn, schließlich ist es sein Job, ständig neue »Kundschafter« zu werben. Obwohl als »klassenverbunden und der Partei treu ergeben«[18] eingeschätzt, steht der hoffnungsvolle Nachwuchskader in der Kritik seiner Genossen: »Die Werbungsarbeit stellt [...] eine bestimmte Schwäche dar. Ursache ist eine ungenügende Breite der Werbungsbasis.«[19] Zwei Leute aus dem fernen Lateinamerika, das wäre also was.

Doch wer könnte solche Kontakte vermitteln? Horst C. weiß heute, dass Francisco de F. damals schon für den Nachrichtendienst der NVA arbeitet. Wahrscheinlich ist die Verpflichtung dazu seine und seiner Geliebten Eintrittskarte in die DDR gewesen.

Der blinde Student spricht inzwischen fließend spanisch. Er ist mit José und Julio befreundet. Als Kommilitonen von ihm einmal in seiner Studentenbude »Am Zirkus 5«, gleich hinter dem alten Friedrichstadtpalast, eine illegale Abtreibung versuchen, spritzt »Barfußdoktor« José sogar das in West-Berlin heimlich besorgte Medikament. Die Sache klappt nicht, aber man vertraut sich.

Deshalb bitten die beiden Horst C. im März 1959 auch, zu ihnen nach West-Berlin zu kommen. Er soll ihre Zeugnisse, Geburtsurkunden und weitere Dokumente ins Deutsche übersetzen. Es ist eine merkwürdige Situation. Horst C.: »Das war ein sehr gepflegtes Zimmer in einer stillen Straße, irgendwo in einem der besseren Viertel der Stadt. Die Wirtin hatte nicht die berüchtigte Berliner Schnauze, alles machte einen gediegenen Eindruck und passte so gar nicht zur Armut der beiden Nicaraguenser. Vielleicht war die Miete für das Zimmer eine letzte Hilfe der wohlhabenden Familie von José.«[20]

Auf deren Kosten wollen die beiden aber auch künftig auf keinen Fall leben. Unter dem Siegel strengster Verschwiegenheit erzählen sie dem Freund von einer Chance auf ein Studium. Vom Studienfach Maschinenbau ist die Rede und dass es ein Stipendium geben würde. Horst C. fragt nach, wer ihnen denn helfen würde, den Studienplatz zu bekommen. José und Julio zögern, bitten noch einmal inständig darum, das Geheimnis zu wahren. Dann fällt nur ein Wort: »B.«.

Zwei, drei Wochen später tauchen José K. und Julio T. nicht mehr im »Mittelkeller« auf. Keiner weiß etwas von ihnen, nirgendwo haben sie sich verabschiedet. Irgendwann später sagt einer, er hätte gehört, die beiden seien jetzt in München.

Von dem munteren Studentenvölkchen werden José und Julio nicht lange vermisst. Niemand ahnt, dass die beiden derweil wahrscheinlich bei Hans Hellmut Sch. ihre Tickets in den Tod unterschrieben haben.

Das Geständnis

Nach rund fünf Jahren intensiver Ermittlungen stecken die Kriminalisten vom MfS in der Zwickmühle. Sie wissen, wer die 1961 und 1962 gefundenen Toten aus dem Wald an der Autobahn Berlin – Leipzig sind und dass die beiden für den Geheimdienst der Nationalen Volksarmee der DDR gearbeitet haben. Alle Indizien sprechen gegen Major Hans Hellmut Sch., den Führungsoffizier von Julio T. und José K.

Dennoch könnte alles auch ganz anders gewesen sein, denn das entscheidende Kettenglied, die Tatwaffe, fehlt. Rings um Berlin liegen überall sowjetische Truppen. Auch sie tragen »Makarow«-Pistolen und ihre geheimen Kontakte zu westlichen Ausländern halten die Offiziere von KGB und GRU natürlich auch vor dem Staatssicherdienst der DDR unter Verschluss. Sie sind die Herren in der DDR, vor ihren Kasernentoren endet die Souveränität des kleinen deutschen »Bruders«.

Wenn der NVA-Major verhaftet wird, würde alles vom Geschick seiner Vernehmer abhängen. Nur wenn er gesteht, wäre der Doppelmord beweisbar. Andererseits scheint es unmöglich, jetzt noch aufzugeben. Ein vertuschtes Kapitalverbrechen, noch dazu in solch abscheulicher Art und Weise verübt, könnte die gesamte Geheimdienstarbeit nachhaltig stören, wenn auch nur die geringsten Gerüchte durchsickerten.

In dieser prekären Lage entscheidet sich das MfS für den Zugriff.

In der Erstvernehmung werden Hans Hellmut Sch. keinerlei Vorhalte gemacht. Er soll im Unklaren darüber gelassen werden, was die Ermittler wissen und was nicht. Sie gehen davon aus, dass auch das Gewissen eines hart gesottenen Mörders belastet ist, wenn er bereits fünf Jahre mit der Angst leben musste, doch noch entdeckt zu werden. Immer wieder befragen sie den Major nach dem genauen Ablauf des 19. August 1961. Wo genau hat er Julio T. und José K. am Bahnhof Friedrichstraße verabschiedet, wann war das, was haben sie gesagt?

Hans Helmut Sch. wiederholt mehrfach die in seinen Treffberichten gegebene Darstellung. Die Ermittler notieren frustriert: »Trotz intensiver stundenlanger Vernehmung blieb er dabei.«[21]

Aber er zeigt Unsicherheiten. Die Stimme zittert, seine Körpersprache deutet auf inneres Unwohlsein bei dieser Aussage hin, Hans Helmut Sch. ist längst nicht mehr so »zogsch«, wie er einmal war.

Deshalb entschließen sich die Kriminalisten aus dem MfS, alles auf eine Karte zu setzen. Sie gehen vom 19. August 1961 als Tatzeitpunkt für den Doppelmord aus und halten dem Beschuldigten vor, dass an diesem Tag weder Julio T. noch José K. über den Bahnhof Friedrichstraße ausgereist seien.

Daraufhin wird Hans Hellmut Sch. in den folgenden Vernehmungen immer unsicherer. Er kennt die Beweislage der Vernehmer nicht, verwickelt sich in Widersprüche und legt schließlich ein Geständnis ab.

Von Anfang an, schon ab 1959, betrügt der Aufklärungs-Offizier seine beiden Agenten um ihren Lohn. Von Zuwendungen für Unterhalt, Fahrkosten und sonstige Spesen behält er in 19 Fällen jeweils Beträge zwischen 20 und 100 West-Mark ein. Um diese Unterschlagungen zu verschleiern, fälscht er die von »Primel« und »Vergissmeinnicht« unterzeichneten Originalquittungen.

Die so insgesamt rund 2.800 beiseite geschafften West-Mark tauscht Hans Hellmut Sch. in West-Berlin zum Kurs von 1:4 bis 1:5 in Ost-Mark um, denn der Kauf von westlichen Waren könnte ihn leicht verraten.

Immer wieder beklagen sich Julio T. und José K. bei ihm, dass die übergebenen »Operativgelder« für den Spionage-Nebenjob in München nicht ausreichen. Natürlich leitet der Führungsoffizier diese Klagen nicht weiter und da es auch seine Vorgesetzten mit ihrer Anleitungs- und Kontrollpflicht nicht so genau nehmen, bleibt der Schwindel unentdeckt. Unverdrossen bestätigen sie ihrem Mann noch 1964: »In seiner täglichen Arbeit beweist er Ordnung und Disziplin. Sein Auftreten ist korrekt. Er zeigt Initiative, Verantwortungsfreudigkeit und Wachsamkeit.«[22]

Initiative entwickelt Hans Hellmut Sch. tatsächlich, allerdings vor allem, um seinen kleinen Betrug an »Primel« und »Vergissmeinnicht« zu verschleiern.

So geschah der Doppelmord

Als Julio T. und José K. im Frühjahr 1961 erfahren, dass sie ihr Studium an der Technischen Hochschule München unterbrechen sollen, um einen Spionageauftrag in Spanien zu erfüllen, kommt es zum Eklat.

Die beiden »agenturischen Mitarbeiter« halten ihrem Führungsoffizier vor, dass der NVA-Geheimdienst keine Ahnung von den Verhältnissen in Spanien habe. Als Ausländer würden sie dort nur sehr schwer Arbeit finden. Die insgesamt für diesen Job in Aussicht gestellten 3 500 West-Mark würde vorne und hinten nicht reichen. Wenn sie »die operative Aufgabe« erledigen sollen, müsste vorher mit den Vorgesetzten von Hans Hellmut Sch. die Finanzierung geklärt werden.

Solch ein Zusammentreffen will dieser natürlich verhindern. Sehr genau hat er registriert, dass sich José K. die bisher erhaltenen Geldbeträge stets notiert hat. Nun droht der Betrug aufzufliegen. Zum ersten Mal denkt Hans Hellmut Sch. daran, die beiden Lateinamerikaner verschwinden zu lassen.

Am Freitag, dem 18. August 1961 spitzt sich die Lage zu. »Primel« und »Vergissmeinnicht« haben eine genaue Liste mit den allernotwendigsten Ausgaben in Spanien aufgestellt. Rigoros verlangen sie, den Vorgesetzten Hans Hellmut Sch.s zu sprechen. Der verspricht noch einmal, das Problem selbst zu klären und lässt die beiden in der konspirativen Wohnung allein.

Auf der Rückfahrt nach Berlin fasst der NVA-Offizier nun endgültig den Entschluss, seine beiden Spione zu ermorden. Er hält an einem Stoffladen in Berlin-Adlershof und kauft einen halben

Meter schwarzen Stoff. Er soll als Augenbinde für Julio T. und José K. dienen.

In der Nacht vom 18. zum 19. August 1961 plant Hans Hellmut Sch. dann die Einzelheiten des Doppelmordes.

Am Sonnabend fährt er in aller Frühe in seine Dienststelle in die Schnellerstraße und holt in der Kasse die 3 500 West-Mark für »Primel« und »Vergissmeinnicht« ab. In seinem Dienstzimmer lädt er dann seine »Makarow« mit sechs Patronen, die er sich schon lange schwarz beschafft hat. Danach fährt Hans Hellmut Sch. in die konspirative Wohnung. Schon während der Fahrt lädt er seine Pistole durch und zerreißt das schwarze Tuch zu zwei Augenbinden.

Die beiden Spione warten schon auf ihren Führungsoffizier. Er erklärt ihnen, alles sei zu ihrer Zufriedenheit gelöst. Er würde sie jetzt mitsamt ihrem Gepäck in ein streng geheimes Objekt bringen, wo sie den einseitigen Funkverkehr üben müssten. Dort gäbe es dann auch das restliche Geld, jetzt würde er aber erst einmal das bislang vereinbarte Operativgeld von 1 900 Mark an José K. und weitere 1 600 Mark an Julio T. auszahlen. Beide unterschreiben arglos die Quittungen.

Gegen 15 Uhr fahren alle drei los, über die Anschlussstelle Königs Wusterhausen geht es auf die Autobahn Richtung Leipzig. Auf dem Parkplatz in Höhe des Kilometersteins 47,0 hält Hans Helmut Sch. und erklärt, er müsse die beiden getrennt zu dem geheimen Objekt bringen.

Dann verschwindet er mit José K. im Wald. Nach zwanzig Minuten sagt er ihm, er müsse nun wegen des geheimen Objektes eine Augenbinde anlegen. Damit stolpert »Vergissmeinnicht« noch etwa 100 Meter durch den Wald, bis Hans Hellmut Sch. ein Erdloch bemerkt. Aus 10 bis 15 Zentimeter Entfernung schießt er José K. in den Hinterkopf. Er bricht sofort zusammen. Der Mörder zerrt ihn in das zwei Meter entfernte Erdloch, leert seine Taschen und nimmt die 1 900 West-Mark an sich.

Dann geht er zurück zur Autobahn und holt Julio T. ab. Nach wenigen Metern treffen die beiden Männer auf einen Jäger. Der fordert sie auf, umzukehren, denn in der Gegend soll gejagt werden. Das könnte gefährlich sein.

Hans Helmut Sch. geht mit Julio zurück auf den Parkplatz und erklärt, er kenne noch einen anderen Weg zum geheimen Objekt. Sie fahren etwa fünf Kilometer in Richtung Berlin zurück, halten, überqueren die Autobahn und gehen in den Wald.

Wieder erzählt Hans Hellmut Sch. die Geschichte von der Notwendigkeit der Augenbinde. Auch Julio T. ist völlig arglos. Der Mörder führt ihn in eine Schonung und schießt erneut aus nächster Nähe. Dann raubt er die Leiche aus und verbirgt sie unter einer abgeschlagenen Kiefer.

Eiskalt fährt Doppelmörder Hans Hellmut Sch. nun zurück nach Berlin. Auf dem Parkplatz vor der Autobahnabfahrt Rangsdorf hält er an, um das Reisegepäck seiner Opfer zu durchsuchen. Alle leicht brennbaren Gegenstände, wie Reisepässe, Transitvisa, Studentenausweise und Notizzettel verstaut er in seine Collegmappe. Am Abend verbrennt er sie im Badeofen seiner Wohnung. Die Kleidung und die Bücher packt er in die karierte Reisetasche, die er in der konspirativen Wohnung zwischenlagert und später im Tümpel bei Löwenbruch versenkt. Eine weitere Tasche aus braunem Kunstleder wirft er weg. Danach fährt der Offizier in seine Dienststelle und reinigt gründlich seine »Makarow«. Die restliche, nicht registrierte Munition versenkt er in der Spree.

Trotz des Mauerbaus kann der Agentenführer mittels eines Sonderausweises für den Bahnhof Friedrichstraße immer noch nach West-Berlin fahren. Das tut er Ende August und im September 1961, um einen großen Teil des geraubten Geldes in Ost-Mark umzutauschen. Auch 1962 fährt Hans Hellmut Sch. noch zweimal illegal nach drüben und kauft dort ein.

Für den Rest des Geldes lässt sich der Doppelmörder von einem seiner Spione einen elektrischen Rasierapparat im Westen besorgen.

Nachspiel

Auch wenn José K. als »Barfußdoktor« mit sozialistischen Träumen seiner Familie in Nicaragua nicht immer nur Freude gemacht haben mag, ist sie dennoch über sein plötzliches Verschwinden im fernen Europa beunruhigt. Als auch noch sein Freund Julio T. unauffindbar bleibt, macht man sich ernsthafte Sorgen. Doch wozu gibt es die einflussreichen Beziehungen? Über diplomatische Kanäle wird direkt in Moskau nachgeforscht.

Die Genossen aus dem Kreml leiten die Anfrage an das Zentralkomitee der SED weiter. Dort ist Erich Honecker der Chef für Sicherheit. Er weiß genau, dass nur Erich Mielke weiterhelfen könnte, doch der winkt ab.

Von den streng geheimen Ermittlungen darf niemand etwas erfahren und davon, dass womöglich ein DDR-Geheimdienst in die ganze Sache verwickelt ist, schon gar nicht.

So wird die Anfrage abgeblockt und der Familie von José K. beschieden, sie möge doch im Westen, in München, nachforschen. In der DDR seien er und sein Freund Julio gänzlich unbekannt.

Die absolute Nachrichtensperre bleibt auch bestehen, als der Mörder der beiden Lateinamerikaner ermittelt und längst verurteilt ist. Der hinterhältige Raubmord könnte die internationalen Beziehungen der DDR belasten, deshalb werden alle Spuren vertuscht. Dies gelingt offenbar so erfolgreich, dass es Jahre später sogar eine streng geheime Zusammenarbeit zwischen der Stasi und dem Geheimdienst Nicaraguas gibt.

Hans Hellmut Sch. wird vom Militärobergericht der DDR 1968 unter strengster Geheimhaltung zum Tode verurteilt und wenig später hingerichtet. Sein Verteidiger, Rechtsanwalt Wolfgang Vogel, erinnert sich Jahre später: »Der Fall war so klar, da war für den Angeklagten aber auch gar nichts mehr zu machen.«[23]

Das außergewöhnlich grausame Verbrechen – ein doppelter Raubmord für noch nicht einmal 6.000 West-Mark Beute, verübt von einem Geheimdienst-Offizier, der mit seinen Leuten

»vertrauensvoll« zusammenarbeiten sollte – bleibt auch innerhalb der Verwaltung Aufklärung geheim. Nur wenige Führungskader der Stasi und der NVA erfahren davon: Das Todesurteil für Hans Hellmut Sch. kann nicht einmal zur Abschreckung dienen, denn müsste man ähnliche Delikte im Geheimdienst auch nur vage vermuten, stünde dessen gesamte Funktionsfähigkeit auf dem Spiel.

Makabre Ironie der Geschichte: Todesurteile in der DDR werden in jenen Jahren durch »unerwarteten Nahschuss in den Hinterkopf« vollstreckt. Hans Hellmut Sch. starb damit genauso wie seine beiden Opfer.

Die Hilflosigkeit im Umgang mit einem Mörder aus den eigenen Reihen bleibt kein exklusives Erlebnis in der Geschichte des geheimen Nachrichtendienstes der Nationalen Volksarmee der DDR. Anfang der 70er Jahre haben sich auch die Ermittler im Ministerium für Staatssicherheit mit einem ähnlichen Fall auseinander zu setzen. Wieder geht es um einen besonders grausamen Mord, wieder ist es ein Offizier aus den eigenen Reihen und wieder soll – trotz Verurteilung des Täters – auf keinen Fall etwas an die Öffentlichkeit dringen.

Tod in Wandlitz

Medizinalrat Dr. Günther Sch. muss ein erbärmlicher Mediziner gewesen sein. Aber immerhin könnte er hellseherische Fähigkeiten gehabt haben.

Am 29. September 1972 um 10.30 Uhr bestätigt er als »behandelnder Arzt« auf einem Totenschein mit der Sterbebuch-Nummer 1738 in Berlin den am gleichen Tag um 10 Uhr eingetretenen »natürlichen Tod« des »M., Wolfgang«. Als Todesursache gibt der Doktor auf dem amtlichen Dokument »Hypertonie mit cerebraler Beteiligung« mit der Vorerkrankung »Diabetes mellitus« an. Diese Diagnose ist falsch.

Gestorben ist Wolfgang M. zwar an diesem Tag und auch zu jener Zeit, aber nicht in Berlin, sondern in der Strafanstalt Leipzig. Die Todesursache ist jedoch weder hoher Blutdruck, noch Zucker. Ein »unerwarteter Nahschuss« in den Hinterkopf beendet abrupt sein Leben. Das belegt ein »Vollstreckungsprotokoll« vom gleichen Tag.

Am 19. Mai 1972 ist Wolfgang M. »wegen eines Verbrechens der Spionage im besonders schweren Fall und wegen eines Mordes« zum Tode verurteilt worden. Das Protokoll vermerkt: »Der Vorsitzende des Staatsrates der DDR hat davon abgesehen, eine Gnadenentscheidung zu treffen. [...] Die Vollstreckung wurde ordnungsgemäß vollzogen.«[24] Die Leiche ist noch am gleichen Tag zu verbrennen. Dass keine Obduktion erfolgen müsse, hat Dr. Sch. aus der Ferne vorsorglich auf dem Totenschein angekreuzt, schließlich sind hoher Blutdruck und Zucker auch bei übergewichtigen DDR-Bürgern Volkskrankheiten.

Mit dem Todesschuss in Leipzig will das Oberste Gericht der DDR den ehemaligen Stasi-Oberleutnant Wolfgang M. erklärtermaßen »seiner abscheulichen Verbrechen wegen – endgültig aus der sozialistischen Gesellschaft ausschließen.«[25] Doch offenbar trägt der untreue Arzt dazu bei, dass das den zuständigen DDR-Behörden verborgen bleibt. Am 9. Januar 1985, also 13 Jahre später, muss nämlich Oberstleutnant F. von der MfS-Hauptabteilung Kader und Schulung seinem Chef des Bereichs »Disziplinar« melden, »daß bei den zuständigen staatlichen Organen der DDR nicht bekannt ist, dass M. verstorben ist« und er noch in der »Zentralen Melde-Kartei« vermerkt sei: »Um die Einleitung entsprechender Maßnahmen zur Löschung des M. in allen Karteien wird gebeten.«[26] Offenbar also ein Fall, der in der DDR ganz besonderer Geheimhaltung unterliegt.

Er beginnt am 3. Mai 1971 in einem Waldstück in Wandlitz, ganz in der Nähe der streng abgeschotteten Wohnsiedlung der »führenden Genossen«, ein paar Meter neben der Fernverkehrsstraße 273. Was dort geschieht, beschreibt der Täter Wolfgang M. gut ein Jahr später, am 17. Mai 1972 auf Befragen vor dem 1a Militärstrafsenat des Obersten Gerichtes der DDR. Dabei sind einzelne Passagen offenbar so grausam, dass sie in den vorliegenden Akten bis heute durch Schwärzung der Öffentlichkeit vorenthalten werden müssen:

»Ich hielt den Wagen an. Öffnete die Kühlerhaube, entfernte den Kühlerschutz, drehte vorher den Benzinhahn zu. Ich hantierte dann am Vergaser. Ich bat dann meine Frau, doch auszusteigen und mir mit der Taschenlampe bei der Reparatur zu leuchten. Meine Ehefrau kam dieser Aufforderung nach und leuchtete mit der Taschenlampe in den Motorraum. Ich ging zum Pkw, um den Benzinhahn wieder zu öffnen. Im Pkw habe ich die Waffe entsichert, gespannt und schußfertig gemacht. Ich stand dann ca. 1/2 Meter seitlich hinter meiner Frau und forderte sie auf, weiter zu leuchten. Als sie sich daraufhin etwas bückte, gab ich den Schuß auf den Hinterkopf meiner Frau ab. Sie fiel sofort seitlich hinter den Wagen. Ich zog meine Ehefrau vom Wagen weg, legte sie am Wegrand, einer Schonung, erst einmal kurz ab. [geschwärzt]

Da ich die Örtlichkeiten kannte, wollte ich eine andere Stelle suchen, wo ich meine Ehefrau ablegen und zudecken konnte. Ich habe mich dann in Richtung Wald begeben und fand dann ca. 20 m vom Pkw entfernt in der besagten Schonung eine Vertiefung. [geschwärzt]

Bei der Ablage meiner Frau in die Vertiefung stellte ich bei ihr noch Lebenszeichen fest. [geschwärzt]

Deshalb kam ich zu der Überzeugung, daß sie durch den Schuß allein noch nicht tot sein konnte. Deshalb begab ich mich zum Pkw, nahm aus dem Kofferraum die mitgeführte Axt und gleichzeitig einen Hammer aus meinem Werkzeug. Den Hammer deshalb, weil der Stiel der Axt schon mehrmals abgegangen war. Ich ging zum Ablageort meiner Frau zurück. [geschwärzt]

Ich schlug dann [geschwärzt] mehrmals auf den Kopf meiner Frau ein. [geschwärzt]

Ich war jedenfalls noch nicht überzeugt, daß sie tot ist. Deshalb würgte ich sie mit beiden Händen am Hals und nahm den Schal, den sie umgebunden hatte und machte damit einen Knoten, zog ihn fest zu und machte einen zweiten Knoten, so daß dadurch eine Drossel entstand.

Danach wischte ich dann am Taschentuch die Axt ab und legte sie dort in der Nähe ab. Dann deckte ich meine Frau mit dem Waldboden zu und legte abgebrochene dürre Bäumchen und Äste darüber […].

Dann schloß ich den Kofferraum des Pkws, stieß den Pkw rückwärts auf die F 273 und fuhr dann über die Autobahn und den Kontrollpunkt Lindenberg zur Wohnung zurück, wo ich gegen 22.30 Uhr ankam. Ich wischte dann das Lenkrad des Pkw und die Türklinke vom Auto ab, da meine Hände mit Blut befleckt waren […].

Nachdem ich in meiner Wohnung angekommen war, sah ich zunächst nach den Kindern, sie schliefen. Dann beseitigte ich alle Spuren, d. h. ich reinigte die Waffe gründlich, entfernte aus meiner Hose einige Blutspritzer, die sich dort befanden und auch welche aus dem Anorak […]. Gegen 02.00 Uhr habe ich mich dann ins Wohnzimmer gelegt.«[27]

Das vor Gericht angegebene Motiv für den Mord ist simpel: Während eines Urlaubs mit seinem Sohn in einem FDGB-Heim in Bansin auf Usedom lernt Wolfgang M. im Februar 1971 eine andere Frau kennen.

Sie gefällt ihm und er gibt sich als geschiedener Vater aus.

Auch bei der alleinstehenden Regina H. funkt es. Wolfgang M. schreibt ihr nach seiner Rückkehr nach Berlin.

Das hält er vor Ehefrau Renate geheim. Die Ehe mit der Näherin aus dem VEB »Treffmodelle« läuft nicht gut. Dennoch hat der Stasi-Offizier Scheidungsangebote seiner Frau stets abgelehnt. Er hat die bigotten Moralvorstellungen seiner Genossen ebenso verinnerlicht wie diese und fürchtet bei einer Scheidung den Unwillen der Dienststelle. Außerdem will er seinen DDR-Wohlstand in der »Neubauwohnung« mit »Trabant« vor der Tür nicht teilen und seine Kinder nicht verlassen.

Der Mord an seiner Frau scheint ihm das kleinere Übel zu sein, um sein Problem zu lösen.

Dabei fühlt sich Wolfgang M. unter Zeitdruck: »Ab Mitte März habe ich mich mit dem Gedanken getragen, meine Ehefrau zu töten. Mit ausschlaggebend dafür war, daß mich die [geschwärzt] besuchen kommen wollte. Ich hatte sie bis dahin schon dreimal besucht, um mich von ihren Häuslichkeiten zu überzeugen.«[28]

Offenbar verlief das zur vollsten Zufriedenheit und ein neues Nest mit Couchgarnitur und Schrankwand wartete. Die Freundin kündigte sich für den 5. Mai bei Wolfgang M. an.

Nun drückte ihn die Zeit und er begann, die Ermordung seiner Frau systematisch vorzubereiten. Dazu deponierte er nicht nur die Axt im »Trabant«, sondern machte das Opfer arglos und suchte einen geeigneten Tatort: »Wir haben Stadtfahrten mit dem Pkw unternommen. Waren im ›Friedrichshain‹, dort war es zu belebt. Ich habe gleichzeitig immer getestet, ob sich der Ort für eine Tötung eignet. Im Wohngebiet haben wir eine Laubenkolonie in Weißensee aufgesucht. Auch sie war nicht geeignet, weil verschiedene Laubengrundstücke bewohnt waren und ein reger Besucherverkehr zu verzeichnen war. Auch die in der Nähe liegenden Rieselfelder waren nicht geeignet. Wir suchten auch einen in der Nähe gelegenen alten Schießplatz auf, doch auch dieser war nicht geeignet.«[29]

Dann fielen Wolfgang M. die verschwiegenen Plätzchen rings um die Politbüro-Siedlung in Wandlitz ein: »Ich kannte diese Gegend durch meine frühere Dienstdurchführung.«[30]

Doch nicht nur Frau Renate wird durch die bislang nicht üblichen abendlichen »Spazierfahrten« arglos gemacht. Wolfgang M. stimmt auch seine Genossen auf die Tat ein: »Zur Vorbereitung meines Tötungsvorhabens an meiner Ehefrau habe ich Mitte April 1971 einen Flugzettel geschrieben. Der Inhalt bestand in einer Morddrohung. Der Inhalt lautete: ›Wir hängen Euch auf, Staatssicherheitsschweine‹. Ich habe den Zettel meinem Dienststellenleiter gegeben mit dem Bemerken, ihn im Hausbriefkasten gefunden zu haben. Ich wollte damit zum Ausdruck bringen, daß meine Familie bedroht würde. Das Ziel meiner Handlung bestand darin, die Tat von mir abzulenken und auf andere abzuschieben.«[31]

So vorbereitet, versucht der Stasi-Oberleutnant unmittelbar nach der Tat, seine Spuren zu verwischen: »Ich ging dann früh zur Dienststelle und berichtete meinem Dienststellenleiter, daß meine Frau nicht nach Hause gekommen sei. Ich sei zusammen mit meiner Frau in die Stadt gefahren und habe sie dann bei einer Kollegin abgesetzt, weil sie ihr Urlaubsgeld holen wollte. Ich sei dann allein nach Hause gefahren. Während der Fahrt hätte ich das Gefühl gehabt, daß mir ein Pkw Trabant gefolgt sei. Ich sagte dies, um die Tat auf außenstehende Personen zu lenken.«[32]

Die Räuberpistole nutzt dem Mörder wenig, denn er hat am Tatort so viele Spuren hinterlassen, dass unmittelbar nach dem Fund der Leiche verhaftet werden kann. In seinen Vernehmungen probiert er gegenüber seinen Vernehmern erneut die Taktik der Verschleierung seines Motivs.

Dazu tischt Wolfgang M. eine Geschichte auf, bei der seine Stasi-Genossen zunächst glauben, ihren Ohren nicht mehr trauen zu können.

Die Verhöre

Eigentlich ist der Bundesnachrichtendienst an allem schuld. »Der Feind« hat Wolfgang M. erpresst, nur so konnte es zu der blutigen Tat kommen. Das versucht der Oberleutnant nun seinen Genossen klar zu machen.

Die wollen natürlich näheres wissen und fragen nach. In einem fünfstündigen Verhör am 12. Mai 1971, also nur neun Tage nach dem Mord, erzählt der Täter folgende Geschichte: »Die Verbindung zum Bundesnachrichtendienst habe ich mit vollem Wissen Ende Mai/Anfang Juni 1970 erhalten. [...] Die Verbindung zu mir stellte der Bundesnachrichtendienst im angegebenen Zeitraum in meiner Wohnung in Berlin-Weißensee, [geschwärzt], her. Bereits seit Jahren, etwa 1968, und verstärkt im Verlauf des Jahres 1969 konnte ich an bestimmten Verhaltensweisen meiner Ehefrau, aber auch an verschiedenen Begebenheiten vermuten, daß mit ihr etwas nicht in Ordnung ist und sie einen Feindkontakt haben konnte, aber sie hat mir auf mehrfach in dieser Hinsicht gestellte Fragen nie eine offene Antwort gegeben.«[33]

Wolfgang M. besucht im Frühsommer 1970 einen Lehrgang an der Juristischen Hochschule des MfS in Potsdam. Als er eines Samstags zum Wochenendurlaub in Berlin erscheint, findet er angeblich einen fremden Mann in der Wohnung vor, den Frau Renate als »Studienkollegen Junge« vorstellt. Dann holt sie in der gegenüberliegenden Kneipe Bier und Schnaps und es wird im Wohnzimmer geplaudert. Wolfgang M. im Verhör: »Während dieser Zeit hat mir ›Junge‹ eröffnet, daß er für den Bundesnachrichtendienst tätig ist und meine Ehefrau ebenfalls für diese Dienststelle arbeitet. Er legte mir dann einige kompromittierende Materialien vor und forderte mich zur Zusammenarbeit mit dem Bundesnachrichtendienst auf. Unter diesem Druck habe ich schließlich zugestimmt und mich zur Spionagetätigkeit für den Bundesnachrichtendienst anwerben lassen.«[34]

Das klingt allzu theoretisch, deshalb wollen die Vernehmer näheres über den Ablauf der Werbung wissen. Nun malt Wolfgang M. die Situation aus: »Als ich ihm kategorisch mit nein antwortete, erwiderte er mit einem lauten Lachen. Dabei öffnete er seine schwarze Collegtasche – die Griffe aus Leder waren versenkbar – und entnahm aus dem Mittelfach insgesamt drei Fotografien [...]. Auf der 1. Fotografie erkannte ich meinen Dienstausweis des MfS sowie meinen Ausweis der Deutschen Volkspolizei. Auf der 2. Fotografie waren mein Dienstsiegel sowie meine Kriminalmarke abgebildet. Auf der 3. Fotografie sah ich den Hauptalgorithmus zur Bekämpfung von Staatsverbrechen – ein wichtiges operatives Dokument – den ich während meiner Schulzeit in Potsdam entgegen den Geheimhaltungsbestimmungen abgezeichnet und mit nach Hause gebracht hatte.«[35]

Dieser »Hauptalgorithmus« – nichts weiter als ein Ablaufplan für Ermittlungen in bestimmten Krisensituationen, der natürlich, wie fast jedes Blatt Papier im MfS, der Geheimhaltung unterliegt – wird später als einer der gewichtigsten Verratsgegenstände Wolfgang M.s gewertet werden. Der Eckensteher-Oberleutnant vom Personenschutz hatte wahrlich nicht viel an Spionage zu bieten!

Das scheinen die Ermittler auch zu spüren, denn ihnen gefällt das ganze Geständnis nicht. Vor allem der späte Zeitpunkt der angeblichen Spionage-Aufnahme passt nicht. Also erzählt ihnen Wolfgang M. am 13. Mai eine neue Geschichte.

Nun »gibt er zu«, bereits im Mai 1968 in einem Café in der Klement-Gottwald-Allee (heute Berliner Allee) »in der Nähe des Blumenladens ›1. Mai‹«, einen Fremden getroffen zu haben. Man plauderte – Wolfgang M. stellte sich als Fräser aus dem »7. Oktober« in Berlin-Marzahn vor – entdeckte das beiderseitige Interesse am Briefmarkensammeln und verabredete sich wieder. So geht es einige Male, bis der Unbekannte, inzwischen hatte er sich als Kollege aus dem gleichen Betrieb geoutet, seinen neuen Freund ins »Berliner Eck« in der Prenzlauer Allee einlädt.

Dort legt er eines Tages eine »Berliner Zeitung« auf den Tisch. Wolfgang M.: »Als ich die Zeitung aufgeschlagen hatte, sah ich in dieser den fotokopierten Einsatzplan. [...] Dann ging das Gespräch weiter, wobei er mir zu verstehen gab, daß er diesen Plan aus meiner Tasche entwendet hatte und in geeignete Hände übergab. Er forderte mich dann auf, solche Dokumente zu besorgen, was ich jedoch erst kategorisch ablehnte, da ich ja wußte, um was es speziell ging, daß es sich um Spionage handelt. Er sagte mir daraufhin, daß mich der Geheimdienst in der Hand hat. Er gab mir dabei zu verstehen, für welche Firma er arbeitet, und zwar für den Bundesnachrichtendienst.«[36]

Nun stellt sich der geheimnisvolle Fremde in einem »norddeutschen Dialekt« auch als »Junge« vor, bespricht weitere Treffen und verspricht Honorar für Informationen über das Treiben der »führenden Genossen«, die Wolfgang M. von Ferne zu bewachen hat.

So gibt es angeblich einige Treffen, die Wolfgang M. mit verschiedenen Details ausschmückt, bis ihn im März 1971 seine Frau Renate mit »Junge« beim Verlassen der Kneipe sieht. Mißtrauisch fragt sie nach und glaubt nicht, dass es sich nur um einen bierdurstigen Genossen handele. Das sei ihr Todesurteil gewesen, ausgesprochen vom BND-Mann »Junge«, so die Aussage ihres Ehemanns und Mörders.

Wolfgang M. macht dazu konkrete Angaben: »Während des Treffs mit ›Junge‹ im April 1971 teilte er mir mit, daß er im Interesse meiner persönlichen Sicherheit eine mehr als harte Maßnahme vorschlagen muß. Er sprach dabei konkret davon, meine Frau umzubringen, ob ich damit einverstanden wäre oder nicht. Diese Maßnahme müßte durchgeführt werden. Er sagte, meine Frau muß verschwinden, damit sie keine Angaben über mich machen kann. Im Grunde genommen stand das Problem so, entweder ich kann durch meine Frau hochgehen oder meine Frau muß verschwinden. So hart stellte ›Junge‹ die Frage und ich war auch schließlich damit einverstanden, da meine Ehe so wie so nicht gut war. Auf diese Weise wäre meine Sicherheit in der Zusammenarbeit mit ›Junge‹ wieder gewährleistet gewesen und ich hätte mein [geschwärzt] Verhältnis mit der [geschwärzt] aus Wittenberge zum Zwecke einer späteren Ehe ausbauen können.«[37]

Dann gibt der geheimnisvolle BND-Mann noch Tipps zur Tat, die beiden hecken den Mord aus und schließlich folgt sogar ein konkreter Termin: »›Junge‹ wies mich eindringlich darauf hin, daß ich bis zu unserem nächsten Treff am 14.5.1971 die Sache erledigt haben muß, da ansonsten die Gefahr für mich und die Zusammenarbeit immer größer wird. Ich sagte ihm zu.«[38]

Damit sind die Ermittler zufrieden. Nach sieben Stunden mit einer Stunde Mittagspause wird das Verhör um 17 Uhr beendet. Eine Nachfrage zur ersten, völlig unterschiedlichen Aussage gibt es nicht.

Diese absolut widersprüchliche Darstellung deutet darauf hin, dass Wolfgang M. möglicherweise mit dem BND den berühmten »großen Unbekannten« erfunden hat, der angeblich für die abscheuliche Tat verantwortlich ist.

Aus den Akten und dem Verlauf des späteren Prozesses sind keinerlei Bemühungen der Stasi-Ermittler oder der Militärstaatsanwaltschaft um die Aufklärung des angeblichen Erstkontaktes zum BND ersichtlich. Sie nehmen das Geständnis des »Verrats« als Tatsache und Ausgangspunkt für sämtliche weitere Ermittlungen.

Dabei fällt die erste Angabe Wolfgang M.s, nach der seine Frau bereits für den BND gearbeitet habe und sie ihn in der ehelichen Wohnung mit dem geheimnisvollen West-Agenten »Junge« bekannt gemacht habe, völlig unter den Tisch. Statt dessen gehen die Ermittler davon aus, ihr abtrünniger Genosse habe den feindlichen Spion in einem Café in der Berliner Klement-Gottwald-Allee kennengelernt, so wie in der zweiten Version des Geständnisses beschrieben.

Die naheliegende Schlussfolgerung, dass Wolfgang M. in beiden Darstellungen gelogen haben könnte, um von seinem tatsächlichen Mordmotiv abzulenken, wird nicht gezogen. Niemand stellt die Frage, weshalb er seine Frau nach Entdeckung ihrer angeblichen BND-Kontakte nicht einfach bei den Genossen angezeigt habe, um sich ihrer zu entledigen.

Im Gegenteil. Die Verhöre konzentrieren sich jetzt fast ausschließlich auf die vermeintliche Spionage und Wolfgang M. scheint langsam den Überblick zu verlieren. Deshalb versucht er, im Verhör am 2. Juni 1971 die Notbremse zu ziehen und den Mord von seiner angeblichen Spionage für den BND zu trennen: »Meine nachrichtendienstliche Tätigkeit für den Bundesnachrichtendienst hat mit der Ermordung meiner Ehefrau nichts zu tun. Meine bisherigen Aussagen, daß ich dem Mitarbeiter ›Junge‹ von meinem Vorhaben Kenntnis gegeben habe und diese Tat mit seiner Billigung und in seinem Auftrag durchführte, entsprechen nicht der Wahrheit.«[39]

Nun stellt Wolfgang M. auch das Verhalten des großen Unbekannten völlig anders dar: »Der Mitarbeiter ›Junge‹ wußte durch meine ständigen Erzählungen, daß meine Ehe nicht gut geht, aber meine diesbezüglichen Andeutungen über die Trennung von meiner Frau in Form einer Ehescheidung lehnte er ab. Ich sollte vielmehr versuchen, im Interesse der Kinder und auch im Interesse meiner Einschätzung in der Arbeitsstelle zu Ehe zu erhalten.«[40]

Er führt diesen Gedanken noch etwas weiter aus und bewegt sich dabei in den ihm aus seiner Stasi-Tätigkeit vertrauten Denkstrukturen. So erklärt der Oberleutnant, der BND-Mann mache sich bei einer eventuellen Scheidung Sorgen, er könne nicht so schnell eine neue Frau finden, »die kaderpolitisch zu mir paßt.«[41]

Dann bietet Wolfgang M. den Ermittlern ein neues Mordmotiv an: »Die Tötungsabsicht hat sich dann bei mir im Zeitraum von März bis Anfang Mai 1971 in dem Maße verstärkt, wie sich meine Beziehungen zu der genannten [geschwärzt] enger gestalteten. In diesem Zeitraum wurde ich durch den Kontakt mit der [geschwärzt] ganz sicher, daß ich mit ihr künftig gut zusammenleben kann und sie auch das notwendige Verständnis, Liebe und Fürsorge für meine beiden Kinder aufbringt.«[42]

Anschließend berichtet er ausführlich über angeblich 47 Treffen mit dem BND-Agenten, beschreibt Verbindungswege, an ihn getätigte Geldzahlungen und die Nutzung »Toter Briefkästen«. All das entspricht inhaltlich dem, was sich Laien gemeinhin unter Spionagetätigkeit vorstellen und aus einschlägigen Filmen kennen. Auf Nachfragen reagiert Wolfgang M. mit Antworten, von denen er zu vermuten scheint, die Vernehmer würden sie genau so erwarten.

Den Ermittlern bleiben solcherart Ungereimtheiten nicht verborgen. Mehrfach darauf angesprochen, widerruft Wolfgang M. schließlich seine gesamte Aussage: »Ich sehe ein, daß ich wiederum aus diesen Widersprüchen nicht heraus komme. Ich widerrufe deshalb meine gesamten Aussagen über meine Verbindungen zu einem Geheimdienst. Es gibt in meiner Sache weder einen Geheimdienst noch einen diesbezüglichen Mitarbeiter namens ›Junge‹. Ich habe diese Geschichte mit dem Geheimdienst erfunden, weil ich von meiner eigentlichen Sache, dem Mord an meiner Frau, ablenken und Zeit gewinnen wollte.«[43]

Zwei Tage später, am 4. Juni 1971, widerruft Wolfgang M. seinen Widerruf und beschreibt erneut seine angebliche Zusammenarbeit mit dem BND und dessen Agenten »Junge«. Er nennt exakte Daten und behauptet, auch seine Frau sei für den westlichen Geheimdienst tätig gewesen. In einer sechsstündigen Vernehmung am 9. Juni 1971 beschreibt er deren angebliche Hilfsdienste als Kurier. Dabei habe sie den BND-Decknamen »Elfriede« getragen. Außerdem gibt er wiederum zahlreiche Einzelheiten zu

Protokoll, wie z. B. die 14-tägige Materialübergabe »jeweils Montag früh in der Straßenbahn ab Haltestelle Berlin-Weißensee, Buschallee«.[44]

Wolfgang M. vergisst offenbar seine ursprüngliche Version, unter Druck angeworben worden zu sein. Das fällt den Vernehmern ebenso auf, wie verschiedene unglaubwürdige Angaben zur Arbeitsweise des BND. Daraufhin streitet der Beschuldigte ein weiteres Mal alles ab: »Ich widerrufe erneut alles, was ich in den bisherigen Untersuchungen über die Zusammenarbeit mit dem Bundesnachrichtendienst ausgesagt habe. Ich hatte noch nie etwas mit dem Bundesnachrichtendienst oder einem anderen Geheimdienst zu tun, und ich kenne auch keinen Geheimdienstmitarbeiter ›Junge‹. [...] Weder ich, noch meine Ehefrau hatten mit einem Geheimdienst etwas zu tun. Meine bisherigen Aussagen sind deshalb von mir frei erfunden worden.«[45]

Im Laufe des Verhörs erkennt Wolfgang M. offenbar, dass er mit seinen Spionage-Geschichten nicht überzeugen kann: »Da ich jedoch über die genaue Arbeitsweise der Geheimdienste keine Sachkenntnisse besitze, kam es zu den Widersprüchen in meinen Aussagen. In der Hoffnung, diese Widersprüche zu beseitigen, habe ich dann immer wieder neue Sachverhalte im Verbindungssystem erfunden und mich immer mehr in diese Geschichte verstrickt, weil ich von diesen Dingen keine Ahnung habe.«[46]

Dann begründet der überführte Mörder seine angeblichen Falschaussagen mit einem Hinweis, der auf seine Erfahrungen auf das Verhältnis von Kriminalität und Macht innerhalb der Stasi hindeutet: »Ich war der Meinung, daß ich dann wegen Spionage [...] angeklagt und verurteilt werde und der Mord an meiner Ehefrau [...] nicht angezogen wird.«[47] So hofft Wolfgang M. auf eine eher »interne« Regelung seines Problems. Als die Vernehmer diese Möglichkeit ausschließen, beharrt er auf seiner Aussage, niemals für einen anderen Geheimdienst gearbeitet zu haben und gibt dazu am 19. Juli 1971 auch eine das unterstreichende, zweiseitige, handschriftliche Erklärung ab.

Niemand glaubt ihm. Obwohl erfahrenen Kriminologen bekannt ist, dass unter dem Druck eines Verhörs falsche Geständnisse durchaus vorkommen, wird in dieser Richtung offenbar nicht ermittelt.

In den Akten – einschließlich jenen der psychologischen Beurteilung des Beschuldigten – finden sich keinerlei Hinweise auf Versuche, die merkwürdige Häufung der Geständnisse und deren Widerrufe zu klären.

Ein Erklärungsmuster für solch ein Verhalten, das bei Beschuldigten immer wieder auftritt, hat der Kieler Psychologe Prof. Hermann Wegener entwickelt. Danach gibt der Verhörte im Laufe des Verhörs irgendwann seine Strategie zur Stressbewältigung auf. Nach anfänglichen Bemühungen, die Situation durchzustehen, resigniert er und regrediert auf einfache Verhaltensweisen. In dieser Phase kann er sich erholen, neue Leistungsreserven mobilisieren und daraufhin versuchen, die Situation erneut unter Kontrolle zu bringen. So kommt es zum Wechsel von Geständnis und Widerruf.[48]

Diese Verhaltensweise könnte auch Wolfgang M. praktiziert haben. Seine begrenzten intellektuellen Fähigkeiten – er verfügt über den Abschluss der achten Klasse sowie über im zweiten Bildungsweg nachgeholte Teilabschlüsse der zehnten Klasse – spiegeln sich in den Protokollen seiner Verhöre in einem offenbar mangelndem Überblick über deren gesamtes inhaltliches Spektrum wieder. Er unterliegt einer eklatanten Fehleinschätzung der Schwere seiner Mordtat und scheint sich auch nicht über die möglichen Folgen seiner Selbstbezichtigungen in Sachen Spionage im Klaren zu sein.

So landet Wolfgang M. schließlich etwa ein Jahr nach der Tat unter der Anklage der vollendeten Spionage und des Mordes vor dem Militärstrafsenat am Obersten Gericht der DDR.

Der Prozess

Die Hauptverhandlung gegen den ausgestoßenen Stasi-Oberleutnant ist auf den 17. und 18. Mai 1972 angesetzt, am 19. Mai wird dann die Urteilsverkündung erfolgen. Das hochkarätig besetzte Gericht – als Vorsitzender fungiert der Vizepräsident des Obersten Gerichtes der DDR, Oberst Dr. Günther Sarge, Ankläger ist der Stellvertreter des Generalstaatsanwaltes der DDR, Generalmajor Alfred Leibner – schließt zuerst »aus Gründen der Sicherheit des Staates« die Öffentlichkeit aus. Nur »den Vertretern der Sicherheitsorgane wird [...] die ständige Anwesenheit gestattet«. Aber: »Gemäß § 212 Abs. 2 StPO wird allen anwesenden Personen die Pflicht auferlegt, über die zur Sprache kommenden Tatsachen und Umstände strengste Geheimhaltung zu wahren.«[49]

Mit Wolfgang M. steht ein junger Mann von Anfang 30 vor Gericht, der wohl erst mit seinem Eintritt ins Stasi-Wachregiment am 1. September 1957 zum ersten Mal so etwas wie eine Familie kennenlernte.

Geboren wird er am 16. September 1939 in Freital bei Dresden. Einen Vater gibt es nicht. Seine Mutter wohnt mit dem kleinen Wolfgang bei ihren Eltern. Seine Großeltern sind es auch, die ihn erziehen. Die Mutter ist Schichtarbeiterin und hat wenig Zeit und wohl auch Liebe für ihren Sprössling übrig.

Wolfgang M. ist oft allein. Das Haus der Großeltern steht am Ende des Ortes, kaum ein Spielkamerad verirrt sich mal dorthin. Vor Gericht erinnert sich der Angeklagte: »Deshalb kam ich mit keinen Kindern zusammen. Dadurch entwickelten sich bei mir gewisse egoistische Züge. In der späteren Zeit bei meinen Eltern kam ich außerhalb der Schulzeit auch mit keinen Kindern zusammen.«[50]

Ab 1947 besucht Wolfgang M. die Grundschule in Zwickau, eingeschult worden ist er bereits in Freital-Häslich. Er ist ein sehr mittelmäßiger Schüler. Die 8. Klasse schließt er 1954 mit der Note »3« ab.

Damit ist sein neuer Vater nicht zufrieden. Ein Jahr zuvor, 1953, hat er den Jungen adoptiert. Wolfgang M. erinnert sich: »Die Erziehung durch meinen Adoptivvater war hart. [...]« Und: »Während der Schulzeit hatte ich zu meinem Stiefvater nicht das beste Verhältnis.«[51]

Der Militär-Oberstaatsanwalt fragt nach, was unter »harter Erziehung« zu verstehen sei. Die Antwort ist geschwärzt. Dennoch belegen die Akten, dass Wolfgang M. 1953 zweimal aus seinem Elternhaus davongelaufen ist. Was treibt einen Vierzehnjährigen dazu? Wenig Liebe, Gefühlskälte, sehr wahrscheinlich auch gewalttätige Übergriffe sind vorstellbar.

Das Verhältnis zum Vater bessert sich erst, als der Schulabgänger im VEB »Sachsenring« in Zwickau eine Lehre als Universalfräser aufnimmt. Wolfgang M. ist geschickt, legt den Facharbeiterbrief mit der Note »Gut« ab.

In »mehreren Aussprachen« überzeugt ihn sein Stiefvater nun, Berufssoldat im Wachregiment des MfS zu werden. Das ist kein Wunder, denn auch er dient seit dem 1. September 1952 der Stasi. Am 1. September 1957 tritt Wolfgang M. in Berlin an. Ein dreiviertel Jahr später übernimmt die Stasi-Hauptverwaltung Personenschutz den Soldaten als »Sicherungsposten«.

In seine sächsische Heimat zieht Wolfgang M. nun nichts mehr. Bei einem Patenschaftstreffen seiner Einheit mit einer Brigade des VEB »Treffmodelle« Berlin lernt er 1960 seine künftige Frau Renate kennen.

Die große Liebe ist es wohl nicht. Wolfgang M. berichtet vor Gericht: »Bereits bei der Eheschließung wusste ich, das verschiedene Charaktere aufeinandertreffen. [...] Aber trotzdem lief unsere Ehe in den ersten Jahren in geregelten Bahnen. Dann gab es zunehmend Auseinandersetzungen zwischen uns.«[52] Einsam geht er sein Feierabendbier trinken, lässt sich regelmäßig seine »Fahne« danach vorhalten und findet sich mit der Kontrolle seiner Taschen durch seine Frau ebenso ab, wie mit dem knapp bemessenen Taschengeld.

Die Genossen werden sich schon etwas dabei gedacht haben, als sie den jungen Soldaten mit der heiratswilligen Näherin verkuppelten: Die Kaderakte stimmte perfekt. Die Schwiegermutter wird ab 25. August 1964 als Stasi-IM verpflichtet, Schwager eins ist seit 1. September 1959 dabei und Schwager zwei kommt am 1. April 1964 hinzu.

Wolfgang M. ist mit seiner »sozialistischen Eheschließung« im »Treffmodelle«-Kultursaal in die große Stasi-Familie eingebunden. Er wird erst Unteroffizier und Hilfssachbearbeiter und schafft es bis zur Beförderung am 8. Februar 1971 bis zum Oberleutnant und Sachbearbeiter.

Drei Monate später ist alles vorbei: »Oberleutnant M. [ist] nach § 34 h der Dienstlaufbahnordnung aus disziplinarischen Gründen unter Aberkennung seines Dienstgrades und der erhaltenen Auszeichnungen mit Wirkung vom 7.5. 71 aus dem MfS zu entlassen.«[53] Als Grund wird der dringende Mord-Verdacht angegeben. Im Prozess scheint er jedoch nur eine geringere, dem Spionage-Vorwurf nachgeordnete Rolle zu spielen.

Unbeeindruckt von den eklatanten Widersprüchen in den Verhören konzentriert sich das Gericht vor allem auf den Vorwurf der Spionage für den BND. Bereitwillig gibt Wolfgang M. Auskunft. Auf Nachfragen beschreibt er erneut Einzelheiten seiner angeblichen Kontakte mit dem BND-Agenten »Junge« und bestätigt den Erhalt von Geld für seine Spionage – insgesamt sollen es 4 600 DDR-Mark gewesen sein. Das akzeptiert nicht einmal der Vorsitzende Richter, Oberst Günther Sarge, als ausreichendes Motiv.

Daraufhin führt Wolfgang M. erneut seine Überrumplung durch den großen Unbekannte ins Feld. Hilflos beteuert er: »Ich hatte die Vorstellung, eben einmal wieder wegzukommen. Ich wollte bestimmte Sachen liefern und hoffte meine Abhängigkeit von ›Junge‹ eines Tages durch irgendeinen Umstand wieder lösen zu können. Ich wollte mich vom BND wieder lösen, um weiter ein treuer Mitarbeiter der Staatssicherheit zu sein.«[54]

Solcherart Einlassungen hinterlassen den Eindruck, Wolfgang M. bewege sich in einer erfundenen Geschichte, die er in ihrer gesamten Dimension weder erfasst noch beherrscht. Im Gegensatz zu seinen Aussagen bei den Verhören nennt er den BND nur sehr vage als angeblichen Auftraggeber für den Mord an seiner Frau.

Statt dessen macht er aber eine klare Aussage zu seinen Motiven für die Bluttat: »Der 1. Grund waren die zerrütteten Eheverhältnisse in den letzten beiden Jahren. Der zweite Grund war das Verhältnis, welches ich mit [geschwärzt] eingegangen war und welches sich festigte. Sie wollte zu mir kommen und wollte die Kinder nehmen. Ich war fest entschlossen, sie zu heiraten und konnte es deshalb nicht mehr hinauszögern. Der dritte Grund war, daß meine Ehefrau zur Dienststelle gehen wollte und über das Verhältnis zwischen mir und [geschwärzt] sprechen wollte. Wahrscheinlich hätte sie dabei auch angegeben, daß sie mich mit einer unbekannten männlichen Person hat aus der Gaststätte kommen sehen.«[55]

Auf Befragen des Vorsitzenden, ob »es zwischen den Spionagehandlungen und der Tötung seiner Ehefrau einen Zusammenhang gibt«, erklärt Wolfgang M.: »Nein, da gibt es keinen Zusammenhang.«[56] Dann fasst der Staatsanwalt nach und nun heißt es plötzlich vom Angeklagten: »Ja, es gibt eine enge Verbindung zwischen beiden Komplexen. Der Zusammenhang ist dagewesen. Die Spionage spielte dabei eine Rolle.«[57]

Das Protokoll der Hauptverhandlung lässt keine Versuche erkennen, diese Widersprüche definitiv zu klären. Es entsteht der Eindruck, Wolfgang M. möchte sich bei seinen Genossen keinesfalls unbeliebt machen und sagt immer gerade das, was von ihm erwartet wird. Die von ihm im Prozess beschriebene Spionage – die angebliche Übergabe von Einsatzplänen der Personenschützer, die Charakterisierung seiner Genossen und der Hinweis auf Namen von »ca. 70 freiwilligen Kräften« – scheint er selbst nicht gewichtig genug zu halten. Geradezu eilfertig verweist Wolfgang M. vielleicht deshalb noch einmal auf den bereits erwähnten »Algorithmus« und erwähnt fast schon stolz, dass dieses Schulungsmaterial GVS, »Geheime Verschlußsache«, gewesen sei.

In seiner Befragung wird immer wieder deutlich, dass er – wenn er es denn getan haben sollte – kaum wichtige Informationen ausspionieren konnte: Eine Straßenskizze zur Streckenführung bei der Liebknecht-Luxemburg-Demonstration im Januar 1971 war angeblich dabei und ebenfalls eine vom Marx-Engels-Platz, auf dem die Feier zum ersten Mai stattfand – Materialien, die sich zur Vorbereitung der Veranstaltungen auch in der DDR-Presse finden lassen. Selbst, wenn es mal interessanter klang, folgte auf Nachfrage wieder nur Lapidares. Beispiel: »Außerdem machte ich Angaben über die Pläne zur Sicherung des VIII. Parteitages in der Werner-Seelenbinder-Halle und auf dem Vorgelände.« Dazu will der Vorsitzende Richter Näheres wissen und er erfährt: »Ich berichtete über den Alarmplan der Diensteinheit generell. [...] Hierbei ging es darum, wie die Mitarbeiter benachrichtigt werden, ob telefonisch oder durch andere Möglichkeiten und wie ein Alarm abläuft.«[58] Das ist nicht eben viel.

Erstaunt muss Wolfgang M. erst am Ende seines Prozesses erkannt haben, wie seine vermeintliche Spionage bewertet wird. Schneidend hält ihm der Vorsitzende vor: »Das dürfte wohl etwas geschmeichelt ausgedrückt sein, wenn Sie sagen, Sie haben etwas zu vertrauensselig gehandelt. Sie haben immerhin alles ausgeliefert, haben die Repräsentanten unseres Staates gefährdet und die eigene Ehefrau umgebracht.«[59]

Nun läuft alles darauf hinaus, aus der sehr wahrscheinlich persönlich motivierten Mordtat ein politisches Verbrechen zu machen. Als »gesellschaftlicher Ankläger« gibt Oberst Walter Otto die Richtung vor: »Wer derart bewußt, wie der Angeklagte M., sich in den Dienst des Feindes stellt, Spionageinformationen mit derart gewichtigem Inhalt vermittelt, dem Feind Personen charakterisiert, mit denen er täglich zusammenlebte und deren wertvolle Persönlichkeitsausstattungen er kannte, der ist auch feindlich gegen unseren sozialistischen Staat eingestellt. Der Angeklagte ordnet sich mit seinen feindlichen Handlungen und seinen antisozialen Einstellungen selbst deutlich ein.«[60]

Der Militär-Oberstaatsanwalt, Generalmajor Alfred Leibner, macht in seinem Plädoyer dann den gewünschten politischen Charakter des Verbrechens perfekt. Nur weil »der Angeklagte es verstand, lange Zeit seine Umgebung zu täuschen«, war es ihm überhaupt gelungen, ins MfS – »dem Staatsorgan, dem jeder ehrliche und klassenbewußte Bürger der Deutschen Demokratischen Republik Hochachtung und volles Vertrauen entgegenbringt« – einzudringen.[61]

In bestem Partei-Chinesisch zieht er den großen Bogen vom »unerbittlichen Klassenkampf« gegen die »Feinde des Friedens und des Sozialismus«, vergisst die »historischen Beschlüsse« irgendeiner gerade in Moskau stattgefundenen Konferenz ebenso wenig, wie die »hervorragenden Leistungen« zum 20. Jahrestag der DDR, die »Führung der SED« für die Werktätigen der DDR und »ihnen voran die Mitarbeiter der Sicherheitsorgane mit besonderer Leidenschaft und Hingabe«. Und in solch einer heroischen Zeit wurde Wolfgang M. zum »Verräter an der Arbeiterklasse«. Erst das ließ ihn in den Augen des Anklägers zum Mörder werden: »Uns wurde in der Hauptverhandlung das Bild eines Verräters sichtbar, der auf die Seite des Feindes überlaufend, schließlich die letzten humanistischen und moralischen Werte abstreifte und sich am Leben seines Ehepartners, der Mutter seiner Kinder vergriff und kaltblütig zum Mörder wurde.«[62]

Die Beweise, die für die Spionage vorgelegt werden, bleiben dünn: Das mehrfach in den Ermittlungen widerrufene Geständnis des Angeklagten, eine Zeugenaussage, die nichts weiter belegt, als dass er mal mit einem fremden Mann in einer Kneipe gesehen wurde, ein paar Fotos der Lokalitäten und die konspirative Überprüfung des Vorhandenseins einer Postfachnummer in Hamburg, von der Wolfgang M. sagt, er habe sie sich ausgedacht.

Dennoch folgt ein Urteil, das lange vor dem Prozess feststeht.

Das Urteil

Was mag im Kopf eines Menschen vorgehen, der plötzlich über Leben oder Tod entscheiden soll, ohne viel von Recht und Gerechtigkeit zu verstehen?

Er wird sich an dem orientieren, was er vor dem Horizont seiner Erfahrung für gut oder böse hält, den Empfehlungen seiner Berater folgen oder vielleicht auch insgeheim die unumschränkte Macht genießen. Nur eines vermag er auch beim besten Willen nicht: ein gerechtes Urteil zu fällen.

Dieses Dilemma könnte Erich Honecker am 10. Februar 1972 gespürt haben. Als »Erster Sekretär des Zentralkomitees der SED« bekommt er einen Brief vom Generalstaatsanwalt der DDR, Josef Streit. Der informiert in 38 Zeilen über den Fall M. und schreibt dann: »Ich beabsichtige, die Todesstrafe beantragen zu lassen. Ich bitte um Zustimmung.«[63] In DDR-üblicher Weise soll das Urteil also bereits rund sechs Wochen vor Prozessbeginn gefällt werden.

Erich Honecker macht am linken Rand daneben einen dicken Strich und schreibt schräg-schwungvoll »Nein«. Unter seiner »EH«-Paraphe auf der Seite 1 des Briefes notiert er fürsorglich: »Siehe Seite 2«, damit sein Gottesurteil auch ja nicht versehentlich ungelesen bleibt.[65]

Knapp einen Monat später, am 7. März 1972 unterbreitet die Stasi-Hauptabteilung IX Minister Erich Mielke einen »Prozeßvorschlag«. Darin wird nicht nur versichert: »Die Hauptverhandlung wird unter Wahrung strengster Konspiration und Absicherung durchgeführt«, sondern auch berichtet: »Entsprechend einer Auskunft des Militäroberstaatsanwaltes der Deutschen Demokratischen Republik ist beabsichtigt, gegen M. eine lebenslängliche Freiheitsstrafe zu beantragen.«[65] Daraus sollen die Genossen dann auch noch etwas lernen: »Im Interesse der differenzierten Auswertung des Strafverfahrens und insbesondere zur Qualifizierung der politisch-operativen sowie erzieherischen Arbeit in den Diensteinheiten des MfS wird in Übereinstimmung mit dem Leiter der HA Kader und Schulung, Gen. Generalmajor Mühlpforte, vorgeschlagen, daß folgende ausgewählte Mitarbeiter aus Diensteinheiten des MfS an der Hauptverhandlung teilnehmen [...].«[66] Es folgen neun Namen, ab Dienstgrad Major aufwärts.

Wolfgang M. kann ihnen und dem Gericht in seinem »letzten Wort« am 18. Mai 1972 zwar noch versprechen: »Wenn ich die

Möglichkeit erhalten sollte, werde ich für mein weiteres Leben die richtigen Schlußfolgerungen ziehen«[67], doch genau diese »Möglichkeit« erhält er nicht. Am 19. Mai 1972 verkündet das Gericht das Todesurteil gegen ihn. Es wird auch sofort rechtskräftig.

In einem ohne Datum überlieferten, aber nach diesem Tag ausgefertigtem Brief des Generalstaatsanwaltes an den Vorsitzenden des Staatsrates der DDR, Walter Ulbricht, mit dem dieser das Gnadengesuch übersandt bekommt, ist von der Entscheidung Erich Honeckers keine Rede mehr.

Statt dessen schreibt Josef Streit: »Auch unter Berücksichtigung des Gnadengesuches bin ich der Auffassung, daß der ungeheuren Schwere der Schuld, die der Verurteilte durch die begangenen Verbrechen höchster Gesellschaftsgefährlichkeit und politisch-moralischer Verwerflichkeit auf sich geladen hat, allein die ausgesprochene Todesstrafe entspricht und das Gnadengesuch abgewiesen werden sollte.«[68]

So geschieht es. Wolfgang M. stirbt durch die Kugel des Henkers. Wie erklärt sich dieser kleine, interne Aufstand gegen Honecker?

Insider meinen, ohne handfeste Beweise der Stasi für eine BND-Tätigkeit des Delinquenten wäre er nicht möglich gewesen.

Im Prozess werden diese Beweise nicht vorgelegt. Da sie, wenn vorhanden, nur illegal durch Spionage beschafft worden sein können, wären sie dort auch nicht verwertbar gewesen. Dennoch zieht sich durch das gesamte Verfahren mit seltsam anmutender Selbstverständlichkeit die vermeintliche Agententätigkeit Wolfgang M.s als feststehende Tatsache.

Weder seine vielen Widerrufe der entsprechenden Geständnisse finden eine Bewertung, noch werden naheliegende Fragen gestellt. Warum hat die Stasi trotz intensivster Bemühungen den geheimnisvollen BND-Mann »Junge« nicht erwischt. Warum brechen mit der Verhaftung des Stasi-Oberleutnants nur Stunden nach dem Mord die Kontakte zum westdeutschen Geheimdienst plötzlich ab? Warum trägt Wolfgang M. mit »Pit« angeblich einen Decknamen, der seinem Spitznamen in der Stasi-Dienststelle entspricht? Weshalb sollte der BND solch ein dilettantisches

Verbindungswesen mit festen Trefforten mitten im Wohnbezirk der Stasi-Kollegen und Blümchen-Postkarten praktizieren?

Sämtliche denkbaren Antworten auf diese Frage würden den Glauben an eine BND-Beteiligung erschüttern.

Dieser Glaube geriete ebenfalls ins Wanken, nähme man den von Wolfgang M. erwähnten angeblichen Mordauftrag des BND-Phantoms »Junge« für bare Münze. Sollte sich ein Geheimdienst bei solch einem Vorhaben tatsächlich auf eine einzige, schwarz beiseite geschaffte Patrone des zum Mörder Auserkorenen verlassen haben? Oder hätte er bei Bekanntsein der inneren Krisen in der Ehe die sich in absehbarer Zeit bekämpfenden Partner überhaupt angeworben?

Vor Gericht spielt die Selbstbelastung Wolfgang M.s mit dem Spionage-Delikt letztlich nur insoweit eine Rolle, wie sie sich in ihrer Absurdität nicht wieder selbst widersprach.

So entsteht insgesamt der Eindruck einer sehr einseitigen, ausschließlich schuldorientierten Ermittlung des MfS. Dies ist bei politischen Prozessen keine Ausnahme.

Doch der Fall M. liegt anders. Völlig unstrittig ist der von ihm mit besonderer Grausamkeit verübte Mord. Bei der Spionage kann der Oberleutnant aber wohl kaum ein todeswürdiges Verbrechen begangen haben. Dazu ist er in seiner Funktion viel zu unwichtig. Das belegen auch die von ihm angeblich verratenen Dokumente: Einer höher klassifizierten Geheimhaltung unterliegt lediglich die »Gebrauchsanleitung« zur Aufklärung von Staatsverbrechen – ein Schulungsmaterial.

Hätte die Stasi trotz aller gegenteiligen Indizien also etwas von der Spionage ihres Oberleutnants wissen können?

Theoretisch gibt es diese Möglichkeit, denn das MfS verfügt damals über eine Innenquelle im BND.

Generaloberst Werner Großmann, der letzte HVA-Chef, bestätigt: »Mit ›Peter‹, Klarname Alfred S., und ›Florian‹, Klarname Ludwig S., sind wir seit 1971 in Kontakt.«[69] Er wird über die DKP eingefädelt.

Alfred S. verpflichtet sich 1958 im Alter von 18 Jahren auf 12 Jahre als Soldat der Bundeswehr. Er dient zunächst bei der

Fernspähkompanie 300 als Feldwebel und wird dann Offizier. Bei einem Dienstunfall verliert er sein linkes Auge. 1968 wechselt Alfred S., inzwischen bis zum Hauptmann avanciert, zum BND. Dort trägt er den Decknamen »Pergau« und entwickelt sich zum Fachmann für elektronische und Fernmeldeaufklärung.

Es ist die Zeit, in der viele junge Menschen im Westen nach neuen politischen Orientierungen suchen. Das geschieht in den akademischen Diskussionsrunden der Studenten und bei den Demonstrationen auf der Straße. Von beiden ist der 28-jährige Geheimdienst-Hauptmann wohl ausgeschlossen.

Alfred S. ist ein Grübler und Einzelgänger und nimmt Verbindung zur DKP-Bezirksleitung München auf. In einem gemütlichen Café der bayerischen Landeshauptstadt gibt es erste Gespräche. Die Kommunisten West überzeugen sich davon, dass der junge Mann ehrlich daran glaubt, nur ein Gleichgewicht des Schreckens zwischen den beiden Militärblöcken könne den Frieden dauerhaft sichern.

Sie haben eine Idee, was Alfred S. tun könnte, um ein westliches Übergewicht dieser Balance zu verhindern, und empfehlen ihm: Er brauche darüber nur regelmäßig den Osten zu informieren. Ein entsprechender Kontakt könne vermittelt werden.

So wird der BND-Hauptmann zum DDR-Spion »Peter«. Sein Bruder Ludwig leistet die notwendigen Kurierdienste.

Sehr schnell ist Alfred S. so tief in den deutsch-deutschen Geheimdienstkrieg verstrickt, dass er nicht nur Informationen zur Erhaltung des Kräftegleichgewichtes, sondern auch Personenhinweise auf West-Agenten im Osten liefert. Das ermöglicht ihm zunächst der Umgang mit aus dem Osten eintreffenden Spionage-Informationen, bevor bei diesen die Quellen entsprechend anonymisiert sind. Später, etwa ab Oktober 1980, hat er als Referent im Sachgebiet 12 AB, zuständig für die militärische Auftragssteuerung und die Meldungsbearbeitung aus der DDR, sogar Zugriff auf den BND-Quellencomputer. Dort finden sich zwar keine Klarnamen, aber immerhin Quellenbeschreibungen, die für das MfS Ermittlungsansätze bilden.

Ein Hinweis auf eine BND-Quelle im Stasi-Personenschutz – und damit auf Wolfgang M., natürlich ohne dessen Klarnamen zu nennen – ist zwar nicht zu beweisen, aber vor dem Hintergrund dieser Tätigkeit zumindest auch nicht völlig auszuschließen.

Durch Verrat eines MfS-Überläufers wird Alfred S. am 29. November 1989 verhaftet. Vor seiner Verurteilung zu zehn Jahren Haft, von denen er insgesamt rund fünf bis zum 16. Dezember 1994 verbüßt, wird im Prozess vor dem Bayrischen Oberlandesgericht unter dem Aktenzeichen 3 St1/91 a-d festgestellt, dass »Peter« zur Enttarnung von »etwa 100« BND-Helfershelfern im Osten beigetragen habe. Westdeutsche Geheimdienst-Insider halten die Schätzung für zu gering und meinen, »dass es sehr, sehr viele waren und der Schaden beim BND unendlich groß war«.[70] Sie vermuten einen »Deal« zwischen BND und Gericht: Für die hundert zugegebenen Fälle wird nach weiteren rund 200 nicht gefragt, weil sonst der BND hätte zugeben müssen, dass ein Großteil seiner Agenten in der DDR längst von der Stasi »umgedreht« worden sei.

Dass Wolfgang M. unter den von S. alias »Peter« alias »Pergau« an die Stasi gemeldeten West-Agenten im Osten gewesen sein könnte, wenn er denn überhaupt jemals für den BND tätig war, bleibt somit eine vage Vermutung. Sie stützt sich jedoch auf nachgewiesene Zeitabläufe und Tätigkeiten. Folgt man ihr, lässt sich ein weiterer Punkt entdecken, der im Zusammenhang mit dem Fall M. stehen könnte.

Alfred S. sagt nämlich zu seiner Spionage für die HVA: »Später fordere ich noch, dass von mir enttarnten Quellen kein physischer oder psychischer Schaden zugefügt werden dürfe – dieser Bitte wurde entsprochen.«[71]

Vielleicht liegt hierin ein Teil der Erklärung für die strikte Geheimhaltung bei der Aburteilung Wolfgang M.s.

Sollte es den Zusammenhang S. – M. überhaupt geben, dürfte sich das MfS in jedem Fall im Recht fühlen, denn das drakonische Urteil erfolgt ja nicht nur für die fragwürdige Spionage, sondern auch für den zweifelsfrei nachgewiesenen, grausamen Mord, den der Stasi-Oberleutnant an seiner Frau begangen hat.

Beide Taten zusammengenommen scheinen aus der Sicht des MfS schwergewichtig genug zu sein, um sogar die eindeutige Weisung Erich Honeckers zu ignorieren.

Dieser Vorgang ist im DDR-Machtgefüge ungewöhnlich, aber kaum ein Zeichen für eine eingeschränkte Handlungsfähigkeit des »Ersten Sekretärs« des ZK der SED. Vielmehr geht es generell um die Dominanz von Macht, in die sich auch der erste Mann in der Partei einzuordnen hat.

Dass er dabei in der Ausnahmesituation des Falls M. den Kürzeren zieht, dürfte unter anderem auch vom Kontext der Innen- und außenpolitischen Entwicklung der DDR Anfang der 70er Jahre beeinflusst sein.

Hintergründe

Anfang der 70er Jahr scheint die langersehnte internationale Anerkennung der DDR endlich in greifbare Nähe gerückt zu sein. Voraussetzung war die Normalisierung der Beziehungen zum großen Bruder im Westen. Sie darf trotz allem Klassenkampf und Kaltem-Krieg-Getöse nicht gefährdet werden. Gerade gegenseitige Geheimdienstaktivitäten sind aber solch eine Gefährdung.

Ob sich der Fall Wolfgang M. in diesen Kontext einordnet und er jemals ein Spion war, ist ohne die Akten des BND nicht endgültig zu klären.

Dort heißt es offiziell, der Geheimdienst sei an der ganzen Sache in keiner Weise beteiligt gewesen und ein Mann namens Wolfgang M. aus der früheren DDR völlig unbekannt.

Eine solche Aussage entspricht dem üblichen Verhalten von Nachrichtendiensten. Sie kann geglaubt oder bezweifelt werden, aber nichts beweisen.

Das muss auch die Staatsanwaltschaft Berlin erkennen, die seit der Einheit den Verdacht hegt, die DDR-Version der Spionage-Taten Wolfgang M.s könnte eine Lüge sein. Die unter dem

Aktenzeichen 1 Kap Js 1271/98 geführten Ermittlungen gegen unbekannte Mitarbeiter des BND wegen Anstiftung zum Mord bringen ebenso wenig Aufschlüsse, wie die Aussagen der Beteiligten aus der DDR. So beharrt der frühere Militäroberstaatsanwalt Oberst Heinz Kadgien bis zu seinem Tod darauf: »Ich kenne nur einen Auftragsmord, und da kam der Befehl vom BND.«[72] Beweisen kann er das nicht.

Dabei helfen aber auch die inzwischen zugänglichen Akten Ost nicht weiter. Sie erwecken eher den Eindruck, dass das MfS ganz gezielt Gründe gesucht hat, um seinen ehemaligen Mitarbeiter definitiv aus dem Verkehr ziehen zu können. Erklärungsansätze dafür, weshalb die Stasi dabei so konsequent den Vorwurf der vollendeten Spionage pflegt, können sich eigentlich nur aus dem zeitlichen Umfeld der Tat und ihrer Ahndung ergeben.

Anfang der siebziger Jahre fühlt sich die DDR in einer stabilen Phase ihrer Entwicklung. Die internationale Anerkennung bringt aber nicht nur Prestige, sondern auch bisher ungekannte Probleme. Das kleine eingemauerte Land muss wenigstens ein paar Türen aufmachen. Das nutzen die Besucher aus dem Westen. Trotz Abgrenzungspolitik verdreifacht sich ihre Zahl bis 1975. Im Gegenzug erfährt das MfS eine enorme personelle Aufstockung. Die SED fühlt sich durch den Lauf der Entwicklung massiv von außen bedroht.

Das spiegelt sich nicht nur in den Führungspapieren der Partei, sondern auch in den Stasi-Grundsatzdokumenten jener Jahre wieder. Dafür soll die »Richtlinie Nr. 1/71 über die operative Personenkontrolle« vom Januar 1971 nur als Beispiel stehen: »Die Gestaltung des entwickelten gesellschaftlichen Systems des Sozialismus in der Deutschen Demokratischen Republik erfolgt unter den Bedingungen der ständigen Auseinandersetzung mit den imperialistischen Kräften. Sie lassen nichts unversucht, die erfolgreiche Gestaltung des Sozialismus in der Deutschen Demokratischen Republik und in allen sozialistischen Ländern zu stören. Dazu nutzen sie alle Potenzen und Möglichkeiten einer breit angelegten Subversionstätigkeit, bei der die politisch-ideologische Diversion und die Spionage eine besonders wichtige Rolle spielen.«[73]

Vor dem Hintergrund dieser vermuteten Bedrohung gehört die Forderung der SED-Machthaber nach einer möglichst flächendeckenden »Spionageabwehr« faktisch zu den Aufgaben jedes DDR-Bürgers. Die Stasi sieht sich dabei als ausführendes und koordinierendes Organ: »Die sozialistische Gesellschaft gewährleistet durch die immer umfassendere Ausgestaltung ihrer Sicherheitsfunktionen die wirkungsvolle Abwehr jeglicher gegnerischer Aktivitäten. Bei der Vervollständigung des gesamtgesellschaftlichen Sicherheitssystems, das sich organisch in die Gestaltung des entwickelten gesellschaftlichen Systems des Sozialismus einfügt, hat die ständige Weiterentwicklung und Vervollkommnung der politisch-operativen Prozesse des Ministeriums für Staatssicherheit eine wichtige Funktion inne.«[74]

Diese schwer verdauliche Stasi-Prosa enthält im Grunde eine simple Botschaft: Jeder hat jeden im Auge zu behalten und wer nicht für uns ist, ist gegen uns. Natürlich gerät nicht jeder Bürger in die Zwangslage, dieses »für uns« auch beweisen zu müssen. Geschieht dies jedoch – und der Grund dafür kann oftmals sehr banal sein – kann bereits jede auch nur kleine Zurückhaltung dabei sehr schnell die Existenz bedrohende Ausmaße erlangen. So funktioniert Machtausübung in einer Diktatur.

Als Wolfgang M. versucht, seine Bluttat mit dem angeblichen Einfluss »des Feindes« zu bemänteln, ist ihm offenbar nicht klar, das in den Augen seiner Genossen allein der Kontakt dorthin ein mindestens ebenso schweres Verbrechen wie Mord darstellt. Erstaunt hört er im Schlusswort des »gesellschaftlichen Anklägers«, Oberst Walter Otto, dass seine eher banalen Spionagetaten – so sie denn überhaupt stattgefunden haben – weit »brutaler« als der heimtückische Mord eingeordnet werden: »Am Tatort wird völlig gefühllos gehandelt, nur von dem Bestreben erfüllt, eines ihm im Wege stehenden Menschen mit großer Sorgfältigkeit, mit Sicherheit und unerkannt herbeizuführen. Wir finden aber auch geistig vorweggenommene Brutalität noch größeren Stils. Er wusste, dass er Spionage für einen brutal handelnden Auftraggeber betreibt, und der Angeklagte muß auch hier bestätigen, dass seine dem Gegner ausgelieferten Angaben der Vorbereitung brutaler Angriffe auf Persönlichkeiten unseres Staates dienen können.«[75]

Wohlgemerkt: Wolfgang M. ist nicht der Chef, sondern einer von Tausenden subalternen Eckenstehern im Personenschutz der »Persönlichkeiten«. Denen ist auch nichts passiert. Dennoch wird ein potentielles Risiko konstruiert, das in der Bewertung über einem vollendeten Mord steht. Ein Mann vom geistigen Habitus des angeklagten Oberleutnants dürfte kaum in der Lage gewesen sein, eine solche demagogische Volte nachzuvollziehen.

Nicht unbekannt ist Wolfgang M. hingegen die misstrauische Grundstimmung innerhalb des »Organs«. Im September 1970 macht er sie sich einmal zunutze: Ein Genossen kritisiert ihn. Daraufhin stiehlt er während des Spätdienstes dessen Panzerschrankschlüssel, schwärzt ihn an und fordert »eine strenge disziplinarische Bestrafung«. Es folgen die üblichen Versammlungen mit Stellungnahme und Selbstkritik.[76]

Dass solches Vorgehen durchaus üblich ist, bestätigt Herbert Kierstein, seit 1958 im MfS und in der Hauptabteilung IX/1 Untersuchungsführer bei Spionagedelikten gegen die DDR: »Ich verhehle nicht, dass in jedem Geheimdienst das Misstrauen wohnt. Es richtet sich sowohl gegen Kollegen wie gegen die Umwelt. Das liegt in der Natur der Arbeit und ist die Berufskrankheit aller Geheimdienste. Das MfS machte da keine Ausnahme.«[77]

Natürlich betont der Oberstleutnant in diesem Zusammenhang auch: »Gleichwohl hatten alle operativen Diensteinheiten und die Linie Untersuchung nicht nur die Aufgabe, belastende Fakten zu sammeln, sondern auch alle entlastenden Umstände zu prüfen.«[78]

Dass dies im Fall M. offenbar kaum oder nur halbherzig erfolgt und die Stasi ohne Einschränkungen auf ihrem Spionagevorwurf besteht, scheint wiederum den konkreten Zeitumständen geschuldet.

Auf einem Führungsseminar im Frühjahr 1971 betont Erich Mielke, dass die veränderte politische Lage neue Anforderungen an die »Abwehrarbeit« geschaffen habe. Dieses Seminar und zwei weitere Dienstkonferenzen unter Leitung seines 1. Stellvertreters,

Bruno Beater, bilden die Grundlage für eine Umorientierung und Anpassung der Spionageabwehr.[79]

Oberstleutnant Herbert Kierstein erinnert sich in diesem Zusammenhang an eine »Fehlentwicklung, die sich durch schematisch praktizierte Kriterien bei der Bewertung der Operativen Arbeit in den Bezirken und Kreisen abzeichnete.«[80] Sie dürfte auch um die Zentrale keinen Bogen machen. Herbert Kierstein: »Auch hier machte sich die so genannte Tonnenideologie beim Anlegen operativer Materialien und Vorgänge breit. Es dominierten Zahlen nicht inhaltliche Dinge.«[81]

Wolfgang M. war also nicht nur ein überführter Mörder, sondern gleichzeitig auch noch ein unschädlich gemachter Spion. Dass er aus den eigenen Reihen kam, war peinlich, aber das sollte ja ohnehin nicht an die Öffentlichkeit dringen.

Die Vermutung, dass Anfang der 70er Jahre gerade die Spionageabwehr unter ganz besonderem Erfolgsdruck steht, wird auch dadurch gestützt, dass sie letztlich mit dem Befehl Nr. 14/73 vom 24. April 1973 einen Teil ihrer Kompetenzen verliert. Wegen interner Führungsschwäche wandert damit die Zuständigkeit für die »äußere Spionageabwehr« in die Hauptabteilung Aufklärung (HVA) unter dem Befehl von Markus Wolf.[82] Greifbare Abwehrergebnisse sind also dringend gefragt.

Die vermeintliche Entlarvung eines Spions aus den eigenen Reihen – im rigide geführten MfS ein Ausnahmetatbestand – ist solch ein Erfolg. Er macht den überführten Mörder Wolfgang M. nicht nachträglich zum Opfer, aber er wirft ein weiteres Schlaglicht auf das Verhältnis vom Kriminalität und Macht bei der Staatssicherheit der DDR. Wird jemand aus den eigenen Reihen krimineller Delikte überführt, steht seine pragmatische Nutzung für die Durchsetzung der Machtpolitik Erich Mielkes über dem Recht. Ganz egal, ob es nun um die Ahndung von Mord, Zuhälterei oder nur ganz simplen Schiebergeschäften geht.

Kunsträuber

Dass dem Tüchtigen im Land der unbegrenzten Möglichkeiten der Aufstieg vom Tellerwäscher zum Millionär winkt, weiß jeder. Dass eine solche Karriere in der DDR, einem Land mit außerordentlich begrenzten Möglichkeiten möglich ist, mag man nicht glauben.

Und doch gibt es auch im Land der kleinen Leute Millionäre. Aus eigener Kraft schaffen sie die sechs Nullen auf dem Kontoauszug. Erfolgreiche Erfinder und Wissenschaftler und viel beschäftigte Künstler gehören dazu, aber auch jene, die dem Sozialismus ein Stückchen kapitalistische Wirtschaft abringen können. Für den einfachen DDR-Bürger scheinen sie wie Wesen aus einer anderen Welt, schweben im privaten Volvo über die Kopfsteinpisten, erholen sich auf dem Millionenhügel von Ahrenshoop oder in der kargen Landschaft Hiddensees und feiern als Stammgäste im Weimarer »Elephant«.

Zu ihnen gehört für ein paar Jahre auch der Mann, um den es hier geht: der ungekrönte König des Antiquitätenhandels in der DDR. Heute erinnert sich der inzwischen siebzigjährige Siegfried Kath nur noch in guten Momenten an die goldenen Zeiten. Hat er die eine oder andere Einzelheit vergessen, dürfte der Hamburger »Spiegel« seine Gedächtnisstütze sein. 1978 ist das Leben des DDR-Millionärs dem Nachrichtenmagazin eine zweiteilige Serie wert.[1]

Die wenigen auserwählten Spiegel-Leser in der DDR lesen sie wohl aufmerksam, studieren sie sogar – so nennen sie damals das Zeitungslesen, und hier geht es immerhin um einen streng geheim gehaltenen Teil der DDR-Wirtschaft, nur wenigen Eingeweihten bekannt.

Dabei spielt er sich eigentlich vor aller Augen ab. Jeder kennt den VEB Antikhandel Pirna, zumindest dem Namen nach. Wer aber weiß, dass der Handel mit Kunst, alten Gebrauchsgegenständen und Antiquitäten, mit dem man so reich werden kann, sich fest in den Händen der Staatssicherheit befindet und ganz nebenbei auch für manchen privaten Bierhumpen auf dem Regal in der Datsche oder den Regulator an der Wand der Lichtenberger Neubauwohnung sorgt?

Erst nach dem November 1989 kommt die Wahrheit Stück für Stück ans Licht. Nun erfahren auch die DDR-Bürger, was die westliche Öffentlichkeit spätestens seit der Spiegel-Serie wissen muss, und was im Westen erstaunlicherweise ohne Folgen geblieben ist.

Der dubiose Handel mit der DDR hält bis zu deren Untergang an und bleibt auch weiterhin ohne Folgen oder gar strafrechtliche Konsequenzen, nachdem der 1. Untersuchungsausschuss des 12. Bundestags 1993 seinen Abschlußbericht über das Koko-Imperium des Stasi-Oberst Alexander Schalck-Golodkowski veröffentlicht.[2]

Schon im September 1990 erscheint ein erster Kriminalreport des Kunstwissenschaftlers und Chefreporters der Neuen Berliner Illustrierten Dr. Günter Blutke über »Obskure Geschäfte mit Kunst und Antiquitäten«[3], in dem auch die Vor- und Frühgeschichte der Kunst und Antiquitäten GmbH eine Rolle spielt. 2003 veröffentlicht Dr. Ulf Bischof in der Reihe »Schriften zum Kulturgüterschutz« seine sehr gründliche juristische Dissertation über »Die Kunst und Antiquitäten GmbH im Bereich Kommerzielle Koordinierung«[4] – trotz ihrer Brisanz bleiben beide Bücher weitgehend unbeachtet. Die potentiellen Leser haben andere Sorgen, müssen sich neu im Land einrichten, das sich so grundlegend verändert. Heute sind sie kaum noch in den Bibliotheken zu finden und die damals verschobenen Millionen vergessen – eine Spurensuche.

Ein Stückchen Kapitalismus

Die Kunst und Antiquitäten GmbH, die zum Ende der DDR jährlich immerhin 37 Millionen DM zum Devisenhaushalt der DDR beisteuert, ohne die Milliardenpleite damit aufhalten zu können, hat eine durchaus interessante und ganz und gar unsozialistische Herkunft.

Die wahre Geschichte dieser GmbH beginnt mit einem Verbrechen – einem ordinären Raub. Oder soll man es euphemistisch einen erpresserischen Diebstahl nennen, was die Stasi 1974 in Pirna und Döbra im Bezirk Dresden inszeniert?

Eigentlich beginnt das Ganze noch zwölfeinhalb Jahre früher mit einer illegalen Aktion, die mindestens als Freiheitsberaubung, ja genau genommen als ein völkerrechtswidriger Akt gelten muss. Denn der Mann, der das Geschäft zum Laufen bringt, ist gar kein DDR-Bürger. Siegfried Kath, der spätere Millionär, muss damals die Umstände, die ihn schließlich dazu machen, zuerst wohl für alles andere als hoffnungsvoll halten.

Der aufstrebende junge Mann, 1936 im pommerschen Steglin geboren, wächst nach dem Krieg im niedersächsischen Salzgitter auf, schließt die Volksschule mit gutem Erfolg ab und beginnt 1953 im Ruhrgebiet eine Knappenlehre. Er ist clever und intelligent, aber er muss Geld verdienen statt zur Oberschule zu gehen. Dennoch hat er keineswegs die Absicht, sein Arbeitsleben im Schacht zu verbringen. Nach Salzgitter zurückgekehrt, arbeitet er als Vertreter und Aufsteller von Spielautomaten, lernt dabei die Kneipen der Gegend kennen und wandert in dieses einträgliche Gewerbe ab. 1961 ist er Geschäftsführer der Mexikaner-Bar, ein Nachtlokal, in dem vorwiegend Angehörige der Bundeswehr verkehren.

Der neue Job bekommt seiner jungen Ehe nicht. Siegfried Kath wird geschieden und fühlt sich einsam. Da fallen ihm Oma und Opa ein, seit Kinderzeiten als Tröster bewährt. Er will Weihnachten zu ihnen fahren. Also werden Geschenke gekauft und ohne viel nachzudenken, setzt er sich in den Zug.

Dass die Großeltern im Osten leben, interessiert den Westler Kath nicht und dass seit dem 13. August die Grenze dicht ist, hat er bislang kaum bemerkt. Ist doch alles Deutschland, was soll da schon passieren.

In Marienborn holen ihn die DDR-Grenzer samt seinen Weihnachtsgeschenken für die Großeltern aus dem Zug. Sein bundesdeutscher Personalausweis genügt nicht für die Einreise. Siegfried Kath versteht die Welt nicht mehr. Das Wort »Aufenthaltsgenehmigung« hat er noch nie gehört. Was wollen die Leute überhaupt von ihm, warum die Verhöre? Er hat doch nichts zu verbergen. Er will zu Oma und Opa in Thüringen, Weihnachten feiern und Schluss. Freimütig beantwortet er alle Fragen der DDR-Wächter. Die haben Blut geleckt, als Siegfried Kath von seiner Mexikaner-Bar und deren Gästen berichtet. Immerhin verkehren dort auch Militärs und so verdächtigt die Stasi den jungen Mann aus dem Westen, Agent des Militärischen Abschirmdienstes MAD zu sein, der in die DDR geschleust werden soll.

Aber es gibt nicht den Hauch eines Beweises und so wird Siegfried Kath statt in den Knast erst einmal ins Aufnahmelager für Übersiedler aus der Bundesrepublik nach Barby expediert. Dort gehen die Befragungen weiter.

Aus dem Weihnachtsbesuch bei den Großeltern wird jedenfalls nichts; erst Mitte Januar 1962 darf er zu ihnen reisen. Mit einem provisorischen Personalausweis der DDR in der Tasche und der Auflage, sich in Gotha bei der Abteilung Inneres zu melden.

Siegfried Kath merkt kaum, dass er ohne sein Zutun DDR-Bürger geworden ist. Stattdessen freut er sich über die freundliche Aufnahme in Thüringen. Wieder eine zusätzliche Arbeitskraft, die sich in das volkseigene Metallwerk in Tambach-Dietharz vermitteln lässt, verbunden mit der Verpflichtung, ein Jahr lang weder Arbeitsstelle noch Aufenthaltsort zu wechseln. So kann auch die Stasi den dubiosen Westler besser im Auge behalten.

Siegfried Kath macht erst einmal gute Miene zum bösen Spiel, denn dass zuviel reden oder gar Forderungen stellen gar nicht gut ankommt, hat er inzwischen gelernt. Außerdem hat man ihm für den Fall guter Arbeit die Genehmigung für die Rückkehr gen Westen in Aussicht gestellt. Doch so oft er auch schriftlich daran erinnert – alle Anträge bleiben unbeantwortet.

Siegfried Kath fühlt sich in Thüringen nicht unwohl. Er ist jung und leben kann man überall, also klotzt er richtig ran. Mit dem Hungerlohn von 1,21 Mark pro Stunde als Hilfsarbeiter ist es aber schwierig, selbst in der DDR über die Runden zu kommen. Um überhaupt etwas zu verdienen und die Zeit in dem langweiligen Nest Tambach-Dietharz totzuschlagen, schiebt er Überstunden.

Das Leben plätschert dahin, sein Ziel verliert Siegfried Kath dennoch nicht aus dem Auge: Er will zurück nach Salzgitter.

Als er dem zuständigen Bearbeiter der Abteilung Inneres beim Rat des Kreises aufs Büro rückt, schmettert der sein Begehren mit der kühnen Rechnung ab: »Ihr Verbleib in der DDR ist uns ein Ersatz für Schäden, die uns vor der Errichtung des antifaschistischen Schutzwalls in Berlin durch die westdeutschen Imperialisten vor allen Dingen durch Abwerbung von Arbeitskräften entstanden sind.«[5]

Das sind nun auf einmal ganz neue Töne. Siegfried Kath als Geisel für die DDR-Flüchtlinge, die vor dem Mauerbau in den Westen gegangen sind! Er ist sauer.

Der junge Mann will weg aus seiner neuen Zwangsheimat, koste es, was es wolle. In der Kneipe ist er auf einen anderen »Ausreisewilligen« gestoßen. Anfang Juni 1962 fahren die beiden nach Osterwiek, um von dort aus in dem unübersichtlichen Gelände zwischen Großem und Kleinem Fallstein die Grenze in Richtung Salzgitter zu überschreiten.

Vierundzwanzig Stunden irren sie herum, verstecken sich tagsüber im Wald und erreichen tatsächlich den Grenzzaun – wo sie ein Doppelposten der Grenzbrigade erwartet. Die Stasi hatte Siegfried Kath nicht umsonst fest im Auge behalten.

Wieder folgen Verhöre, diesmal in Halberstadt. Wichtig ist vor allem, wie sie so nahe an die Grenze herankommen konnten.

Kath hat endgültig genug von der DDR. Als Untersuchungshäftling ins Gefängnis von Eisenach überstellt, schreibt er sofort eine geharnischte Eingabe an die Staatsanwaltschaft und verlangt, nach einer eventuellen Verurteilung endlich nach Salzgitter in den Westen ausreisen zu dürfen. Und – o Wunder! – Staatsanwalt Stephanusberg lässt sich von Kaths Argumenten scheinbar beeindrucken. Da auch der Betrieb seinem Maschinenarbeiter das beste Zeugnis ausstellt, wird der entgegen allen DDR-Gepflogenheiten im Umgang mit »Republikflüchtigen« aus der Untersuchungshaft entlassen und schon am 12. Juli 1962 lediglich angeklagt, »die geregelte Tätigkeit der staatlichen Organe gestört zu haben.« Das Kreisgericht Gotha verurteilt ihn mit ungewohnter Milde zu acht Monaten Freiheitsentzug auf Bewährung. Man hat offenbar noch etwas vor mit dem cleveren jungen Mann aus dem Westen.

Deshalb wird auch seinem nächsten Ausreiseantrag, den er immerhin auf Empfehlung des Staatsanwalts stellt, wieder einmal nicht stattgegeben.

Dennoch behandelt ihn die Abteilung Inneres in Gotha jetzt um einiges freundlicher und kommt ihm sogar entgegen: Siegfried Kath darf künftig in der Gastronomie arbeiten.

Was die Stasi, die hinter diesem scheinbaren Sinneswandel der DDR-Behörden steckt und den unfreiwilligen Neubürger natürlich weiterhin im Auge behält, damit beabsichtigt, bleibt zunächst noch unklar. Will sie ihn wirklich nur ruhig stellen?

Der Tellerwäscher legt sich ein Hobby zu

Der vielseitige junge Mann – Kath ist gerade 25 Jahre alt – erweist sich in seinem neuen Beruf als Kellner von Anfang an als wendig und erfolgreich. Immerhin hat er ja im Westen gelernt, wie man mit Kunden umgeht. Die Trinkgelder fließen, endlich verdient er anständig.

Im Dezember 1962 – im Thüringer Wald bahnt sich ein langer und schneereicher Winter an – folgt er einer Urlaubsbekanntschaft nach Dresden und findet auch dort ein gutes Auskommen. Bald verbindet ihn eine private Freundschaft mit dem Ehepaar, das die Gaststätte im Haus der Deutsch-Sowjetischen Freundschaft betreibt, und als die beiden eine Ausflugsgaststätte im Tharandter Wald übernehmen, folgt er den neuen Freunden – eine Zeit, an die sich Siegfried Kath später gerne erinnert.

Er lernt eine fünf Jahre jüngere Krankenschwester aus der Gegend von Meißen kennen und beginnt sich langsam an den Gedanken zu gewöhnen, dauerhaft in der DDR zu leben. Seine Ausreiseanträge werden, auch nachdem seine Strafe als amtlich gelöscht gilt, weiterhin abschlägig beschieden. Die Stasi ist im Hintergrund immer dabei.

Im Juli 1965 heiraten Annelies und Siegfried Kath. Vorerst wohnen sie in einem Zimmer in der Bautzener Straße in Dresden, wo sich unweit ihrer Wohnung ein Laden des Staatlichen Antiquitätenhandels befindet.

Annelies Kath erinnert sich noch gut daran, wie ihnen beiden dort zum ersten Mal Zinnkrüge und Teller auffallen.[6] Das ist doch mal was in der schlichten, grauen DDR: Gediegen, wertvoll, anders als die Plaste-Schüsseln aus dem volkseigenen Handel. Gutbürgerlich eben. So wie das junge Ehepaar auch einmal leben will.

Der Antiquitätenhandel zu moderaten Preisen, zu einem Teil noch in privater Hand, dümpelt damals in allen größeren Städten der DDR vor sich hin. Da kann man schon mal für achtzig Mark ein Meißner Zwiebelmuster-Service ergattern oder einen verkratzten Teller für zehn. Noch ist das Geld knapp im Land, nur überdurchschnittlich bezahlte Künstler und Intellektuelle oder Wissenschaftler mit Einzelvertrag leisten sich das vergleichsweise aufwendige Hobby des Antiquitätensammelns.

Auch die beiden Kaths finden Gefallen daran. Vor allem Zinn hat es ihnen angetan und der sparsame Siegfried, der dank regelmäßiger Arbeit als Kellner über genügend Kapital verfügt, entdeckt zu seinem Erstaunen, welche Verdienstmöglichkeiten die Branche bietet.

Seine Frau Annelies erinnert sich: »Wenn Siegfried etwas tut, dann tut er es mit ganzer Kraft und Hingabe«, und so ist er fortan ständiger Kunde bei den Antiquitätenhändlern, aber auch ein wissenshungriger Besucher von Museen und Bibliotheken. Quasi im privaten Fernstudium eignet er sich gründliche Kenntnisse auf seinem Sammelgebiet an, so gründliche, dass er später damit sogar studierte Fachleute überzeugen kann.

Ein Kollege, mit dem er über seine Sammelleidenschaft spricht, rät ihm, sich selber in den Dörfern im Dresdener Umland nach entsprechenden Objekten umzusehen. Kath tut es und wird auf eine Weise fündig, die ihn selbst überrascht.

Er findet viel mehr, als er zu hoffen wagt. Für die Leute alter, lästiger Kram. An Werte denkt in der DDR kaum jemand. Lieber bunt und modern, als alt und nostalgisch.

Siegfried Kaths Sammlung explodiert. Der unerwartete Erfolg macht ihn zum Händler, denn was er da in seiner Freizeit auf dem Lande erwirbt und an den Antiquitätenhandel veräußert, bringt mehr ein als der Kellner-Job, den er dennoch nicht aufgibt.

Ein paar besonders gute Stücke tauscht er gegen einen Hanomag, Baujahr 1937, der seinem Handel neuen Schwung verleiht. Da in der DDR Beziehungen wichtiger als Geld sind, wird auch manches andere Stück getauscht oder als kleine »Aufmerksamkeit« über den Tisch geschoben. Für ein paar inoffizielle Mitarbeiter der Stasi in Siegfried Kaths Umfeld sind das goldene Zeiten.

Der clevere Geschäftsmann hat Blut geleckt und würde gern ein eigenes Geschäft eröffnen. Doch derlei private Initiative ist nicht gefragt im Arbeiter- und Bauernstaat.

Also lenkt Siegfried Kath, immer tatkräftig von seiner jungen Frau unterstützt, seine Aktivitäten erst einmal auf die Gastronomie. Zusammen mit dem befreundeten Ehepaar machen sie in wenigen Wochen aus einer heruntergekommenen Kneipe in Dresden-Pieschen das Schmuckstück »Café Baltimore«. Es wird schnell zum Treffpunkt der Dresdner Prominenz. Dank seiner Verbindungen aus dem Antiquitätenhandel gelingt es Kath, beinahe alles zu besorgen, was man so braucht, von Tischen und Stühlen bis zu Kühltruhen und Kaffeemaschinen. Die simplen HO-Gaststätten können mit dem gediegenen »Café Baltimore«

nicht konkurrieren. Die Stasi sieht das mit Wohlgefallen: Einen Treffpunkt der Leute, an denen sie interessiert ist und das Ganze auch noch bei einem Mann, den sie in der Hand zu haben glaubt, das ist schon was. Und außerdem fällt ja auch ganz privat hin und wieder etwas ab. So lassen die geheimen Drahtzieher Siegfried Kath gewähren.

Dessen Geld reicht derweil auch noch für den Kauf eines eigenen Hauses in Dresden-Gittersee und endlich für ein neues Auto, einen gebrauchten Wartburg 311.

Damit lässt sich das Einzugsgebiet für den Antiquitäten-Einkauf beträchtlich erweitern. Im ganzen Osterzgebirge ist Siegfried Kath jetzt unterwegs, erwirbt zentnerweise Zinn und beginnt sich für alte Möbel zu interessieren. Einmal handelt er einem biederen Erzgebirgler eine leicht beschädigte Meißner Figurengruppe des weltberühmten Johann Joachim Kändler ab, die wie sich herausstellt, zu den in Krieg und Nachkrieg verschollenen Dresdner Kunstschätzen gehörte.

Großzügig und ohne einen Pfennig dafür zu verlangen, übergibt Kath das Prunkstück der Staatlichen Porzellansammlung im Dresdner Zwinger. Deren Direktorin Ingelore M. wird sich seiner korrekten Ehrlichkeit zu gegebener Zeit erinnern.

Sein wahres Jagdgebiet aber entdeckt Siegfried Kath 1969, als es ihn und seine Frau zur Saisonarbeit an die mecklenburgischen Seen zieht. Vom idyllischen Feldberg aus bereist er systematisch das alte Vorpommern und die nördliche Uckermark. »Es war«, erinnert sich Annelies Kath, »einfach phantastisch.«[7]

Und es ist ein wahres Glück, dass neue Möbel in der DDR noch immer teuer und schwer erhältlich sind. So finden sich überall in den Wohnstuben, in Kindergärten und LPG-Büros noch Möbelstücke aus der guten alten Zeit, nach Kriegsende aus den Herrenhäusern der Güter geschleppt oder dort verblieben und weiter genutzt – bis Siegfried Kath kommt und den Trödel aufkauft. Und Kath ist kein Gauner, er bezahlt mehr, als die Leute erwarten.

Um alles unterzubringen, mieten die Kaths eine Scheune und bringen nur das Wertvollste nach Dresden, wo ihre Wohnung inzwischen einem Museum gleicht, was auch den stets aufmerksamen »Organen« nicht entgeht. Was soll mit all den Schätzen geschehen?

Mit Geld alleine ist in der DDR nicht viel anzufangen. Für die Eröffnung eines eigenen Geschäfts, wie sie Kath vorschwebt, jedenfalls genügt es nicht. Doch Kath hat sich inzwischen den Bedingungen des real deformierten Sozialismus angepasst und kennt die Lücken. Keine Konkurrenz, Bürokratie lässt sich durch Beziehungen umgehen und sogar die allmächtige Stasi ist zu ertragen, wenn man sich nicht mit ihr anlegt. Die Rückkehr in den Westen ist für Siegfried Kath jetzt nicht mehr so wichtig.

Per Annonce sucht er ein Antiquitätengeschäft zu kaufen und erhält ein Angebot aus dem nahen Pirna: einen heruntergekommenen Gebrauchtwarenhandel, den ihm die verschuldete Inhaberin für fünftausend Mark überlässt. Kath renoviert den Laden und füllt ihn aus seinen Vorräten.

Noch aber fehlt ihm die Zulassung der Abteilung Handel und Versorgung. In der DDR genügt nur an der Spitze des Staates eine Berufsausbildung als Tischler, Expedient oder Dachdeckergehilfe plus Moskau-Aufenthalt. Jeder andere Bürger, egal ob er als Zauberkünstler, Musiker oder Geschäftsmann tätig werden will, benötigt neben allen sonstigen Genehmigungen einen Nachweis seiner beruflichen Qualifikation.

Nun ist Siegfried Kath in seinem Fach inzwischen ein gut beleumdeter Oberkellner, der sogar Lehrlinge ausbilden darf, doch genügt das natürlich nicht für den Verkauf von Antiquitäten.

Kath, der nie aufgibt und dem immer etwas einfällt, besinnt sich seiner guten Tat für die Staatlichen Dresdner Sammlungen und wendet sich an Ingelore M. und ihren Ehemann Joachim, Direktor des Grünen Gewölbes. Die sind gerne bereit, dem versierten jungen Mann zu helfen und unterziehen ihn einer dreistündigen fachlichen Prüfung.[8] Der Antiquitäten-Autodidakt meistert sie mit Bravour.

Die darüber ausgestellte Bescheinigung genügt den Pirnaer Amtsträgern, ihm endlich am 23. November 1969 den »An- und

Verkauf von Gebrauchtwaren außer Gold- und Silberwaren und Edelsteinen« mit der Auflage zu genehmigen: »Die gesetzlichen Bestimmungen für dieses Gewerbe sind einzuhalten.«[9]

Der Geschäftseröffnung steht nichts mehr im Wege.

Der erfolgreiche Geschäftsmann

Fast auf den Tag genau acht Jahre nach der unfreiwilligen Einreise des nahezu mittellosen Bundesbürgers Kath in die DDR, am 12. Dezember 1969 – es ist Kaths dreiunddreißigster Geburtstag – steht er in seinem eigenen Geschäft, das sich in mancherlei Hinsicht von anderen, meist recht schäbigen Gebrauchtwarenläden im Lande unterscheidet.

Ambiente und Angebot des Antiquitätenhandels in der Lange Straße von Pirna sind so ganz anders als im staatlichen Handel. Deshalb sprechen sie sich schnell herum. Das weckt wiederum das Misstrauen der Organe, aber sie haben alles im Griff. Manch plötzlich im Elbsandsteingebirge erscheinender, interessierter »Antiquitätenfreund« sucht das private Schnäppchen bei Siegfried Kath auf Befehl. Auch bei der Stasi weiß man das »Prinzip der materiellen Interessiertheit« zu schätzen.

Daneben geben sich interessierte Abnehmer aus der ganzen DDR die Klinke in die Hand, und Kath schafft unermüdlich neues Altes heran. Seine Frau, in der Gastronomie bestens eingearbeitet, bewährt sich mit viel Engagement im Geschäft und berät die Kunden fachkundig.

Soviel Erfolg wird von der Stasi und dem Staatlichen Kunsthandel der DDR gleichermaßen aufmerksam beobachtet. Dennoch fürchtet letzterer keineswegs die Konkurrenz – im Gegenteil, man hofft mit Kaths Hilfe die eigenen Planauflagen zu erfüllen. Denn der in Berlin beheimatete Kunsthandel ist fest in die Exportgeschäfte der DDR eingebunden, von denen Kath bis dahin nichts geahnt hatte.

Im Westen nämlich ist inzwischen eine Nostalgiewelle ausgebrochen, die mit dem eigenen Aufkommen an Altwaren nicht zu befriedigen ist. Von Antiquitäten zu sprechen, wäre hochgestapelt: Im Westen kauft man alles, was auch nur den Anschein erweckt, alt zu sein, ob Wagenräder oder Zinkeimer, hölzerne Butterfässer oder altes Eisen-Werkzeug. Am besten gehen aber Standuhren und Regulatoren (auch defekt!). Siegfried Kath kann sie preiswert besorgen. Er zahlt für Standuhren mit Westminster-Glockenschlag dem Verkäufer 160 Mark, mit drei Gewichten 120, und Omas alter Regulator ist immer noch bis 40 Mark wert.

Solche Massenware, wie sie im Osten noch in vielen Wohnstuben einstaubt, kann Kath in großen Mengen liefern, ohne sein eigenes Kerngeschäft mit wirklichen Antiquitäten zu gefährden.

Zwischen ihm und Generaldirektor L. vom Staatlichen Kunsthandel kommt es zu einer Vereinbarung. Viel Geld verdient Kath dabei allerdings nicht, denn die Berliner kassieren zehn Prozent Bearbeitungsgebühr und zahlen erst, wenn die West-Kunden ihrerseits die Rechnung beglichen haben.

Erst als Kath Lothar Ö. kennen lernt, einen angeblichen Konsul aus Kopenhagen[10], der mit seinen guten Beziehungen zum Ministerium für Außenhandel (MAH) der DDR prahlt, kommt Bewegung in das müde Export-Geschäft.

Bei einem Besuch in Berlin, bei dem Kath beiläufig einen neuen Motor für seinen inzwischen mit »Freundeshilfe« besorgten BMW 1800 erhält, macht ihn der »Konsul« mit dem Genossen Direktor Dieter K. vom MAH bekannt, Bereich Kommerzielle Koordinierung.

Das sagt Siegfried Kath so wenig wie den meisten DDR-Bürgern bis zum Ende des Landes. Dieter K. jedoch bietet Aufklärung. Dieser Bereich, so erläutert er dem Mann, der zehn Jahre zuvor durch die Unterschrift in einem Personalausweis zum DDR-Bürger ernannt worden ist, habe die Aufgabe, die DDR mit Valuta zu versorgen. Dazu diene beispielsweise die Intrac-Handelsgesellschaft mbH. Die betreibt in einer stillen Seitenstraße in Berlin-Pankow, ganz in der Nähe des Schlosses Niederschönhausen, ein schlichtes graues Bürogebäude. Über diese und andere

Firmen würde man den Westen unter anderem mit Waren der DDR-Industrie, aber auch mit hochwertigen Antiquitäten beliefern, für die es einen geradezu unbegrenzten Markt gäbe. »Da biete sich die Zusammenarbeit mit einem so tüchtigen Fachmann wie dem Herrn Kath geradezu an.«[11]

Das sieht der genauso, und wenn Siegfried Kath, bei seinen bisherigen Geschäften mit dem Staatlichen Kunsthandel auch nicht gerade verwöhnt wurde, zögert er nur kurz. Dieter K. bietet nämlich nun plötzlich wesentlich günstigere Bedingungen: keine Bearbeitungsgebühr, Einkauf per Vorkasse und eine steuerfrei prozentuale Provision vom Umsatz. In Ostmark natürlich, aber Kath denkt ja nicht daran, nach den Sternen zu greifen.

Dass er damit zum direkten Partner des Ministeriums für Staatsicherheit, dem heimlichen Drahtzieher des schwarzen Außenhandels der DDR, aufgerückt ist, ahnt er anfangs nicht einmal. Auch »normale« DDR-Bürger erfahren erst achtzehn Jahre später von der engen Verquickung zwischen Kunstexport und MfS, von illegalen Waffengeschäften und dem Handel mit Militaria. Wer hätte gedacht, dass die DDR für Valuta selbst Eichmann-Briefe und Hitler-Briefmarken absetzt?[12]

Ein steiler Aufstieg

Für Siegfried Kath jedenfalls stellt sich der Erfolg sofort ein. Mit dem neuen Berliner Geschäftspartner schnellt der Umsatz steil nach oben. Bald erreicht der Umfang seiner Lieferungen die Millionengrenze.

Eine solche Warenmenge ist natürlich nicht mehr durch einen noch so emsig durch die Lande fahrenden Aufkäufer alleine heranzuschaffen. Nach und nach wirbt Kath in der ganzen DDR – wo ein heute kaum vorstellbarer Mangel an Arbeitskräften bestand! – etwa sechzig Mitarbeiter, die auf seine Rechnung und auf Provisionsbasis für ihn einkaufen, die Ware sortieren und lagern. Mit dem heimlichen Segen der Stasi ist er zum Unternehmer im Sozialismus geworden.

Alles funktioniert, im Gegensatz zum staatlichen Handel, nahezu reibungslos. Der kellnernde Bergmann übertrifft die studierten Ökonomen und wissenschaftlichen Arbeitsorganisatoren um Längen. Aus dem Nichts stampft er ein ausgeklügeltes Versandsystem aus dem Boden; in seinen Zentraldepots kann die Westkundschaft die Ware in aller Ruhe auswählen und bestellen.

Dass da jemand »mit heißem Herzen« die keineswegs sauberen Hände über das Unternehmen hält, kommt Siegfried Kath erst später in den Sinn.

Nach Ablieferung der Ware erledigen die Berliner Genossen, die sogar über einen eigenen Zollstempel verfügen, alle weiteren Formalitäten. Um die Restriktionen des innerdeutschen Handels zu umgehen – als dessen Teil brächte der Antiquitätenhandel kaum zusätzliche Valuta ein – erfolgen sämtliche Lieferungen über Firmen in Drittländern. Klassische Schiebergeschäfte, von der DDR staatlich sanktioniert.

Kaum vorstellbar, welche Mengen an Vitrinen, Kommoden, Schreibsekretären, Aufsatzschränken, alte Plüsch-Sofas, Vertikos, Dielenschränken, vergoldeten Salonmöbeln, Tischen und Stühlen mit geschwungenen Beinen, buntbemalten Bauernmöbeln, vor allem aber Dreh- und Karussellorgeln, Leierkästen, Spieldosen, Orchestrions und mechanischen Musikinstrumenten aller Art auf diese Weise das kleine Land zwischen Ostsee und Erzgebirge verlassen. Den Verkäufern verspricht Kath in seinen Annoncen »Beste Bewertung, sofortige Barauszahlung, schnelle Abholung!« [13] und das hält er auch ein.

Kath und seine nimmermüden Einkäufer erweisen sich als einfallsreiche Beschaffer auf den verschiedensten Gebieten, wenngleich sie noch keine alten Reichsbahnschwellen und die Pflastersteine der DDR-Fernverkehrsstraßen verkaufen, wie es in den achtziger Jahren der Fall ist. Alte Fahrzeuge jedenfalls erwerben und verhökern sie in größerem Stil; fünfzig Pferdekutschen werden nach Holland exportiert, und dem Staatlichen Altstoffhandel nutzt aller Protest nicht: eine Partie alter Feuerwehrspritzen entgeht dem Einschmelzen und passiert die Grenze in Richtung Westen.[14]

Kath, der jeden seiner Leute persönlich kennt und weiß, wie man ihn zu nehmen hat, kommt natürlich auch mit den Kunden ins Gespräch. So erfährt er von deren Interesse für altes Spielzeug und für – Puppen. Jeder ältere DDR-Bürger wird sich an die Ankaufsgesuche in der Tagespresse erinnern, mit denen plötzlich Nacktfrösche (Porzellan), Lederbälge, Gliederpuppen mit Porzellanköpfen nur komplett und in einwandfreiem Zustand für je 50,- Mark gesucht werden. Zusendung per Nachnahme im Auftrag der Firma S. Kath, Pirna. Wer hätte damals vermutet, dass auch hinter diesem Angebot letztlich die Stasi steckt, die manch kostbares Stück zur eigenen Verwendung abzweigt?

Das Puppengeschäft übertrifft alle Erwartungen. Bis zu hundertfünfzig Stück sind täglich von der Post abzuholen, zu reinigen, zu sortieren und zu verpacken. Es sollte Kaths letzter großer Coup werden. Nach seiner Schätzung verdient Schalck-Golodkowskis KoKo-Imperium daran mehr als eine Million DM. Dagmar Scharsich veröffentlichte einen lesenswerten Krimi zu diesem Thema: »Die gefrorene Charlotte« – so heißen manche der Puppen in Sammlerkreisen.[15]

Natürlich rufen Kaths Geschäftserfolge und sein gewaltiger Umsatz sogar bei der Stasi Neider auf den Plan. Für Erich Mielke, einer der höchstdotierten Minister des Landes, weist die Gehaltsliste für 1988 ein Jahreseinkommen von knapp 80 000 Mark nach, Schalck-Golodkowski bezieht offiziell 55 000.[16] Die Stasi schätz Kaths Einkommen für 1972 auf 200 000 Mark. Da die Vereinbarung mit dem MAH/MAW nur auf mündlichen Absprachen beruht, existieren keine aussagefähigen Unterlagen.

Nach Annelies und Siegfried Kaths eigenen Aussagen vor dem Untersuchungsausschuss des Bundestages ergibt sich für beide 1972 ein steuerfreies Einkommen von etwa 55 000 Mark bis 60 000 Mark[17] im Monat! Kath fährt einen Audi 100 LS als Dienstwagen, seiner Frau kauft er einen Fiat 130 Sport.[18] Der kleine rote Flitzer ist schnell in der ganzen Gegend bekannt, und man weiß auch, wer ihn fährt.

Dass der private Antiquitätenhandel in solchen Dimensionen prosperiert, hat schließlich sogar Auswirkungen auf die chronisch knappe Stadtkasse von Pirna. KoKo überweist 10 Prozent vom Kath-Umsatz an den Rat der Stadt, und der lässt sich nicht lumpen. Kath erhält zusätzliche Lager- und Büroräume und verfügt bald über eine erste Adresse in der Stadt: Markt 14.

Dort etabliert er mit behördlicher Genehmigung seine mit 15 VbE (Vollbeschäftigteneinheiten, um deren Erhöhung jeder volkseigene Betrieb einen aussichtslosen Kampf führte) besetzte »Exportabteilung«. Als deren Gründungsdatum gilt der 12. Dezember 1972 – Kaths 36. Geburtstag. Er sorgt dafür, dass es ein rechter Festtag wird.

Und Richtfest feiert man auch gleich, denn das Ehepaar Kath hat im Vorerzgebirge südlich von Pirna eine verfallene Wassermühle samt Grundbesitz erworben und ist dabei, sie auszubauen. Was dabei mit unendlicher Mühe und nur dank Kaths exzellenten Verbindungen herauskommt, nennt sogar der »Spiegel« aus dem Westen ehrfurchtsvoll »ein nicht nur für DDR-Verhältnisse luxuriöses Schlösschen.«[19] Für die Stromversorgung ist eine eigene Trafostation notwendig, und die Inneneinrichtung übertrifft alles, was ein schlichter DDR-Bürger für möglich halten könnte: eine Wohnhalle in norddeutscher Eiche, ein barockes Speisezimmer und das Wohnzimmer im Stil des französischen Empire. Dazu Kaths Sammlungen feinster Porzellane, Fayencen und seltener Gläser, Zinngefäße, Uhren – insgesamt »mindestens fünf Millionen wert«, wie Kath fünf Jahre später schätzt.[20] Seine letzte Mark steckt in dieser Mühle, aber es will scheinen, als hätte er es auf dem Weg nach oben geschafft.

Dunkle Wolken

Dass die Bäume nirgendwo in den Himmel wachsen, und schon gar nicht im kleinlich überwachten Honecker-Sozialismus, bedenkt der Millionär anscheinend nicht. Noch blüht und gedeiht sein kleines Imperium. Nachdem der Süden der DDR abgegrast ist, geben Vorpommern und die nördliche Mark noch einmal her, was an Altem noch da ist. Manch schönes Stück sichert er für sich selber, auch seine Aufkäufer dürfen sich legal bedienen (und manche übertreiben es). Wie viel dabei auch privat in die Wohnzimmer der offiziellen und inoffiziellen Stasi-Mitarbeiter wandert, steht in keiner Akte.

Aber Siegfried Kath verkauft nicht nur auf Teufelkommraus, er verhindert auch den Export manches besonders wertvollen Kunstwerks, schließlich ist er ja DDR-Bürger und will »sein Land« nicht ausplündern. Das muss später Joachim M. zugeben, als man ihm nach Kaths Inhaftierung noch einmal ein Gutachten »Zum Fall Kath« abnötigt.[21] Denn über Kath braut sich längst eine finstere Wolke zusammen, von der er nichts ahnen will. Bei seinem guten Glauben an die Menschen und speziell an seine Geschäftspartner vom MfS bleibt er noch, nachdem der Blitz längst eingeschlagen und seine Existenz vernichtet hat.

Wahrscheinlich ist er ja selber nicht ganz unschuldig daran, dass sich die Ausfuhr von Antiquitäten als eine für die DDR so lukrative und gewinnbringende Valutaquelle entwickelt hat. Ohne Kaths kühne Revolutionierung des gesamten Wirtschaftszweiges wäre es möglicherweise beim dem Ergebnis geblieben, das eine Arbeitsgruppe für Organisation und Inspektion beim Vorsitzenden des Ministerrates im Oktober 1972 konstatiert, dass nämlich der Handel mit Antiquitäten zu Beginn der siebziger Jahre bei etwa 2,5 Millionen VM (Valutamark) annähernd konstant geblieben sei, und man eine Steigerung auch für die Ausfuhr von Gebrauchtwaren nicht erwarten könne.[22]

Glaubt man dem Bundestags-Untersuchungsausschuss, exportiert allein Kaths Unternehmen von 1971 bis 1973 jährlich für etwa 30 Millionen Mark.[23] In Wahrheit steht da eine Null zuviel. Die schriftliche Vereinbarung zwischen Kath und dem MAH vom 13.2.1973 nennt ein geplantes Umsatzvolumen von 3 Millionen Mark der DDR bzw. DM und »gegebenenfalls darüber hinaus«,[24] und das wird auch erreicht.

Nach Schalcks späteren Aussagen gibt es Anfang 1973 »eine erste komplizierte Lage« in der Zahlungsbilanz der DDR, worauf Professor Kurt Hager, im Politbüro für Kunst, Gesundheitseinrichtungen und Wissenschaft zuständig und Leiter der ideologischen Kommission (und in den späten 80er Jahren als »Tapeten-Kutte« unrühmlich bekannt geworden), vorgeschlagen habe, »nicht verwertbare Bestände« in den ihm unterstellten Einrichtungen zur Verbesserung der Zahlungsbilanz einzusetzen. Güter des so genannten nationalen Kulturerbes sollten dafür nicht herangezogen werden.[25]

Der Ministerrat der DDR erlässt daraufhin am 18. Januar 1973 die folgenreiche, in Schalcks Zuständigkeitsbereich ausgearbeitete Verfügung 4/73, in der es heißt:

»Aus dem staatlichen Fundus sind Antiquitäten und Museumsbestände für den Export in das NSW [nichtsozialistische Wirtschaftsgebiet] in Höhe von 55 Millionen VM [...] 1973 zur Verfügung zu stellen und dem Bereich Kommerzielle Koordinierung des Ministeriums für Außenwirtschaft zum Export anzubieten.«[26]

Damit wird Museumsgut zum staatlich sanktionierten Handelsgut.

Das versucht Alexander Schalck-Golodkowski nach der Wende blauäugig zu relativieren. Nach seinen Erläuterungen vor dem Untersuchungsausschuss seien bei der dubiosen Aktion nur Kunstwerke ins Auge gefasst worden, die in ungeeigneten Räumen aufbewahrt würden. »Nach Experteneinschätzung hätte davon ausgegangen werden müssen, dass ein großer Teil der Kunstwerke ohne baldige Restaurierung bedeutend an Wert verloren hätte.«[27] Die heute noch in westlichen Antiquitätenläden zu findenden Pretiosen aus der verflossenen DDR widersprechen ihm.

Auch damals ruft die Verfügung einen Sturm der Entrüstung unter den ostdeutschen Museumsdirektoren und -mitarbeitern hervor. Dennoch führt letztlich nicht deren Protest zu einer zurückhaltenden Anwendung der Verfügung, sondern die aus dem gleichen Personenkreis in die Bundesrepublik lancierten Informationen. Nachdem die Bundesregierung am 6. März 1973 mitteilt, sie wolle für den Ankauf dieser Museumsgüter eine deutsche Nationalstiftung gründen[28], scheut die DDR vor dem zu erwartenden internationalen Echo zurück und hebt, wie Schalck behauptet, die Verfügung 4/73 wieder auf.

Tatsächlich wird Punkt 1 der Verfügung in den nächsten anderthalb Jahrzehnten eher moderat gehandhabt. Punkt 6 jedoch wird sofort realisiert:

»Für die Abwicklung des Exports von Kunstgegenständen im Rahmen der Verfügung wird ein dem Bereich Kommerzielle Koordinierung des Ministeriums für Außenwirtschaft unterstellter Betrieb eingesetzt.«[29]

Das ist der unmittelbare Anlass zur Gründung der »Kunst und Antiquitäten GmbH. Internationale Gesellschaft für den Export und Import von Kunstgegenständen und Antiquitäten«, die ihren Sitz anfangs in der Rosenthaler Straße in Berlin hat.

Bereits am 20. Februar 1973 unterzeichnen Klaus-Dieter U. und Horst Sch., zwei Mitarbeiter der TRANSINTER GmbH – eine der Firmen des MfS-KoKo-Imperiums –, den Gesellschaftsvertrag der neuen Firma, die sofort unter Nr. 5129 im Handelsregister der DDR eingetragen wird. Das Stammkapital von 250 000 Mark bringen nicht etwa die beiden Gesellschafter ein; es stammt aus dem Staatshaushalt der DDR.[30]

Sch., der als gestandener Stasi-IM »Sohle« noch eine eigene eingehende Würdigung verdient, bleibt acht Jahre lang Hauptgeschäftsführer, Direktor bzw. Generaldirektor des Unternehmens. Er scheint durchaus der richtige Mann zu sein, die »politische Aufgabenstellung« zu gewährleisten, nämlich »einen Beitrag für die Herstellung sozialistischer Beziehungen und Bedingungen im Kunsthandel der DDR zu leisten und auch auf diesem Gebiet das Außenhandelsmonopol zu sichern«.[31]

Horst Sch., den Kath als einen arroganten, überheblichen Typ in Erinnerung behält, taucht bald darauf auch in Pirna auf und gibt die nächsten Schritte zur »Bereinigung der unklaren Eigentumsverhältnisse« vor. Für die Stasi ist Siegfried Kath durch sein riesiges Privatvermögen zu einem unsicheren Kandidaten geworden.

Nicht zuletzt deshalb wird am 6. März 1974 Kaths Exportabteilung in die »Antikhandel GmbH« ungewandelt, Haupt-

Gesellschafter: Horst Sch.s Firma mit 75 Prozent Anteil, Gesellschafter Siegfried Kath mit 25 Prozent. Der bisherige Alleinherrscher wird Hauptgeschäftsführer der neuen Firma (ab 1976 VEB Antikhandel Pirna) und bleibt es genau sechs Wochen.[32]

Die Organe sind wachsam

Zu dieser Zeit steht Kath seit fast fünf Jahren unter Beobachtung durch »die Organe«. Sind es anfangs nur die Genossen vom Arbeitsgebiet 1 (K 1) der Dresdner Kriminalpolizei, die ihn in der Akte »Eisen« erfassen und operativ bearbeiten, so interessiert sich nach seiner Geschäftseröffnung auch die eng mit der Abt. Inneres verflochtene Abteilung VII der Bezirksverwaltung des MfS verstärkt für den erfolgreichen Selfmademan.

Dass selbst der Museumsdirektor M. als IM »Karstett« (1974 unterschreibt er als Karstedt[33]) mit dem MfS zusammenarbeitet, ahnt Kath nicht. Auch für die folgenden Jahre muss man ihm eine allzu große Unbefangenheit gegenüber dem allmächtigen Ministerium bescheinigen. Mit wem Kath auch immer offiziell zu tun hat (und sicher auch inoffiziell, manch Stasi-Mitarbeiter entdeckt erst durch ihn sein persönliches Faible fürs Alte) – er trifft entweder auf langjährige IM oder auf hochrangige Offiziere des MfS, und deren Bericht war allemal fällig. Selbst von den in die eigene Firma eingeschleusten IM scheint er nichts zu ahnen.

Schon lange (und vergeblich) versucht die Kriminalpolizei die in der DDR durchaus aktive Steuerfahndung des Finanzministeriums für Kaths Geschäftsgebaren zu interessieren. Eine Woche nach Gründung seiner Exportabteilung findet in Pirna eine Aussprache zur Klärung der »weiteren Perspektive des Kath« zwischen der Dresdner K1 und der Kreisdienststelle des MfS statt,[34] deren Erwartungen jedoch wieder einmal enttäuscht werden. Noch steht Kath offenbar unter dem Schutz höherer Mächte.

Doch die »operative Personenkontrolle« (OPK) »Kath« ist nicht mehr aufzuhalten und mündet in einer Vorlaufakte Operativ »Ikone«. Nachdem es gelungen ist, die »erforderliche IM-Basis in das Geschäft des K. einzuschleusen und somit den erforderlichen Informationsbedarf zu sichern«[35], meldet dieser IM, Kath habe im März 1973 eine Ikone im Wert von etwa 1,5 bis 2 Millionen DM ausschleusen wollen. Eingeleitete Fahndungsmaßnahmen bleiben jedoch erfolglos.[36]

Annelies Kath hält die Ikonen-Affäre heute für eine blanke Erfindung des MfS, die ausschließlich dem Zweck dient, ihren Mann zu diskreditieren bzw. zu kriminalisieren.[37] Die Nichterwähnung einer solchen gravierenden, angeblichen »Ausschleusung« im weiteren Verlauf der Maßnahmen gegen Kath gibt ihr Recht.

Kaths Berliner Geschäftspartner erfahren umgehend von den Ermittlungen gegen ihren besten Lieferanten. Noch aber ist nicht alles so geregelt wie sie es planen, und so erscheinen am 5. Oktober 1973 »Auf Grund der eingeleiteten Fahndungsmaßnahmen [...] die Offiziere im besonderen Einsatz S. und Major O., auf der KD [Kreisdienststelle Pirna des MfS]. Gen. S. stellte sich als direkter Vertragspartner und Generaldirektor der Intrac-Handelsgesellschaft mbH Berlin vor. Nach Einschätzung des vorliegenden Sachverhalts wurde durch diesen bekannt: Die Intrac-Handelsgesellschaft mbH Berlin arbeitet für die Beschaffung von Valuta für das MfS. Die Firma K. ist ohne Wissen des Inhabers darin einbezogen und erbringt durch ihre Tätigkeit Jahreseinnahmen von ca. 3 Millionen Valutamark. Gen. S. forderte, unter Beibehaltung der Bearbeitung des K. hinsichtlich einer eventuellen Feindtätigkeit Ermittlungen zur geschäftlichen Basis einzustellen.«[38]

Offenbar klemmt es in der Zusammenarbeit zwischen Stasi und Außenhandel und die Machtkämpfe, wer was zu entscheiden hat, sind noch nicht abgeschlossen. Deshalb will die Stasi eine solch ergiebige Quelle wie die Geschäfte Siegfried Kaths unter eigener Kontrolle halten.

Diese Vermutung bestätigt auch die spätere Karriere des »Offiziers im besonderen Einsatz« Manfred S., seit 1954 Mitarbeiter des MfS, der damals noch als kleiner Scherge vor Ort agiert. Er steigt bis zum stellvertretenden Chef des Bereichs Kommerzielle Koordinierung auf und gilt als der wichtigste MfS-Offizier neben Schalck-Golodkowski im schwarzen Außenhandel der DDR. Am Ende seiner Laufbahn bezieht er das Gehalt eines Generalmajors.

Vier Wochen nach ihrem Einspruch teilen S. und O. der KD Pirna mit, »dass von Seiten des MAW [Ministerium für Außenwirtschaft] Vorkehrungen für den Fall der Inhaftierung des Kath und der Übernahme dessen Geschäftes getroffen werden mit dem Ziel, nach Möglichkeit keinen Abbruch der Geschäftsverbindungen nach dem NSW eintreten zu lassen.«[39]

Die Gründung der »Antikhandel GmbH – Gesellschaft zum Ankauf von Antiquitäten und Gebrauchtwaren antiquarischen Charakters« ist also nur der letzte und sorgfältig geplante Schritt zu Kaths Inhaftierung – und Enteignung.

Um ihr Ziel zu erreichen, erscheint den Genossen des MfS nunmehr jedes Mittel recht. Der zitierte »Sachstandsbericht zum OPK Kath« der Kreisdienststelle Pirna vom 5.10.1973 enthält beispielsweise die aberwitzigsten Vermutungen über Kaths »Feindtätigkeit«. Ausgehend von der vor zwölf Jahren verworfenen Version, Kath wäre als Agent des MAD in die DDR eingeschleust worden, »hätte K. unter Beachtung seiner geschäftlichen Basis ausgezeichnete Möglichkeiten, konspirativ gegen die DDR wirksam zu werden und nach außen hin gut legendiert feindliche Kräfte um sich zu sammeln.« Aus seinem »umfangreichen Verbindungskreis unter einflußreichen Persönlichkeiten der Kreises Pirna« erhalte er »vertrauliche Informationen über Fragen der Kommunalpolitik der Stadt Pirna und mit hoher Wahrscheinlichkeit auch des Kreisgebietes«, und über den angeblich von ihm bestochenen Stadtrat für Handel und Versorgung als Quelle »wäre er in der Lage, nachrichtendienstliches Material zu sammeln und dieses über seine westlichen Geschäftspartner nach der BRD zu bringen.«[40]

Man stelle sich das vor: In der BRD würde man erfahren, dass es in Pirna einmal im Jahr Bananen gibt!

Kath ist aber noch weiterer »Verbrechen« verdächtig: »Durch intensive Ermittlungen von seiner Seite wurde ihm bekannt, dass er unmittelbarer Geschäftspartner des MfS ist und die Intrac-Handelsgesellschaft mbH Berlin eine Deckfirma des MfS ist. Die Bestätigung erhielt er nach inoffiziellen Informationen, als er einen Mitarbeiter dieser Firma betrunken machte und dieser dann seine Zugehörigkeit zum MfS preisgab. Dieses Problem wird darüber hinaus bereits in Kreisen Dresdner Kunsthändler diskutiert.«[41]

Das ist natürlich der Gipfel der Verworfenheit: im geheimen Auftrag der Staatssicherheit Millionengeschäfte abzuwickeln, und dann noch Gewissheit haben zu wollen, wer dahinter steckt!

Weiter heißt es in den Akten: »Durch Einlassung westlicher Geschäftspartner und ehemaligen Verbindungspersonen des K. werden von diesem Vorbereitungen zu einem R-Verrat getroffen. [...] Ebenfalls wurde durch Ö. [der Kopenhagener Konsul mit Nebenadresse in der Berliner Wilhelm-Pieck-Straße d.A.] bekannt, dass K. mehrfach die Grenze zu WD in der CSSR aufklärte, um entsprechende Fluchtmöglichkeiten aufrechtzuerhalten.«![42]

Von gleicher nachrichtendienstlicher Qualität sind die weiteren Feststellungen des Leutnant F. in seinem sechsseitigen Bericht, der einerseits über Kaths unerklärliche Geschäftserfolge lamentiert, um dann zu dem Schluss zu gelangen:

»K. lebt weit über seine Verhältnisse. [...] Insbesondere diese sichtbare Vermögensentwicklung führte zu verbreiteten negativen Diskussionen unter der Bevölkerung des Kreises.«[43]

Der in all den verworrenen Anschuldigungen enthaltene Widerspruch zwischen Geschäftserfolg, kostspieligem Eigenheimbau »und der andererseits geplanten R-flucht« fällt selbst dem Leutnant auf, aber das ficht ihn nicht an: »K. wäre nach seinem illegalen Verlassen der DDR in der Lage, auf Grund seiner umfangreichen Verbindungen bekanntgewordene Fakten über Personen der verschiedensten Geschäftskreise einzuschätzen, die von ihm korumbierten [sic!] Personen westlichen Geheimdiensten auszuliefern und darüber hinaus Mittel und Methoden des MfS im Zusammenhang des Aufbaus der Scheinfirma zu dekonspirieren.«[44]

Der Absturz

Ein halbes Jahr später, drei Wochen nach Eintragung der Pirnaer Antiquitäten GmbH in das Handelsregister, wird Siegfried Kath am Morgen des 18. April 1974 in seiner Hinkelmühle bei Döbra in Anwesenheit des Staatsanwalts Findeisen von einem Hauptmann und mehr als einem halben Dutzend weiterer Stasimänner verhaftet.[45] Vierzehn Tage später unterzeichnet der Leiter der Abteilung VIII der Bezirksverwaltung des MfS, Oberstleutnant G., einen speziellen Verhaftungsbericht.[46]

Vorgeworfen wird Kath, im Zusammenhang mit dem Verkauf von Antiquitäten an einen Kunden eine Summe von 19 000 Mark veruntreut zu haben. Für den Millionär Kath eine geradezu lächerliche Summe: der Schwarzmarktpreis für einen Trabant. Aber darauf kommt es nicht an.

Alle Räume werden versiegelt, die Antiquitätensammlung zusammen mit dem gesamten Vermögen beschlagnahmt.[47]

In den nächsten Wochen übernehmen hochkarätige Kunstsachverständige die Inventarisierung und Schätzung des Kathschen Besitzes: das mit Kath bekannte Ehepaar M., der Direktor und die Kustodin des Museums für Kunsthandwerk und der Direktor des Museums für Volkskunst. Der Generaldirektor der Staatlichen Kunstsammlungen Dresden verpflichtet die Gutachter »höchstmögliche Summen einzusetzen, um den Mann zu enteignen.« Erschrocken ruft »Karstett« seinen Führungsoffizier an, hat er doch bei der Pauschalschätzung eines Teils der 911 Positionen nur normale Mittelwerte angegeben.[48]

Annelies Kath, die Tageseinahmen des 17. April als einziges Geld in der Tasche, darf zwei Zimmer, Küche und Bad ihrer Mühle benutzen. Ein eigenes Konto besitzt sie nicht; wo ihr Mann festgehalten wird, hält man ein halbes Jahr lang geheim. Erst nach vielen vergeblichen Anläufen erfährt sie, dass er in der Bezirksbehörde der Staatssicherheit in der Bautzener Straße in Dresden einsitzt. Nach einem weiteren Vierteljahr setzt ihr Rechtsanwalt eine monatlich dreißigminütige Besuchserlaubnis durch. Bei jedem Besuch sind zwei bis drei Bewacher dabei. Auch die Mühle wird ständig von einem Stasi-Kommando bewacht, das sich schließlich im Haus einquartiert und mit dem sich Annelies Kath um die hohe Stromrechnung streiten muss. Um Geld zu verdienen, ist sie in ihrem alten Beruf als Gemeindeschwester tätig.

In der U-Haft in der Bautzener Straße treibt man vorerst das alte Spiel mit Kath: Zuckerbrot und Peitsche. Nach anfänglichen Grobheiten geben die Genossen Vernehmer sich freundlich und interessieren sich lebhaft für alles, was Kath über die »Berliner Heinis«[49] zu erzählen weiß und wovon hier im Tal der Ahnungslosen nicht einmal die Stasi eine Ahnung hat.

Vom Vorwurf der Unterschlagung ist keine Rede mehr, den kann Kath mit Hilfe seines Buchhalters schon nach vierzehn Tagen entkräften. Weshalb aber hält man ihn fest?

Um es nüchtern zu sagen: um ihn zu berauben. Nach fast elf Monaten Untersuchungshaft erhebt Staatsanwalt Mergel aus Dresden in einer zweiundzwanzigseitigen Anklageschrift Klage gegen Siegfried Kath und einen seiner Einkäufer wegen Vertrauensmissbrauch, Anstiftung zur Urkundenvernichtung, Schädigung des sozialistischen Eigentums durch Diebstahl sowie Begehung von Devisenverbrechen. »Diesen umfangreichen verbrecherischen Handlungen, die der Beschuldigte *Kath* unter Missbrauch des ihm vom sozialistischen Staat entgegengebrachten Vertrauens begangen hat, liegt das Motiv zugrunde, sich auf Kosten der sozialistischen Gesellschaft einen vom bürgerlichen Wohlstandsdenken geprägten Lebensstandard zu schaffen.«[50]

Ein bisschen viel Sozialismus in einem einzigen Satz. Und was den Lebensstandard auf Kosten der sozialistischen Gesellschaft angeht, so übertrifft der oberste Handelsherr Schalck-Golodkowski, den Kath nie kennen gelernt hat, dessen bürgerliches Wohlstandsdenken noch um einiges. Als die Berliner Staatsanwälte nach Schalcks Flucht in den Westen in seinem Wohnhaus und in seinem Wochenendhaus Inventur machen, entdecken sie Kunstgegenstände, Gemälde, Schmuck, Briefmarken- und Münzsammlungen im Gesamtwert von 2 149 610,- DM.

»Was der Staatshehler und seine Frau in die Residenz am Tegernsee schleppten, ist unbekannt. Noch«[51], schreiben die Autoren 1991 hoffnungsvoll. Dabei bleibt es.

In Kaths Anklageschrift wird dessen Stellungsnahme zu »der nachgewiesenen ungerechtfertigten persönlichen Bereicherung von ca. 125 000,- M« nicht erwähnt. Er bestreitet auch die Existenz bzw. Inhaberschaft eines West-Kontos bei der Norddeutschen Landesbank, Filiale Verden/Aller. Annelies Kath: »Ein solches Konto hat es nie gegeben. Wir haben jeden Pfenning in die Mühle gesteckt.«

Staatsanwalt Mergel jedoch scheint sich seiner Sache sicher und beantragt, das Hauptverfahren vor dem 1. Strafsenat des Bezirksgerichtes Dresden zu eröffnen und Termin zur Hauptverhandlung anzuberaumen. Zwar ist in seiner Klageschrift keine Rede mehr von den im Haftbefehl gegen Kath erhobenen Vorwürfen der Unterschlagung, doch ficht das den gehorsamen Staatsanwalt nicht an. Er beantragt »die Fortdauer der Untersuchungshaft [...] aus den Gründen des Haftbefehls zu beschließen.«[52]

Erstens kommt es anders

Zwei Monate gehen ins Land und nichts geschieht. Was da hinter den Kulissen gekungelt wird, ahnt der Herr Staatsanwalt vermutlich nicht. Will man es wirklich auf einen Prozess ankommen lassen? Daran hat anscheinend niemand – und schon gar nicht das MfS – ein Interesse. Also greift man lieber zu den üblichen Methoden der Einschüchterung, Drohung, Nötigung und notfalls auch Erpressung. Willige Helfer dafür finden sich immer.

Man legt Kath dringend nahe, den zunächst beauftragten Rechtsanwalt Reichel aus Schönebeck an der Elbe von seinem Mandat zu entbinden und empfiehlt ihm stattdessen Herrn Dr. Wolfgang Vogel aus Berlin. Dem erteilen die Eheleute Kath am 21. Mai 1975 tatsächlich die notarielle Vollmacht über ihr gesamtes bewegliches Vermögen einschließlich aller antiquarischen und der durch die Staatsanwaltschaft Dresden beschlagnahmten Gegenstände, sowie zur schenkungsweisen Veräußerung ihres Grundstücks in Döbra an die Kunst und Antiquitäten GmbH.[53]

Annelies Kath, inzwischen aus der ausgeräumten Mühle vertrieben und ohne Arbeit bei Verwandten bei Meißen untergekommen, erinnert sich gut an die »Verhandlungen« mit Dr. Vogel. Und sie hat auch die Rechnung nicht vergessen, die ihr nach einiger Zeit für dessen anwaltliche und notarielle Betreuung zugeht.[54] Offensichtlich reicht dem Staranwalt mit der Biedermeiermiene Siegfried Kaths Bereitschaftserklärung nicht, »seinen Grundbesitz zur Wiedergutmachung des entstehenden Schadens von etwa 150 000 Mark zur Verfügung zu stellen. Daraufhin habe die Bezirksstaatsanwaltschaft Dresden das Verfahren eingestellt.«[55]

Am gleichen Tag, dem 10. Juni 1975, wird Siegfried Kath über Wartha in die Bundesrepublik entlassen. »Die Ehefrau Annelies Kath solle im Wege der Familienzusammenführung nachfolgen. Der Fall sei in die laufende Häftlingsaktion nicht einbezogen.«[56] Annelies Kath bleiben weitere Erniedrigungen und der Weg durch die Instanzen nicht erspart. Erst im November wird ihr Ausreiseantrag genehmigt.[57] Kaths vorgesehener Mitangeklagter, gegen den durchaus berechtigte Vorwürfe der persönlichen Bereicherung bestehen, darf ebenfalls ausreisen.

Am Tag der Entlassung Siegfried Kaths in den Westen hebt der Dresdner Staatsanwalt die Vermögensbeschlagnahme auf und bittet Dr. Vogel, umgehend mit dem MfS, BV Dresden in Verbindung zu treten und die Modalitäten für die Übernahme des beschlagnahmten beweglichen Vermögens zu vereinbaren, und mit dem Vorsitzenden des Rates der Gemeinde Döbra die Grundstücksübergabe bzw. -übernahme abzuwickeln.

Gut eine Woche später hält Horst Sch. die Schlüssel der Hinkelmühle und die beschlagnahmten Gegenstände in Händen und darf darüber verfügen. Mit notariellem Vertrag vom 26. November »schenkt« Dr. Vogel, handelnd »nicht nur in seinem eigenen Namen« sondern zugleich in notarieller Vollmacht für die Eheleute Kath, das in Döbra gelegene Grundstück der Kunst und Antiquitäten GmbH, vertreten durch ihren Generaldirektor Horst Sch.[58]

Zwölf Tage zuvor hat auch Annelies Kath unter genehmigter Mitnahme einiger Antiquitäten – als Schweigegeld? – die DDR verlassen. Sie zieht zu ihrem Mann, der sich in der Nähe seiner Verwandten bei Salzgitter niedergelassen hat. Von dort aus ist er einige Male nach Ost-Berlin gefahren, um sich in einem Interhotel mit seiner Frau zu treffen. Seine mehrfachen Ein- und Ausreisen verlaufen so problemlos, wie es ihm S. und Sch. bei einem letzten Besuch im Gefängnis in Karl-Marx-Stadt versprochen haben. Selbst als der neue alte Bundesbürger seinen ehemaligen Partner Manfred S. auf dessen Wunsch im Ministerium für Außenhandel besucht, stößt er nicht auf Schwierigkeiten. Im Gegenteil. S. überreicht ihm 20 000 DM als »Startkapital«, für die er nicht einmal eine Quittung verlangt.[59]

Bei seiner Zeugenvernehmung 1992 bestätigt S., den der spätere Kunst und Antiquitäten-Boss Joachim F. für »gutmütig bis zur Dummheit« hält[60], den ungewöhnlichen Deal. Kath darf sogar als Antiquitäten-Einkäufer in die DDR einreisen. Diese Einkaufsfahrten bestärken das Ehepaar Kath in der Hoffnung, von der DDR doch noch entschädigt zu werden. Daraus wird zwar nichts, aber immerhin bringt S. Kath als Marketingdirektor beim Antikhandel Aschheim in Bayern unter. Der Arm des MfS reicht auch im »Operationsgebiet« weit.

Der unermüdliche Kath kauft für dieses Unternehmen ein – beim Antikhandel Pirna! – und erzielt im ersten halben Jahr einen Umsatz von 500 000 DM. Diesmal verläuft der Handel über Österreich. Aber nicht dieses dubiosen Weges wegen trennt Kath sich von dieser Firma und macht sich in West-Berlin selbständig. Dort sind inzwischen die ersten Stücke aus seiner Hinkelmühle im Antiquitätenhandel aufgetaucht. Andere werden im Londoner Auktionshaus Christie's versteigert. Einen größeren Posten aus Kaths ehemaligem Besitz lässt KoKo 1978 nach Australien verschiffen. Da es dort nicht gelingt, die Antiquitäten abzusetzen, wird die Ware 1980 nach London expediert und ebenfalls im Auktionshaus Christie's versteigert.[61]

In West-Berlin verlässt das Glück den umtriebigen Geschäftsmann Kath. Nach einem Streit mit seinem Partner steigt er Anfang 1978 aus dem Geschäft aus und zieht mit seiner Frau nach Nordbayern. In einem kleinen Städtchen am Main beginnen sie ein letztes Mal von vorn. Der Spiegel druckt ihre Geschichte, doch an den nunmehr bestens bekannten Praktiken im Antiquitäten- und Gebrauchtwarenexport der DDR ändert das nichts.

Drei Jahre später erleidet Siegfried Kath einen schweren Unfall. Die Rache der Stasi, weil er das vereinbarte Schweigen gebrochen hat? Diesmal ist die Wahrheit prosaischer: ein Wildschwein hat den Unfall verursacht, den Kath mit schweren Verletzungen und mehreren Schädelbrüchen überlebt. Fortan ist er schwerstbehindert und erwerbsunfähig. Seine Frau Annelies hält unbeirrt zu dem heute Siebzigjährigen. Nach einigen Jahren gibt sie das Antiquitätengeschäft auf und arbeitet wieder in ihrem Beruf als Krankenschwester. Heute nimmt die tägliche Pflege ihres Mannes sie ganz in Anspruch.

Verbittert ist sie, einst eine der reichsten Frauen der DDR, nicht. Besitz, das hat sie gelernt, bedeutet nichts. 1992 sagen sie und ihr Mann noch einmal vor dem Untersuchungsausschuss des Bundestages aus, und es wird ihnen eine geringfügige Entschädigung zugesprochen. Alles Geld aber kann Siegfried Kath die Gesundheit nicht wiedergeben. Es geht ohnehin für die aufwendige Krankenpflege drauf.

Ein Untersuchungsausschuss und seine Berichte

Die Ergebnisse des 1. Untersuchungsausschusses des 12. Bundestags sind in mehrfacher Hinsicht bemerkenswert. So kommt er zu dem Schluss: »Als Bewertung des Verhaltens des Bereichs

Kommerzielle Koordinierung und seines Leiters Dr. Schalck-Golodkowski und seines hauptverantwortlichen Mitarbeiters Manfred S. bleibt auf jeden Fall festzuhalten, dass die Vorgehensweise des Bereichs Kommerzielle Koordinierung und der Kunst und Antiquitäten GmbH, da auch in anderen Fällen zu beobachten, typisch war: Zunächst wurden Geschäfte mit den Betroffenen gemacht, dann mit nachrichtendienstlichen Mitteln die näheren wirtschaftlichen und persönlichen Umstände ausgeforscht und schließlich Strafverfahren durchgeführt, um mit Hilfe der Beschlagnahme und Verwertungsmöglichkeiten des Strafverfahrens in den Besitz der Kunstgegenstände und Antiquitäten zu gelangen.«[62]

Was man nämlich an Siegfried Kath so erfolgreich erprobt, wird in den nächsten Jahren zur gängigen Enteignungspraxis in der DDR. Allein Blutke zählt in seinem Report mehr als ein Dutzend gravierender Fälle auf, in denen Antiquitätenhändler, Kunstsammler und ihre Erben ab Mitte der siebziger Jahre mit Hilfe drakonisch angewendeter und willkürlich interpretierter Steuergesetze ihrer Sammlungen beraubt werden. Das Verfahren ist immer das Gleiche: Da sich die Preise (nicht zuletzt in Folge der Pirnaer Aufkaufpraktiken) steil nach oben bewegen, werden private Sammlungen wie Handelsware mit Höchstpreisen und jährlichem Gewinnzuwachs steuerlich veranlagt und die sofortige Zahlung einer für DDR-Verhältnisse geradezu fantastisch anmutenden Steuerschuld gefordert. Die bewegt sich gemäß den Gutachten der Schätzer aus Pirna stets in Höhe des Wertes der Sammlung und wird üblicherweise mit deren Übergabe an die KoKo-Beauftragten beglichen. In Einzelfällen gelangen Stücke daraus in die Museen der DDR, der größte Teil aber wandert aus den Lagerhallen der Kunst und Antiquitäten GmbH in Mühlenbeck bei Berlin gen Westen.

»Spätestens seit 1977 war die Bundesregierung über den Ausverkauf privater Kunstsammlungen im Bilde«, schreibt Egmont R. Koch und fährt fort: »Mit Meldung vom 20. Juni 1977 [...] setzte der Bundesnachrichtendienst das Bundeskanzleramt über die ihm vorliegenden Informationen in Kenntnis. Seit 1973 habe die »Handelsfirma Kunst und Antiquitäten GmbH, die [...] vom Bereich Schalck direkte Anweisung erhält, [...] wertvolle Kunstgegenstände aus der ›gemeinsamen deutschen Geschichte‹, [...] Bestände der Museen Dresden, Berlin (Ost) und Leipzig« auf dem internationalen Markt angeboten. [...] eine größere Anzahl Lastwagen ist in Richtung innerdeutsche Grenze unterwegs.«[63]

Dass Herrn Dr. Schalck-Golodkowski und seinem hauptverantwortlichen Mitarbeiter S. aus dieser Praxis nach 1990 Nachteile erwachsen wären, ist nicht bekannt.

Der Untersuchungsausschuss sieht auch großzügig davon ab, sich »mit dem Verhalten von Rechtsanwalt Dr. Vogel im Fall der Eheleute Annelies und Siegfried Kath zu beschäftigen. Ggf. wird darauf im Zusammenhang mit der Würdigung der Praktiken der DDR und aller dort beteiligten in Angelegenheiten des Häftlingsfreikaufs zurückzukommen sein.

Jedenfalls stimmt es merkwürdig, dass Rechtsanwalt Dr. Vogel an der Herausgabe von Vermögen in Höhe von ca. 2 bis 2,5 Mio. Mark zum Ausgleich eines Schadens in Höhe von 150 000,- Mark beteiligt war. Denn weder nach dem Ausgleichsgedanken des § 24 StGB-DDR noch nach dem Wiedergutmachungsgedanken des § 25 StGB-DDR dürfte eine Zahlung in dieser Höhe gemäß der Kommentierung in dem im Staatsverlag der DDR herausgegebenen Kommentar zum Strafgesetzbuch [...] zu rechtfertigen gewesen sein.«[64]

Als der Bericht des Untersuchungsausschusses 1993 als Drucksache erscheint, bleibt er keineswegs unumstritten. Die Gruppe Bündnis 90/Die Grünen hat während des gesamten Verlaufs der Arbeit eine Minderheitenposition vertreten, die Ingrid Köppe, deren Vertreterin im Auschuss, in einem eigenen Papier, dem so genannten Köppe-Bericht darlegt. Den Grünen geht es neben der Aufklärung der Aktivitäten des KoKo-Bereichs und seiner engen Verflechtung mit dem MfS gleichberechtigt um die Untersuchung der wohl allzu berechtigten Frage, »inwieweit westliche Regierungen, Firmen, Institutionen und Personen die Arbeit des KoKo-Bereichs erst möglich gemacht oder sogar gezielt gefördert haben«[65] – ein Thema, das die anderen Fraktionen im Ausschuss gerne als »Nebenkriegsschauplatz« abtun. Mit der vom Westen gedeckten grenzüberschreitenden Staatskriminalität will sich niemand befassen.

Die Veröffentlichung des Köppe-Berichts mit den brisanten Geheimdienstangaben wird dann auch vorsichtshalber für die nächsten dreißig Jahre gesperrt; Einzelheiten gelangen jedoch schon kurz danach in die Presse. Nach zwölf Jahren ist der Bericht inzwischen im Internet zugänglich. Ihm sind einige interessante Fakten zu entnehmen, die sich vor allem auf das Wissen der Bundesregierung über die KoKo beziehen, die »seit langem, seit vielen, vielen Jahren beobachtet« wurde, wie der BND-Präsident Porzner erklärt, und an anderer Stelle: »[...] weil ein Informant den Bundesnachrichtendienst seit Anfang der achtziger Jahre sehr, sehr gut informiert hat, ein Informant, der in den Westen gekommen ist und der inzwischen verstorben ist.«[66]

Dieser Günter A. (1924–1989), dessen Ausschleusung aus der DDR der BND 1981 organisiert, rühmt sich als Gründer und Generaldirektor der KoKo- und HVA-Firma ASIMEX bester dienstlicher und privater Kontakte zur HVA-Generalität. Er informiert den BND umfassend über Aufgaben, Struktur und Arbeitsweise des Bereichs KoKo, bezeichnet ihn als MfS-Ableger und nennt zahllose Namen und Details.[67]

A. bleibt jedoch, wie sich herausstellt, keineswegs die einzige sprudelnde KoKo-Quelle, denn auch der Präsident des Bundesverfassungsschutzes Werthebach erklärt »in der Tat in diesen SED-Parteifirmen Quellen geführt« zu haben.[68]

Am 23.12.1992 erfährt der Ausschuss vom BND von sechs hochrangigen nachrichtendienstlichen Quellen im Bereich KoKo – darunter ein Sektionsleiter, ein Direktor, ein stellvertretender und ein Generaldirektor – und der Generaldirektor der Kunst und Antiquitäten GmbH.[69] Das ist längst nicht mehr jener Horst Sch., der sich nach seiner Heirat mit Anka von W. den noblen Namen seiner Frau anhängt und damit in die Agentengeschichte des Kalten Krieges eingeht. Der IM »Sohle« agiert nämlich seit 1965 für die CIA als »Pfaff« und wird vom BND unter dem Decknamen »Odysseus« geführt. Sch., der heute als 74-jähriger

Rentner wieder in Ost-Berlin lebt, nimmt im Köppe-Bericht eine besondere Stellung ein, verdankt ihm doch der BND noch umfassendere und gründliche Kenntnisse über Schalcks gesamtes KoKo-Imperium samt Waffen- und Embargohandel und Finanzierung der MfS-Spionage im Westen.[70]

Doch nichts davon scheint nach außen zu dringen. Nichts ändert sich bis Ende 1989 an den KoKo-Praktiken, obwohl doch der BND nach Aussage seines Präsidenten die jeweilige Bundesregierung »konkret über die Verhältnisse in der DDR informierte. [...] Alle, die befugt waren, diese Dinge, diese Kenntnisse in Anspruch zu nehmen, die konnten sie in Anspruch nehmen.«[71]

Immerhin meldet der so gut informierte Spiegel mit einer kleinen Verzögerung von zehn Jahren im Dezember 1993: »Die Lektüre der Protokolle, die der Überläufer von 1983 an den Pullacher Geheimen diktierte, zerstört das Märchen vom braven Kaufmann Alexander Schalck-Golodkowski, den CDU/CSU- Fraktionschef Wolfgang Schäuble noch immer als ›verlässlichen Partner‹ bezeichnet. [...] Der Überläufer Sch. war eine Top-Quelle. [...]«[72]

Das ist er wohl wirklich, der Doppelagent, der sich 1965 mit Wissen der HVA-Leitung von der CIA anwerben lässt, die ihn im gleichen Jahr im Libanon einem Lügendetektor-Test unterzieht. Nachdem er im Juli 1966 als Zeuge im Prozess gegen einen vom MfS gefassten CIA-Agenten aussagt, ist es vorerst einmal aus mit dem West-Einsatz. Stattdessen beschafft er als Hauptgeschäftsführer der KoKo-Firma Interver Rechner für das MfS und übernimmt 1973 die Kunst und Antiquitäten GmbH.

Einer nicht zu vertuschenden Grundstücksaffäre wegen wird Sch. am 15. Dezember 1980 aus seiner Stellung abberufen. Man wirft ihm vor, ohne offizielle Genehmigung des MfS für sich und zwei weitere Stasi-Offiziere in Schildow im nördlichen Berliner Umland Einfamilienhäuser errichtet zu haben.[73] Außerdem weist man ihm Finanzmanipulationen nach: den Umtausch größerer DM-Beträge in Mark der DDR.[74]

Sch.s Nachfolger als Generaldirektor der KuA GmbH wird sein Stellvertreter Joachim F., seit 1977 des MfS getreuer IM »Hans Borau«.

Sch. kommt erst einmal bei einer anderen KoKo-Firma unter. Das MfS legt die Akten des IM »Sohle« auf Eis und hält nur noch über den Offizier für Sicherheitsfragen im Bereich KoKo Verbindung zu ihm. Der kaltgestellte Generaldirektor schmollt und nimmt über seine spätere Ehefrau Anka von W. Kontakt zum BND auf. Mit dessen Hilfe flieht er im April 1983 über Ungarn in die BRD.

»Sch. berichtete dem BND, wie vom MfS befürchtet, umfassend über den Bereich KoKo. Er informierte den BND über:

- seine Tätigkeit bei KuA
- die Verknüpfung von KoKo mit dem MfS, der HVA und dem MILND [militärischer Nachrichtendienst)
- die Zentrale des Bereichs KoKo
- einzelne KoKo-Firmen (Sitz, Mitarbeiter, Geschäftspartner, Gewinn, Konten)
- den Waffen- und Embargohandel
- den Müllhandel
- die Parteifirmen.

Außerdem lieferte Sch. dem BND Beschreibungen von über 200 Personen, darunter IM der Abwehr und der Aufklärung in der DDR und der Bundesrepublik.«[75]

Seitenlang listet der Köppe-Bericht Einzelheiten über Sch.s Aussagen zu den einzelnen Punkten auf, so z.B. über die Finanzierung des MfS durch KoKo:

»Der Bereich KOMMERZIELLE KOORDINIERUNG des MAH wird auch zur Finanzierung der operativen Arbeit des MINISTERIUMS FÜR STAATSSICHERHEIT herangezogen. Die Finanzierung über einzelne Firmen bestand in erster Linie in der Führung der Konten für das MfS durch die Firmen KUNST und ANTIQUITÄTEN für die HAUPTVERWALTUNG ABWEHR und der Firma ASIMEX für die HAUPTVERWALTUNG AUFKLÄRUNG.«[76]

Der gesprächige »Odysseus« Sch. schildert eingehend den Verlauf so genannter »Sonderaktionen« der Steuerfahndung und des MfS, und er berichtet über die Rolle des Chefs der Steuerfahndung beim Finanzministerium der DDR Otto Krause bei der hundertprozentigen Enteignung von Kunstsammlern: »Die Wertfestsetzung durch Gutachter wird von ihm dahingehend gesteuert, dass bei der Bemessung der Steuer und Hebesätze die ›Steuertäter‹ 100%ig enteignet werden. Es wird hierbei vorsätzlich manipuliert und das Recht gebeugt, und das geht mit Vorgaben von KRAUSE. Er setzt fest, was herauskommen muss an Wertschätzung durch den Gutachter, um unter dem Strich voll enteignen zu können.«[77]

Das vom MfS erwartete Desaster nach Sch.s Aussagen bleibt aus. Im Westen hat niemand Interesse daran, im Sumpf des geheimdienstlich verquickten innerdeutschen Handels herumzustochern. Auch nach der Wende lässt die allgemeine Aufmerksamkeit schnell nach. So bleiben schließlich auch der mehrere tausend Seiten umfassende Abschlussbericht des Bundestags-Untersuchungsausschusses samt vergeblich geheim gehaltenem Köppe-Bericht nur das, worauf sie gedruckt sind: Papier.

Und das ist bekanntlich geduldig.

Ein Nachsatz scheint notwendig: Natürlich handelt die DDR auch mit Briefmarken; 1986 wird der VEB Philatelie Wermsdorf als Handelsbereich IV der KuA GmbH angegliedert. Neben den auf ganz ähnliche Art wie die Antiquitäten in den volkseigenen Export geratenen Sammlungen aus privater Hand und den reichlich gedruckten Sondermarken des eigenen Landes samt geplanten Fehldrucken verkauft dieses Unternehmen nach und nach die Restbestände der ehemaligen Reichsdruckerei – Nazimarken, die zu Sammeln in der DDR verboten ist. Wie groß der Bestand an Marken bis heute geblieben ist, lässt sich an den florierenden Geschäften des Nachfolgeunternehmens erkennen. Es ist die nach der Wende von der Bundespost gegründete Deutsche Postphilatelie GmbH,[78] die inzwischen Deutscher Philatelie Service GmbH heißt und ihren Sitz noch immer im sächsischen Wermsdorf hat. Im November 2006 erfreut sie ihre potenziellen Kunden mit einem Werbebrief, in dem u.a. es heißt: »[...] schon lange sind wir von der Idee begeistert, für Sie ein ganz spezielles ›DDR-Paket‹ zusammen zu stellen. [...] Nach einer Lagerauflösung ist es uns jetzt endlich möglich ein derart reichhaltiges Paket für Sie zusammenzustellen. [...]

Mit dem XXL-Paket ›DDR‹ machen Sie sofort einen riesen [sic] Gewinn!«[79]

Na, wenn das kein günstiges Angebot für eine zünftige Erinnerung an KoKo und das MfS ist …

Epilog: Untergang im Chaos

Ganz zum Schluss hat es das Fernsehen der DDR doch noch geschafft. Die über Jahrzehnte gähnend-langweilige »Aktuelle Kamera« ist zum Straßenfeger geworden. Tagtäglich überschlagen sich die Nachrichten und viele von ihnen lassen den biederen Hauptmann Fuchs vom »Polizeiruf 110« noch im nachhinein allenfalls als Schrecken für Karnickeldiebe erscheinen. Jetzt geht es um verschobene Millionen, verschacherte Grundstücke oder geklaute Lkw-Ladungen von »Volkseigentum«.

Noch hinter vorgehaltener Hand, aber immerhin schon ohne Angst, fällt dann immer wieder das Wort »Stasi«. Doch niemand weiß etwas genaues. Überall im Land sammeln sich die aufgewachten Bürger vor den bekannten oder manchmal auch nur vermuteten Stützpunkten des vor Wochen noch allmächtigen Überwachungsapparates. Immer öfter halten sie nun auch schon einmal die Ein- und Ausgehenden auf, fragen nach dem Woher und Wohin und lassen sich manchmal sogar die meist prall gefüllten Taschen öffnen.

Wie bitter nötig eine solche Kontrolle ist, zeigt sich am 5. Dezember 1989. Unter dem Aktenzeichen 1 A-142/89 S unterschreibt der leitende Militärstaatsanwalt, Oberst Heinz Kadgien, einen Haftbefehl gegen »Dr. W., Artur [...] Mitarbeiter im Amt für Nationale Sicherheit Berlin«: Dafür hat er seine Gründe: »Der O. G. ist dringend verdächtig, einen schweren Diebstahl sozialistischen Eigentums begangen zu haben. Dr. W. wurde beim Verlassen des Hofes des Hauses der Elektrotechnik Alexanderplatz, Berlin 1020, durch Bürger und Einsatzkräfte der VP gestellt, als er versuchte, unter Mitnahme eines Aktenkoffers und einer Aktentasche, sich von diesem Grundstück zu entfernen. Eine Kontrolle des Inhalts des Aktenkoffers ergab, dass in diesem Bargeldbeträge in Höhe von ca. 740 000,-- DM der Bundesbank der BRD, ca. 150 000 Mark der Währung der DDR sowie zwei Stück Goldbarren enthalten waren. Es besteht der dringende Verdacht, dass W. sich die vorstehenden Beträge rechtswidrig zugeeignet hat. Der Erlass des Haftbefehls ist gem. § 122 Abs. 1 Ziff. 2 StPO gesetzlich begründet, da der Verdacht eines Verbrechens vorliegt. Gem. § 123 StPO ist auf Grund der Art und Schwere der erhobenen Beschuldigung die Anordnung der Untersuchungshaft zur Durchführung des Strafverfahrens unumgänglich.« [1]

Artur W. weist sich als Oberst des Stasi-Nachfolgers »Amt für Nationale Sicherheit« der DDR aus und behauptet, das bei ihm gefundene Geld gehöre westlichen Embargohändlern. Sie hätten es als Sicherheit bei ihm hinterlegt und es gehe um KoKo-Geschäfte. Nach deren Abwicklung müsse die Sicherheitsleistung zurückerstattet werden und deshalb wolle er Geld und Gold in die Stasi-Zentrale schaffen.

Niemand glaubt ihm. Sogar die Echtheit seines Dienstausweises wird angezweifelt. Artur W. erhängt sich am 6. Dezember mit seinem Hosengürtel am Gitter seines Zellenfensters in der U-Haft. [2]

Damit ist der entscheidende Mann der Stasi im illegalen Technologietransfer nicht mehr zu befragen. Oberst Artur W. war Chef der 60 Mitarbeiter der Abteilung 8, Elektrotechnik und Elektronik, in der Stasi-Hauptabteilung XVIII, Sicherung der Volkswirtschaft.

Eigentlich ist die Abteilung XVIII/8 für die Abwehr westlicher Spionage im Bereich Kommerzielle Koordinierung zuständig. Doch die Strukturen der Stasi kennt zu jener Zeit noch niemand so genau.

Die panische Kurzschlusshandlung Artur W.s muss kein indirektes Schuldeingeständnis gewesen sein. Sie wirft aber ein Schlaglicht auf das jahrzehntelang praktizierte Verhältnis von Kriminalität und Macht im MfS.

Das Agieren der Stasi ist für die DDR-Justiz von Anfang an tabu. Bereits am 20. März 1950 heißt es in der Dienstanweisung: »Übergabe von Untersuchungsvorgängen an die Staatsanwaltschaft und die Gerichte«: »Es ist wiederholt vorgekommen, dass von Dienststellen des Ministeriums für Staatssicherheit bei der Übergabe abgeschlossenen U[ntersuchungs]-Vorgänge an die zuständigen Gerichte Unterlagen mitgereicht wurden, aus denen die Arbeitsmethoden, der Geschäftsgang und andere Zusammenhänge der Arbeit des Ministeriums zu ersehen sind. Zur Wahrung der Konspiration der Arbeitsmethoden des Ministeriums für Staatssicherheit ist mit einer derartig fahrlässigen Bearbeitungsweise Schluss zu machen.«[3]

Als der Ministerrat der DDR am 27. März 1952 die Aufsicht über Untersuchungen von Strafsachen durch das MfS dem Generalstaatsanwalt der DDR überträgt, wird mit einer erneuten internen Dienstanweisung vom 15. Mai 1952 befohlen, zu den Stasi-Untersuchungen neben der »Hauptakte« geheime Dokumentensammlungen anzulegen: »In diese Hauptakte gehören nicht:

- Berichte Geheimer Mitarbeiter und Informatoren;
- Anweisungen oder Aufträge an Geheime Mitarbeiter oder Informatoren;
- Unterlagen über geplante oder eingeleitete operative Maßnahmen gegen Personen, die sich noch in Freiheit befinden;
- Berichte von Zelleninformatoren. Alle diese Unterlagen sind in der Handakte des Mitarbeiters, der die Untersuchungen führt, zusammenzufassen. Es ist kategorisch verboten, dem Aufsicht führenden Staatsanwalt in diese Handakte Einblick zu gewähren.«[4]

Damit können sich von Anfang an auch kriminelle Täter im MfS darauf verlassen, dass ihrer Delikte – sollten sie überhaupt jemals auffliegen – bei Bedarf hausintern geklärt werden können. Manch einer von ihnen mag vom unerwarteten, vorzeitigen Renteneintritt aus »gesundheitlichen Gründen« eines Genossen, der Versetzung auf einen unwichtigen Posten bei ungekürztem Gehalt oder gar einer zaghaften Degradierung hören. Aus der Herde ausgestoßen werden die schwarzen Schafe äußerst selten. Das wissen sie und andere und gerade deshalb empfinden viele von ihnen gerade das friedliche, gewaltfreie Aufbegehren in der DDR als brutalen, bedrohlichen Schock.

Männer wie Artur W. waren bislang vom gemeinen DDR-Volk als nahezu allmächtig und unantastbar wahrgenommen worden. Nun legen plötzlich eben diese Leute, Bürger, die sich einfach nur verantwortlich fühlten und Polizisten, die ihr Fähnchen eilig in den neuen Wind drehen, Hand an ihn. Sie wagen es, den geheimen Oberst nach dem Woher und Wohin zu fragen, ihm gar in die Taschen zu sehen. Das ist zuviel für Artur W.

Wie viele seiner Stasi-Genossen auch, hat er sich, gestützt auf seine tatsächlich vorhandene Machtfülle, als außerhalb der Rechtsordnung des »Arbeiter- und Bauernstaates« stehend empfunden. Und so werden er und die anderen von Außenstehenden auch wahrgenommen, Ihre dienstlichen Handlungen widersprechen oftmals dem normalen Rechtsempfinden. Sie vermischen sich mit dem Auftreten im privaten und halbprivaten Bereich. Auch hier genießen die MfS-Offiziere den Schutz ihres mächtigen Ministeriums. Für diese Fürsorge liefern sie Anpassung, Dienstbereitschaft und unbedingten Gehorsam.

Recht und Gesetz sind für die Männer aus der Normannenstraße – Frauen finden sich dort fast nur in untergeordneten Hilfspositionen – recht relative Kategorien. Sie kennen aus Erfahrung die biblisch-klassenkämpferische »der-Zweck-heiligt-die-Mittel«-Mentalität des MfS, auf der die hausinterne Interpretation der »sozialistischen Gesetzlichkeit« basiert. Der Schutz der eigenen Mitarbeiter vor Strafverfolgung gehört durchaus dazu. Kriminelle Delikte werden nicht vor ordentlichen Gerichten, sondern innerhalb des Ministeriums geregelt – etwas mehr als jede zehnte Disziplinarstrafe hat 1989 diesen Hintergrund.

Es gehört zum Erfahrungshorizont der Stasi-Mitarbeiter, dass sich der Repressionsapparat des MfS nicht nur nach außen richtet. Um Geheimhaltung und Linientreue der eigenen Leute zu sichern, funktioniert er auch nach innen. Das macht die Atmosphäre gegenseitiger Bespitzelung und latenter Gewalt für den einzelnen erlebbar. Daran haben sie sich gewöhnt und daraus leiten sie ihre vermeintlichen Sonderrechte innerhalb der DDR-Gesellschaft ab.

Vor diesem Hintergrund ist es nicht verwunderlich, dass der hektische Auflösungsprozess des MfS im Frühjahr 1990 mit erheblichen kriminellen Aktivitäten einhergeht. Mord und Totschlag, der komplizierte Schwarzhandel mit Antiquitäten oder die konspirative Zuhälterei spielen nun freilich keine Rolle mehr. Es geht nur noch ums Geld.

Ohne jegliches Unrechtsbewusstsein schaffen einige Stasi-Offiziere durch die Mitnahme entsprechender Akten Voraussetzungen für künftige Einnahmen durch Erpressungen, andere »privatisieren« das bewegliche »Volkseigentum« im MfS, von riesigen Mengen an Putz- und Scheuermitteln über auf Falschnamen registrierte Autos bis hin zur elektronischen Ausrüstung. Die dicken Fische gehen jedoch ganz anders heran.

In einer »Vertraulichen Verschlusssache« (VVS) vom 20. November 1989 fordert Mielke-Stellvertreter Generaloberst Rudi Mittig die Leiter der Diensteinheiten auf, sämtliche konspirative Wohnungen, Objekte und Grundstücke zu überprüfen und »Änderungsvorschläge zur Rechtsträgerschaft« einzureichen.[5]

Dabei geht es um erhebliche Vermögenswerte, denn trotz dieser Verschiebeaktion, bei der auch die private Sanierung ausgesuchter Kader durch den Verkauf »preiswerter« Immobilien erfolgt, kann das Bundesvermögensamt bis Dezember 1995 immerhin noch 17 549 Objekte und Liegenschaften an die Treuhandanstalt übergeben.[6]

Ein wesentlicher Grund für das Explodieren der kriminellen Energien einiger Stasi-Offiziere in der Wendezeit liegt in den Überlebensbemühungen der Stasi unter der Regierung Hans Modrows.

Der am 13. November 1989 von der Volkskammer gewählte SED-Hoffnungsträger sitzt zwischen allen Stühlen. Hans Modrow weiß, dass es um das Überleben seiner Partei und deren Machterhalt im Staate DDR geht, dies aber mit den alten Strukturen unmöglich ist. Deshalb verkleinert er seine am 17. November 1989 bestätigte Regierung von bislang 44 auf 28 Ressorts. Die Stasi möchte er als Teil des Innenministeriums abtauchen lassen. Dagegen protestiert Innenminister Lothar Ahrendt. Er befürchtet – sicher nicht ohne Grund, damals kennt die »neue« Führung ja noch nicht einmal die genaue Personalstärke des MfS – dass mit einem solchen »Untermieter« sein Ministerium funktionsuntüchtig würde.

Hans Modrow erinnert sich: »Wolfgang Herger, der im ZK der SED für Sicherheitsfragen verantwortlich war, und Wolfgang Schwanitz [der Nachfolger Erich Mielkes, K. B.], der von der SED als Minister benannt worden war, drängen auf das Fortbestehen des Ministeriums für Staatssicherheit (MfS). Sie erkannten lediglich an, daß eine grundsätzliche Veränderung in den Aufgaben und in der Struktur erforderlich sei und dass es nicht nur um eine Umbenennung gehen dürfe.«[7]

Letzteres vermutet jedoch die DDR-Opposition im angeblich neu gebildeten »Amt für Nationale Sicherheit« (AfNS). Ein sehr handfester Grund dafür ist, dass in jenen Tagen immer wieder kriminelle Aktivitäten gewendeter Stasi-Offiziere, wie im Fall des Obristen Arthur W., ruchbar werden. Am Runden Tisch fordert sie Anfang Dezember die sofortige Auflösung des AfNS. Hans Modrow: »Diese Forderung beantworte ich zunächst mit dem Vorschlag, analog zur BRD zwei Organe zu bilden, den Verfassungsschutz und den Nachrichtendienst der DDR.«[8] Das lehnt der Runde Tisch ab, denn solch einen Schritt dürfte es nach den Neuwahlen, damals für den 6. Mai 1990 geplant, geben.

So wird die Auflösung der Stasi erst nach der 14. Tagung der Volkskammer am 11. und 12. Januar 1990 eingeleitet. Dafür, dass gerade auch von den schwarzen Geldgeschäften nichts an die Öffentlichkeit dringt, hat Hans Modrow bereits am 3. Dezember 1989 gesorgt. Kaum im Amt, sichert er die weitere strikte Geheimhaltung der Aktivitäten des mit der Stasi verquickten Bereichs Kommerzielle Koordinierung (KoKo), dessen Chef der wenige Stunden zuvor in den Westen geflohenen MfS-Oberst Alexander Schalck-Golodkowski ist: »Aus Gründen der nationalen Sicherheit ordne ich an, dass mit sofortiger Wirkung der Einsichtnahme in die Geschäftsakten der Hauptabteilung I des Bereichs Kommerzielle Koordinierung nicht stattgegeben wird.«[9]

Für die blitzschnell gewendete DDR-Justiz ist es schwierig, dem prominenten Delinquenten etwas Konkretes vorzuwerfen, um seiner habhaft zu werden. Allgemeines Geschwafel über schwarze Geschäfte reicht nicht, individuell begangene Verbrechen müssen es sein. Deshalb dauert es vier Tage, bis Direktor Weitzberg vom Stadtbezirksgericht Berlin-Mitte am 7. Dezember 1989 unter dem Aktenzeichen IIsC 445/89 einen Haftbefehl erlässt. Neben dem Verdacht, Alexander Schalck-Golodkowski habe 1980 mehrere Häuser für Familie Mittag auf Staatskosten bauen lassen, wird der Staatssekretär und Stasi-Oberst auch beschuldigt »Untreue zum Nachteil sozialistischen Eigentums im schweren Fall« ganz privat begangen zu haben: »1977 nahm er Einfluß, dass der volkseigene Betrieb Wasserversorgung und Abwasserbehandlung Neubrandenburg Erschließungsarbeiten für sein Wochenendhaus in Gollin für ca. 206 000,-- Mark leistete und ihm diese Leistungen nicht in Rechnung stellte.«[10]

Derweil macht der Modrow-Befehl für etwa drei Wochen jegliche Nachforschung und Dokumentation zu den kriminellen KoKo-Aktivitäten, in die auch die Stasi verwickelt war, unmöglich. Das mag als belangloser Zeitraum erscheinen, doch er birgt Potenzen für gewaltige Geschäfte: 10 Millionen Mark, zu damals durchaus üblichen 8,5 Prozent Zinsen angelegt, bringen 2 328,77 Mark – am Tag!

Während zehntausende Stasi-Mitarbeiter in jenen Wochen in langen Reihen in ihrem ehemaligen Hauptquartier Schlange stehen, um die Entlassungspapiere in Empfang zu nehmen, nutzen ein paar Dutzend von ihnen dieses Zeitfenster, um noch einmal richtig in die schwarzen Kassen zu greifen.

Das tut Hans Modrow später leid: »Auch wenn alle Parteien der großen Koalition die Bildung eines Amtes für Nationale Sicherheit mitgetragen haben, sehe ich es heute als Fehler an, daß ich nicht sofort mit der Auflösung des gesamten Ministeriums begonnen habe.«[11]

Die Folge dieses Handelns sehen die Parlamentarier des Deutschen Bundestages acht Jahre später nach langen Recherchen so: »Im Zeitraum der Modrow-Regierung mag sich deshalb manch ein Mitarbeiter oder Angehöriger des MfS wie in einem Selbstbedienungsladen gefühlt haben.«[12]

Doch nicht nur Hans Modrow ahnt Anfang 1990 kaum etwas vom kriminellen Potential bei der Stasi. Im Trubel der sich abzeichnenden Vereinigung kümmert sich niemand um die kräftig abräumenden schwarzen Schafe. Zeitzeugen berichten vom Abtransport großer Geldsummen in Schuhkartons und Sporttaschen. Beträchtliche Geldbeträge sind nicht einmal innerhalb des MfS registriert. Die Parlamentarier dazu: »So ist dem Untersuchungsausschuss bekannt, dass in der Abteilung Rückwärtige Dienste der HVA im Referat Finanzen eine solche schwarze Kasse in Höhe von 400 000 DM verfügbar war. Dieser illegale geheime Bestand, der nicht buchmäßig erfasst gewesen ist und von dem die Abteilung Finanzen des MfS keine Kenntnis gehabt hat, wurde als ›Notgroschen für den Ernstfall‹ gehortet. Auch an anderen Stellen sind im Zuge der Auflösung der HVA schwarze Kassen entdeckt worden.«[13]

Erst am 3. Januar 1991 beauftragt Bonns damaliger Innenminister Wolfgang Schäuble das Bundesverwaltungsamt in Köln, »das bewegliche und unbewegliche Vermögen sowie das Finanzvermögen des ehemaligen MfS/AfNS [...] aufzuklären, zu erfassen und zu sichern.«[14]

Auch im bereits vereinten Deutschland weiß zu diesem Zeitpunkt noch niemand, um welche Größenordnungen des Vermögens es sich überhaupt handelt. Der 2. Untersuchungsausschuss des 13. Deutschen Bundestages stellt im Mai 1998 dazu fest: »Die Schätzungen schwankten zwischen 20 und 60 Milliarden DM.«[15] Das ist eine gewaltige Spanne. Sicher sind sich die Parlamentarier später, dass damals erhebliche Werte unkontrolliert versickert sind: »Insbesondere der Zeitraum zwischen Herbst 1989 und Januar 1990 bot Gelegenheit für Vermögensveruntreuungen. Aus diesem Zeitraum liegen dem Untersuchungsausschuss keinerlei Dokumente vor, die belegen können, ob und wie mit den in den Ministerratsbeschlüssen dieser Zeit nicht erwähnten Konten, Unternehmens- und Immobilienbestand des MfS/AfNS in Auflösung verfahren wurde. Umfangreiche Barabhebungen im Zeitraum Oktober 1989 bis Ende März 1990 konnte der Untersuchungsausschuss ebenfalls nicht abschließend aufklären.«[16]

So bleiben den rechtmäßigen Erben des DDR-Vermögens nur »Rückschlüsse auf ein erschreckendes Ausmaß krimineller Machenschaften«.[17] Sie wissen, »dass zu Vermögensveruntreuungen im strafrechtlichen Sinne Gelegenheit bestand« und mehrfach »zweistellige Millionenbeträge« durch das »Zusammenwirken sogenannter alter Seilschaften« beiseite geschafft wurden[18], können aber den genauen Umfang des verschobenen Vermögens nicht mehr klären.

Die Akteure dieser Geschäfte bleiben für den Untersuchungsausschuss im Dunkeln. Er erkennt aber ihre Methoden: »Der Untersuchungsausschuss hat festgestellt, dass in zahlreichen Fällen der Verdacht besteht, legendierte Immobilien, die von MfS-Kadern nur treuhänderisch verwaltet wurden, seien bei der MfS/AfNS-Auflösung nicht als MfS-Vermögen gemeldet und weiterverwertet worden. MfS-Konten seien aufgelöst und die Gelder vereinnahmt worden, Grundstücke zu Niedrigpreisen an hochrangige hauptamtliche Mitarbeiter des MfS verkauft worden und Firmen, die im Eigentum oder Nutzung des MfS standen, seien nicht gemeldet worden.«[19]

Überdies hegen die Parlamentarier den begründeten Verdacht, »dass es zu Vermögensveruntreuungen auch dadurch gekommen ist, dass MfS-Mitarbeiter oder Strohmänner unter Verwendung von MfS-Vermögenswerten Unternehmungen gründeten.«[20] Und weiter halten die Parlamentarier fest: »Der Verdacht des Untersuchungsausschusses, dass mit DDR-Staatsgeldern Versorgungsunternehmen für ehemalige MfS-Kader geschaffen worden sind, wurden durch die Beweiserhebung weiter bekräftigt.«[21] Zahlreiche Beispiele dazu finden sich in den Akten des Ausschusses, manche der damals entstandenen Firmen sind bis heute tätig.

An dieser Stelle verquickt sich oftmals die kriminelle Aktivität ehemaliger Stasi-Mitarbeiter mit dunklen Geschäften dubioser Handelspartner im Westen. Sie nutzen das Chaos des DDR-Untergangs, um noch schnell aus dem einen oder anderen Scheingeschäft – also einem Geschäft, das nur auf dem Papier existiert – Geld zu kassieren und dieses dann über die neuen Stasi-Tarnfirmen zu waschen. Obwohl es die geltende Gesetzeslage heute nicht mehr erlaubt, wegen einer möglichen Verletzung von Persönlichkeitsrechten dafür Ross und Reiter zu nennen, sei hier zumindest der Ablauf eines solchen kriminellen Geschäftes geschildert.

Rechtzeitig vor der Währungsunion, am 10. April 1990, gründen einige MfS-Mitarbeiter in einer der künftigen ostdeutschen Landeshauptstädte ein Dienstleistungsunternehmen. Das Stammkapital der GmbH beträgt 120 000 Mark der DDR. Über die Herkunft dieses Geldes sagt ein Stasi-Mitarbeiter bei der Staatsanwaltschaft aus, dass es ihm Ende 1989 in bar von seiner damaligen Dienststelle ausgehändigt worden sei. Er gibt es dann an einen seiner inoffiziellen Mitarbeiter weiter, der es in die GmbH fließen ließ. Auf identischen Wegen bringt die kleine Gruppe der Stasi-Jungunternehmer so erst einmal genügend Kapital zusammen, um die Firma rechtskräftig in der Marktwirtschaft anzusiedeln. Wirtschaftlich aktiv werden kann sie mit den knappen Mitteln jedoch noch nicht.

Dabei hilft nun eine West-Firma. Man kennt sich aus Geschäften zu DDR-Zeiten. Sie gibt dem neuen Unternehmen ein bis zum 1. Juli 1991 unverzinsliches Darlehen in Höhe von 950 000 Mark der DDR und 150 000 DM. Damit baut die GmbH im Osten ihre Filialen für die Kundenbetreuung auf. Das Darlehen hat eine Laufzeit bis zum 31. Mai 1995, auf jegliche Sicherheiten wird ausdrücklich verzichtet.

Das kann die Firma West gut tun, denn die am 21. März 1990 auf das Konto der Firma Ost überwiesenen 950.000 DDR-Mark stammen aus einem Scheingeschäft über die angebliche Lieferung elektronischer Bauelemente, die jedoch nie erfolgte.

Mit der Wirtschafts-, Währungs- und Sozialunion werden alle Bilanzen auf D-Mark umgestellt. Der Laden Ost brummt, denn er bietet seine Leistungen in einer Branche, in der bis heute unvermindert Geld ausgegeben wird. Der Partner West streicht für echte 150 000 DM fünf Jahre später eine gute halbe Million Mark ein, blütenweiß gewaschen und nun ganz legal.

Natürlich ist es nur ein geringer Teil der ehemaligen Stasi-Mitarbeiter, der sich mit solch kriminellen Methoden bereichert.

Dennoch stellt der 2. Untersuchungsausschuss des Bundestages 1998 fest: »Insbesondere Anfang 1990 hatten privilegierte MfS-Mitarbeiter Immobilien erworben, wobei in einigen Fällen die Herkunft der finanziellen Mittel nicht geklärt ist.«[22] Es gibt aber auch Spuren, denen zeitweilig die Staatsanwaltschaft nachging. Die Ermittlungen zu »bekannt gewordenen Barabhebungen in Höhe von etwa 700 Mio. Mark, die von Oktober 1989 bis März 1990 getätigt worden sein sollen, haben ergeben, dass die Zahlungen überwiegend als Abfindungen, Sondervergütungen oder im Rahmen der Auflösung des MfS geleistet worden sind.«[23]

Damit bleibt auch im Chaos des Untergangs der Kreislauf von Macht und Kriminalität geschlossen. Was sich in den Jahren der Existenz des MfS an individuellen Straftaten mit der guten Chance, bei Entdeckung vertuscht zu werden, abspielt, erlebt in jenen Monaten einen letzten Höhepunkt. »Das Organ« nutzt, fördert manchmal und toleriert meist über Jahre kriminelle Potenzen einiger seiner Mitarbeiter. Beileibe nicht jeder von ihnen ist ein Verbrecher, aber es gibt auch die Kriminellen im MfS.

Sie sind inzwischen längst in der Marktwirtschaft abgetaucht. Heute erinnern sich nur noch einige frustrierte Ermittler an sie.

Editorische Notiz zur Anonymisierung

Aus Gründen des Schutzes der Persönlichkeitsrechte wurden alle im Buch vorkommenden Personen, Täter wie Opfer, anonymisiert, entweder durch Abkürzung oder durch Vergabe eines neuen Namens. Ausnahmen von dieser Regelung sind Buchautoren, Richter und Ankläger sowie echte Personen der Zeitgeschichte, wie z. B. hohe Funktionäre der DDR und des MfS wie Erich Mielke, Walther Ulbricht oder Erich Honecker. Die Anonymisierung wurde auch auf die zitierten Dokumente ausgedehnt, die also in diesen Fällen vom Originaldokument abweichen. – Ausnahme bildet Kapitel 4 »Kunsträuber«. Die Opfer, Siegfried und Annelies Kath, haben einer Veröffentlichung der Namen zugestimmt.

Quellen und Anmerkungen

Die in den Anmerkungen verwendete Abkürzung BStU steht für »Die Bundesbeauftragte für die Unterlagen des Staatssicherheitsdienstes der ehemaligen Deutschen Demokratischen Republik« und bezeichnet hier die jeweilige Akte in der so genannten Birthler-Behörde (ehemals Gauck-Behörde)

Prolog

1 Nach Schröder, Rainer: »Geschichte des DDR-Rechts: Straf- und Verwaltungsrecht«, http://www.forhistiur.de
2 Schroeder, Friedrich-Christian: »Das Strafrecht des realen Sozialismus. Eine Einführung am Beispiel der DDR«, Wiesbaden 1983, S. 31
3 Ebenda, S. 37
4 Zit. nach Schroeder: »Das Strafrecht [...]«, a. o. O., S. 37
5 »Beschluss des Staatsrates der DDR vom 24. 5. 1962 zum Bericht des Obersten Gerichtes über die Durchführung des Beschlusses über die weitere Entwicklung der Rechtspflege« In: »Neue Justiz«, Berlin 1962, S. 329
6 Statistisches Amt der DDR (Hrsg.): »Statistisches Jahrbuch der Deutschen Demokratischen Republik ´90«, Berlin 1990, S. 437
7 Mittmann, Wolfgang: »Krimis in der DDR – Agitprop?«, http://www.alligatorpapiere.de
8 Andert, Reinhold und Herzberg, Wolfgang: »Der Sturz – Honecker im Kreuzverhör«, Berlin und Weimar 1991 (3. Aufl.), S. 369
9 Ebd.
10 Spittmann, Ilse (Hrsg.): »Die SED in Geschichte und Gegenwart«, Köln 1987, hier: »Die SED in Zahlen«, S. 226
11 Nach Schumann, Silke: »Die Parteiorganisation der SED im MfS« In: Anatomie der Staatssicherheit. Geschichte, Struktur und Methoden. MfS-Handbuch. Herausgegeben von Klaus-Dietmar Henke u. a. Berlin 1996 ff [im folgenden: BstU-MfS-Handbuch], Teil III/20, S. 19
12 BStU, MfS SED-KL 6184, BStU-Nummerierung Blatt 1
13 Schumann: »Die Parteiorganisation [...]«, a. o. O., S. 62
14 Nach Ebd., S. 55 ff.
15 Statistisches Amt [...] »Statistisches Jahrbuch [...]«, a. o. O., S. 439
16 Ebd.
17 Ebd.
18 Gesetzblatt der DDR, Teil I, S. 229
19 Nach Beleites, Johannes: »Abteilung XIV: Haftvollzug«, BStU-MfS-Handbuch, Teil III/9, S. 57
20 Zitat und Darstellung ebd., S. 31
21 Zitat und Darstellung ebd., S. 29
22 Zit. ebd., S. 16
23 Zit. ebd.
24 Zit. ebd.
25 Zit. ebd.

Der Millionenmann

1 Name geändert. Obwohl der Klarname in den Stasi-Akten nicht geschwärzt wurde und es sich bei U. Sch. um eine MfS-Mitarbeiterin handelt, erfolgt hier aus Gründen der Wahrung des Persönlichkeitsschutzes eine Änderung, da der Klarname für die Darstellung von kriminellen Aktivitäten von MfS-Angehörigen nicht relevant ist. Aus dem gleichen Grund werden auch alle verzichtbaren biografische Angaben – siehe unten – verändert.
2 BStU, MfS XV/7682/81, Bd. 1, BStU-Nummerierung S. 152
3 Ebd., S. 181
4 Ebd., S. 181 f.
5 Ebd., S. 182
6 Ebd., Bd. 3, S. 135
7 Ebd., S. 79
8 Ebd., Bd. 4, S. 68 f.
9 Ebd., S. 270
10 Ebd., Bd. 3, S. 41
11 BStU, MfS XV/7681/81, Bd. 1, BStU-Nummerierung S. 124
12 Ebd., S. 297
13 BStU, MfS XV/7682/81, Bd. 1, BStU-Nummerierung S. 160
14 BStU, MfS XV/7681/81, Bd. 1, BStU-Nummerierung S. 125
15 Titel: »Der Beitrag der Organe des MfS bei der konsequenten Verfolgung von Nazi- und Kriegsverbrechen und Verbrechen gegen die Menschlichkeit«
16 BStU, JHS VVS 384/80, BStU-Nummerierung S. 156
17 BStU, MfS XV/7682/81, Bd. 1, BStU-Nummerierung S. 153
18 BStU, MfS HA XVIII 13326 BStU-Nummerierung S. 14 f.
19 Ebd., S. 15
20 BStU, MfS HA XVIII 13327 BStU-Nummerierung S. 9
21 BStU, MfS XV/7682/81, Bd. 1, BStU-Nummerierung S. 154
22 BStU, MfS HA XVIII 13328 BStU-Nummerierung S. 37
23 Ebd., S. 38
24 Ebd.
25 BStU, MfS XV/7682/81, Bd. 1, BStU-Nummerierung S. 155
26 Ebd.
27 Ebd., Bd. 5, S. 58
28 Ebd., Bd. 1, S. 155
29 Ebd.
30 Ebd., S. 156
31 Ebd.
32 Ebd., Bd. 4, S. 49
33 Ebd., S. 51
34 Ebd., Bd. 1, S. 155
35 Ebd., Bd. 4, S. 50
36 Ebd., S. 49
37 Ebd., Bd. 1, S. 155
38 Ebd., S. 158
39 Ebd., S. 159
40 Ebd., S. 162
41 Ebd., S. 160
42 Ebd., Bd. 3, S. 84

43 Ebd., Bd. 1, S. 168 – Der im Originalzitat verwendete Begriff IMK wurde aus Gründen der Verständlichkeit durch »konspirative Wohnung« ersetzt. Die Abkürzung IMK steht ursprünglich für »inoffizieller Mitarbeiter für Konspiration«, wird aber ab 1979 auch zur Bezeichnung von in diesem Zusammenhang genutzten konspirativen Wohnungen benutzt.
44 Ebd., Bd. 3, S. 22
45 Ebd., S. 171
46 Ebd.
47 BStU, MfS XV/7681/81, Bd. 1, BStU-Nummerierung S. 87
48 Ebd., S. 236
49 BStU, MfS XV/7682/81, Bd. 3, BStU-Nummerierung S. 61 f. – Im Interesse der besseren Lesbarkeit wurden im Zitat verwendete Abkürzungen (IV) ausgeschrieben. Der Name der Westberliner Firma wurde geändert.
50 Ebd., S. 62
51 Ebd., Bd. 1, S. 165
52 Ebd., S. 171 f.
53 Ebd.
54 Ebd., S. 165 ff.
55 Ebd., Bd. 3, S. 49
56 Ebd., Bd. 1, S. 185
57 Ebd., Bd. 3, S. 77
58 Ebd., S. 78
59 Ebd., S. 77. – Im Zitat von W. verwendete Abkürzungen wurden ausgeschrieben.
60 Ebd., S. 78
61 Ebd., Bd. 1, S. 163
62 Ebd., S. 164
63 Ebd.
64 Ebd., S. 165
65 Ebd., Bd. 4, S. 317
66 Ebd., S. 318 f.
67 Ebd., S. 309
68 Ebd., S. 311
69 Ebd., Bd. 6, S. 237
70 BStU, MfS XV/7681/81, Bd. 1, BStU-Nummerierung S. 227
71 BStU, MfS XV/7682/81, Bd. 1, BStU-Nummerierung S. 212
72 Ebd.
73 Ebd., S. 213
74 Ebd.
75 Ebd.
76 BStU, MfS XV/7681/81, Bd. 1, BStU-Nummerierung S. 189
77 BStU, MfS XV/7682/81, Bd. 1, BStU-Nummerierung S. 213
78 Ebd.
79 Ebd., S. 183
80 Ebd., Bd. 3, S. 11
81 Ebd., S. 13
82 Ebd., Bd. 1, S. 184 f.
83 Ebd., Bd. 6, S. 57
84 Ebd.
85 Ebd.
86 Ebd., S. 68

87 Ebd., S. 65
88 Ebd., S. 65 f.
89 Ebd., S. 68
90 Ebd., S. 66
91 BStU, MfS XV/7681/81, Bd. 1, BStU-Nummerierung S. 214
92 Ebd., S. 214 f.
93 Ebd., S. 236
94 BStU, MfS XV/7682/81, Bd. 6, BStU-Nummerierung S. 180
95 Ebd., S. 182 f.
96 Ebd., S. 33
97 Ebd., S. 87
98 Ebd., S. 181 f.
99 Ministerium der Justiz (Hrsg.): »Strafgesetzbuch sowie angrenzende Gesetze und Bestimmungen. Textausgabe«, Staatsverlag der DDR, Berlin 1981, § 158
100 BStU, MfS XV/7682/81, Bd. 6, BStU-Nummerierung S. 185
101 Ebd.
102 Ebd., S. 186
103 Ebd., S. 185
104 Ebd.
105 Ebd.
106 Ebd.
107 Ebd., S. 186
108 Ebd.
109 Ebd.
110 Ebd.
111 Ebd., S. 187
112 Ebd., S. 186
113 Ebd., S. 187
114 Ebd., S. 179
115 Ebd.
116 Ebd., Bd. 1, S. 216
117 Ebd., S. 217
118 Ebd.
119 Ebd., S. 317 f.
120 »Neues Deutschland«, Berlin, 28. Oktober 1983
121 Ebd.
122 BStU, MfS XV/7682/81, Bd. 8, BStU-Nummerierung S. 108
123 Ebd., Bd. 1, S. 193
124 Ebd., S. 321 f.
125 Ebd., S. 322
126 Ebd., S. 323
127 BStU, Handakte Oberstaatsanwalt, IA 134a/81S, BStU-Nummerierung S. 202
128 Ebd., S. 186 f
129 Ebd., S. 202 f.
130 BStU, MfS XV/7682/81, Bd. 2, BStU-Nummerierung S. 305 f
131 Nach: Deutscher Bundestag (Hrsg.): »Bericht des 1. Untersuchungsausschusses des 12. Deutschen Bundestages – Der Bereich Kommerzielle Koordinierung und Alexander Schalck-Golodkowski – Werkzeuge des SED-Regimes«, BT-Drucksache 2/94, Textband, S. 348 ff.

Missbraucht und fallengelassen

1 Zit. Habel, Frank-Burkhart: »Das große Lexikon der DEFA-Spielfilme«, Berlin 2001
2 Behling, Klaus: »Berlin im Kalten Krieg«, Berlin 2006, Kap.13
3 StGB der DDR, Berlin 1987
4 »Focus« Nr. 11/2003 vom 11.03.2002, S. 46
5 Maennel, Annette: »Auf sie war Verlass«, Berlin 1995, S. 136
6 Besser, Andrea: »Honeckers Huren«, Sendung *exakt* vom 18. 11. 2003, Text unter: http://www.mdr.de/exakt/archiv/1055223.html
7 Ebd.
8 Ebd.
9 »Focus« Nr. 28/1997: »Flotte Moni von der Stasi«, S. 64 ff
10 Ebd. S. 68
11 Biografische Angaben, Zitate H. L. usw.: Zeitzeugengespräche mit H. L. 8. März 2006 und 13. September 2006
12 Scheidungsurteil v. 10. Dezember 1954, Kopie im Besitz d. A.
13 Briefkopie v. 20. Juni 1960 im Besitz d. A.
14 Briefkopie v. 7. Februar 1960 im Besitz d. A.
15 Briefkopie v. 3. November 1963 im Besitz d. A.
16 Mitteilung aus Rodewisch an die Klinik Hochweitzschen
17 Urteil v. 19. August 1960
18 Ebd.
19 Protokoll AEK Hohenleuben v. März 1968
20 Ebd.
21 Brief des Krankenhauses für Neurologie und Psychiatrie an Abt. Inneres v. Juni 1972
22 Urteil des Bundesverwaltungsgerichts Akz. 3 C 23.01
23 Ahrends, Martin: »Das Schlupfloch nach innen« In: text und kritik, Heft 120, S. 159 ff
24 Zit. Maennel, a. o. O., S. 129
25 Hahn, Reinhardt O.: »Ausgedient. Ein Stasi-Major erzählt«, Halle/Leipzig 1990
26 Ebd. S. 27
27 Ebd. S. 54f
28 Ebd. S. 55
29 Ebd. S. 56
30 Ebd. S. 57
31 »die andere« 13/91, S. XIV
32 Zit. »Der Spiegel« Nr. 9/1991, S. 84
33 Jewtuschenko, Jewgeni: »Der Wolfspass«, Berlin 2000, S. 206ff
34 »Der Spiegel« Nr. 36/1989, S. 30
35 Hirsch, Rudolf: »Der Markus Wolf Prozess«, Berlin 1994, S. 186
36 Falck, Uta: »VEB Bordell«, Berlin 1998, S. 130ff
37 »Konkret« Nr. 7/1994 S. 52ff
38 Alle biografischen und sonstigen Angaben nach Unterlagen des Rechtsanwalts E. W., Berlin
39 Lapp, Peter Joachim: »Die Grenztruppen der DDR« In: »Im Dienste der Partei. Handbuch der bewaffneten Organe der DDR. Hrsg. von Torsten Diedrich«, Berlin 1998, S. 231

Mordwaffe »Makarow«

1 »Lebensbeichte auf Tonband« In: »Focus« Nr. 40/2003 vom 29. 9. 2003
2 »Berliner Morgenpost«, Berlin, 18. 12. 2003
3 »Die Einsatz- und Kampfgrundsätze tschekistischer Einsatzkader bei der Durchführung offensiver tschekistischer Kampfhandlungen im Operationsgebiet«, zit. nach Auerbach, Thomas: »Einsatzkommandos an der unsichtbaren Front – Terror- und Sabotagevorbereitungen des MfS gegen die Bundesrepublik Deutschland«, Berlin 1999 (3. Aufl.), S. 27
4 Sälter, Gerhard: »Interne Repression – Die Verfolgung übergelaufener MfS-Offiziere durch das MfS und die DDR-Justiz (1954-1966)«, Dresden 2002, S. 155
5 http://www.deutsche-landwirte.de
6 Thiemrodt, Ivo: »Strafjustiz und DDR-Spionage – Zur Strafverfolgung ehemaliger DDR-Bürger wegen Spionage gegen die Bundesrepublik«, Berlin 2000, S. 327
7 BStU, MfS HA IX 92, BStU-Nummerierung S. 7
8 Ebd.
9 Ebd., S. 11. In o. g. MfS-Akten, die einen ausführlichen, internen Vortrag zu dem Fall zum Inhalt haben, ist der Name mit »Corel«, später vollständig als »Corel-Kaent« angegeben. Der Name des zweiten Opfers erscheint dort als »Torres-Andreo«. Es wird davon ausgegangen, dass diese Namen gewählt wurden, um den Fall zu anonymisieren. Der Name des Täters wird aus dem gleichen Grund in der Akte nicht genannt.
10 Ebd., S. 23
11 Ebd., S. 23 f.
12 Ebd., S. 24
13 Ebd., S. 27
14 BStU, MfS, Zentral-Archiv 3561/67, Bd. 1, BStU-Nummerierung S. 107
15 Ebd.
16 Ebd., S. 23 f., Daten zum Lebenslauf ebd.
17 Gespräch des Autors mit Horst C. in Königsborn
18 BStU, MfS, Zentral-Archiv 3561/67, Bd. 1, BStU-Nummerierung S. 106
19 Ebd., S. 107
20 Gespräch des Autors mit Horst C. in Königsborn
21 BStU, MfS HA IX 92, BStU-Nummerierung S. 33
22 BStU, MfS, Zentral-Archiv 3561/67, Bd. 1, BStU-Nummerierung S. 107
23 Gespräch des Autors mit Horst C. in Königsborn
24 BStU, MfS, GH 122/85, Haftsache, BStU-Nummerierung S. 296 und 290
25 Ebd., Gerichtsakte Bd. 18, BStU-Nummerierung S. 149
26 Ebd., Ermittlungsverfahren Bd. 1, BStU-Nummerierung S. 383
27 Ebd., Strafsache Bd. 17, BStU-Nummerierung S. 68 ff.
28 Ebd., S. 62
29 Ebd., S. 63
30 Ebd.
31 Ebd., S. 65
32 Ebd., S. 70
33 Ebd., Strafsache Bd. 9, BStU-Nummerierung S. 11
34 Ebd., S. 12
35 Ebd., S. 15
36 Ebd., S. 32 f.
37 Ebd., S. 44

38 Ebd., S. 46
39 Ebd., S. 85
40 Ebd.
41 Ebd.
42 Ebd.
43 Ebd., S. 90
44 Ebd., S. 113
45 Ebd., S. 115
46 Ebd.
47 Ebd.
48 Nach »Was Unschuldige dazu treibt, öffentlich einen Mord zu gestehen« in »Ärzte-Zeitung online«, 28. 3. 2006, http://www.aerztezeitung.de/docs/2003/12/18/231a0301.asp
49 BStU MfS GH 122/85, Haftsache Bd. 17, BStU-Nummerierung S. 35
50 Ebd., S. 38 f.
51 Ebd., S. 36
52 Ebd., S. 60
53 BStU MfS GH 250/85, Aktenmappe 549, BStU-Nummerierung S. 328
54 BStU MfS GH 122/85, Haftsache Bd. 17, BStU-Nummerierung S. 54
55 Ebd., S. 73
56 Ebd.
57 Ebd., S. 74
58 Ebd., S. 50
59 Ebd., S. 75
60 Ebd., S. 76 f.
61 Ebd., S. 79
62 Ebd., S. 80
63 Ebd., Haftsache Bd. 8, BStU-Nummerierung S. 282 f.
64 Ebd., S. 282
65 Ebd., Ermittlungsverfahren, Bd. IV, BStU-Nummerierung S. 269, 270
66 Ebd., S. 270
67 Ebd., Haftsache Bd. 17, BStU-Nummerierung S. 91
68 Ebd., S. 289
69 Großmann, Werner: »Bonn im Blick – Die DDR-Aufklärung aus der Sicht ihres letzten Chefs«, Berlin 2001, S. 146
70 Schlomann, Friedrich W.: »Die Maulwürfe – Noch sind sie unter uns, die Helfer der Stasi im Westen«, München 1993, S. 137
71 Eichner, Klaus und Schramm, Gotthold (Hrsg.): »Kundschafter im Westen«, Berlin 2003, S. 123
72 Zitat und Darstellung nach »Krimi aus dem Kalten Krieg« In »Der Spiegel« Nr. 22/1999, 31. 5. 1999
73 Engelmann, Roger und Joestel, Frank: »Grundsatzdokumente des MfS«, BStU-MfS-Handbuch, Teil V/5, S. 198
74 Ebd.
75 BStU, MfS, GH 122/85, Haftsache Bd. 17, BStU-Numerierung S. 77
76 Ebd., S. 114
77 Sieberer, Hannes und Kierstein, Herbert: »Verheizt und vergessen – Ein US-Agent und die DDR-Spionageabwehr«, Berlin 2005, S. 133
78 Ebd.

79 Nach Labrenz-Weiß, Hanna: »Die Hauptabteilung II: Spionageabwehr«, BStU-MfS-Handbuch, Teil III/7, (2. durchgesehene Auflage), S. 49
80 Sieberer, Hannes und Kierstein, Herbert: »Verheizt ...«, a. o. O., S. 133 f.
81 Ebd., S. 134
82 Nach Labrenz-Weiß, Hanna: »Die Hauptabteilung ....«, a. o. O., S. 49

Kunsträuber

1 »Der Spiegel« Nr. 49/1978, S. 210 ff, Nr. 50/1978, S. 116 ff: Alte Puppen für den Westen
2 Deutscher Bundestag, 12. Wahlperiode, Drucksache 12/4500: Dritte Beschlussempfehlung und dritter Teilbericht des 1. Untersuchungsausschusses, Bonn 1993
3 Blutke, Günter: »Obskure Geschäfte mit Kunst und Antiquitäten«, Berlin 1990
4 Bischof, Ulf: »Die Kunst und Antiquitäten GmbH im Bereich Kommerzielle Koordinierung«, Berlin 2003
5 Zit. ebd. S. 212
6 Gespräch mit A. Kath, 28.10.2006
7 »Der Spiegel« Nr. 49/1978, S. 220
8 U. a. Bischof, »Die Kunst und Antiquitäten GmbH«, a. o. O., S. 128f, Tafel 4a/b
9 Ebd.
10 BT-Drucksache 12/4500 S. 10, Bischof, »Die Kunst und Antiquitäten GmbH«, a. o. O., S. 95
11 »Der Spiegel« Nr. 50/1978, S. 118
12 Koch, Peter-Ferdinand: »Das Schalck-Imperium«, München 1992, S. 151
13 Anzeigen in der Lokalpresse 1972/73
14 »Der Spiegel« Nr. 50/1978, S. 120
15 Scharsich, Dagmar: »Die gefrorene Charlotte«, Hamburg 1993
16 »die andere« 12/91 Beilage 3, S. 3
17 BT-Drucksache 12/4500, S. 10
18 »Der Spiegel« Nr. 50/1978, S. 123
19 Ebd. S. 124
20 Zit. ebd.
21 Bischof, »Die Kunst und Antiquitäten GmbH«, S. 128 ff, Tafeln 4a-d
22 Bischof, »Die Kunst und Antiquitäten GmbH«, S. 73f
23 BT-Drucksache 12/4500, S. 10
24 zit. Bischof, »Die Kunst und Antiquitäten GmbH«, S. 98
25 BT-Drucksache 12/4500, S. 11, Bischof, »Die Kunst und Antiquitäten GmbH«, S. 75
26 Zit. Bischof, »Die Kunst und Antiquitäten GmbH«, S. 73
27 BT-Drucksache 12/4500, S. 11
28 Ebd. S. 12
29 Zit. Bischof, »Die Kunst und Antiquitäten GmbH«, S. 73
30 BT-Drucksache 12/4500 S.12
31 Ebd. S. 13
32 Ebd. S. 15
33 Bischof, »Die Kunst und Antiquitäten GmbH«, S. 131 Tafel 4d
34 Ebd. S. 97f

35 BT-Drucksache 12/4500, Dokument 5: MfS Kreisdienststelle Pirna, Sachstandsbericht zum OPK Kath v. 5.10.73, S. 2
36 Ebd., S. 3
37 Zeitzeugengespräch mit A. Kath, 6.11.2006
38 Wie Anm. 35, S. 3, auch Bischof, »Die Kunst und Antiquitäten GmbH«, S. 101
39 Zit. Bischof, »Die Kunst und Antiquitäten GmbH«, S. 102
40 Wie Anm. 35, S. 4
41 Wie Anm. 35, S. 5
42 Wie Anm. 35, S. 5
43 Wie Anm. 35, S. 4
44 Wie Anm. 35, S. 5
45 BT-Drucksache 12/4500, S. 15, »Der Spiegel« Nr. 50/1978, S. 126
46 Bischof, »Die Kunst und Antiquitäten GmbH«, S. 103f
47 Drucksache 12/4500, S. 15
48 Bischof, »Die Kunst und Antiquitäten GmbH«, S. 104
49 Zit. »Der Spiegel« Nr. 50/1978, S. 126
50 Drucksache 12/4500, Dokument 10: Staatsanwalt des Bezirks Dresden – Anklageschrift vom 5.3.1975
51 Seiffert, Wolfgang/Treutwein, Norbert: »Die Schalck-Papiere«, Wien 1991
52 Ebd., S. 23 (0039)
53 BT-Drucksache 12/4500, S. 15
54 Zeitzeugengespräche mit A. Kath, 28.11.2006 und 6.11.2006
55 BT-Drucksache 12/4500, S. 15
56 Ebd.
57 Zeitzeugengespräch mit A. Kath 6.11.2006
58 BT-Drucksache 12/4500 S. 15
59 Ebd. S. 16
60 Koch, Peter-Ferdinand: »Das Schalck-Imperium«, München/Zürich 1992, S. 87
61 zit. Bischof, »Die Kunst und Antiquitäten GmbH«, S. 107
62 BT-Drucksache 12/4500 S. 17
63 Koch, Egmont R.: »Das geheime Kartell. BND, Schalck, Stasi & Co«, Hamburg 1992
64 BT-Drucksache 12/4500 S. 17
65 Abweichender Bericht der Berichterstatterin der Gruppe Bündnis 90/Die Grünen im 1. Untersuchungsausschuss Ingrid Köppe, MdB, S. 1 Köppe-Bericht
66 Ebd. S. 4
67 Ebd. S. 7ff
68 Ebd. S. 4
69 Ebd.
70 Ebd. S. 28ff
71 Ebd. S. 4
72 »Der Spiegel« Nr. 50/1993, S. 20b f
73 Bischof, »Die Kunst und Antiquitäten GmbH«, S. 181
74 Ebd. S. 182
75 Köppe-Bericht, S. 30
76 Ebd. S. 31
77 Ebd.
78 Koch, »Das Schalck-Imperium«, S. 151 f
79 Werbeschrift der DPS GmbH Wermsdorf: Super-Schnäppchen für Deutschland-Sammler, November 2006

Epilog

1 Deutscher Bundestag (Hrsg.) »Bericht des 1. Untersuchungsausschusses des 12. Deutschen Bundestages – Der Bereich Kommerzielle Koordinierung und Alexander Schalck-Golodkowski – Werkzeuge des SED-Regimes«, BT-Drucksache 12/7600, Anlagenband 2, S. 2333
2 Ebd., Textband (Drucksache 12/7600), S. 259
3 Engelmann, Roger und Joestel, Frank: »Grundsatzdokumente des MfS«, BStU-MfS-Handbuch, Teil V/5, S. 46
4 Ebd., S. 53
5 »Die Stasi lässt keinen verkommen« In: »Der Spiegel«, Nr. 9/1993 vom 01.03. 1993
6 Deutscher Bundestag (Hrsg): »2. Untersuchungsausschuss zur Aufklärung der Aktivitäten des Bereichs Kommerzielle Koordinierung«, Beschlussempfehlung und Bericht vom 28. Mai 1998, Drucksache 13/10900, S. 371
7 Modrow, Hans: »Aufbruch und Ende«, Hamburg 1991 (2. Auflage), S. 34
8 Ebd.
9 Deutscher Bundestag (Hrsg.) »Bericht des 1. Untersuchungsausschusses des 12. Deutschen Bundestages – Der Bereich Kommerzielle Koordinierung und Alexander Schalck-Golodkowski – Werkzeuge des SED-Regimes«, BT-Drucksache 12/7600, Textband, S. 369
10 Zit. nach Bahrmann, Hannes und Fritsch, Peter-Michael: »Sumpf – Privilegien, Amtsmißbrauch, Schiebergeschäfte«, Berlin 1990, S. 57
11 Modrow, Hans, »Aufbruch«, a. o. O., S. 35
12 Deutscher Bundestag (Hrsg): »2. Untersuchungsausschuss zur Aufklärung der Aktivitäten des Bereichs Kommerzielle Koordinierung«, Beschlussempfehlung und Bericht vom 28. Mai 1998, Drucksache 13/10900, S. 372
13 Ebd.
14 »Die Stasi lässt keinen verkommen«, a. o. O.
15 Deutscher Bundestag (Hrsg): »2. Untersuchungsausschuss zur Aufklärung der Aktivitäten des Bereichs Kommerzielle Koordinierung«, Beschlussempfehlung und Bericht vom 28. Mai 1998, Drucksache 13/10900, S. 370
16 Ebd., S. 368
17 Ebd.
18 Ebd.
19 Ebd.
20 Ebd.
21 Ebd., S. 369
22 Ebd., S. 371
23 Ebd.